生态文明建设思想文库（第三辑）　主编　杨茂林

共生理念下的

生态工业园区建设

何　静　著

山西出版传媒集团　　山西经济出版社

图书在版编目（CIP）数据

共生理念下的生态工业园区建设 / 何静著. -- 太原：山西经济出版社，2022.7

（生态文明建设思想文库 / 杨茂林主编. 第三辑）

ISBN 978-7-5577-0993-8

Ⅰ.①共… Ⅱ.①何… Ⅲ.①生态工业—工业园区—建设—中国 Ⅳ.①F424.1

中国版本图书馆 CIP 数据核字（2022）第 088693 号

共生理念下的生态工业园区建设

著　　者：	何　静
出 版 人：	张宝东
责任编辑：	解荣慧
封面设计：	阎宏睿

出 版 者：山西出版传媒集团·山西经济出版社

社　　址：太原市建设南路 21 号

邮　　编：030012

电　　话：0351-4922133 （市场部）
　　　　　0351-4922085 （总编室）

E-mail：scb@sxjjcb.com （市场部）
　　　　　zbs@sxjjcb.com （总编室）

经 销 者：山西出版传媒集团·山西经济出版社

承 印 者：山西出版传媒集团·山西人民印刷有限责任公司

开　　本：787mm×1092mm　1/16

印　　张：18.75

字　　数：288 千字

版　　次：2022 年 7 月　第 1 版

印　　次：2022 年 7 月　第 1 次印刷

书　　号：ISBN 978-7-5577-0993-8

定　　价：79.00 元

编委会

总　序

　　"生态文明建设"是我国最重要的发展战略之一，是为促进人类可持续发展战略目标，促进联合国《变革我们的世界——2030 年可持续发展议程》的落实，我国政府从发展模式、循环经济、生态环境质量及生态文明建设观念的建构诸方面所做的框架性、原则性规定。国家领导对我国生态文明建设十分重视。2020 年 9 月 22 日习近平主席在第七十五届联合国大会上的讲话中指出："人类需要一场自我革命，加快形成绿色发展方式和生活方式，建设生态文明和美丽地球。"本届联大会议上，习近平还对传统发展方式，抑或受新自由主义强烈影响的经济发展模式进行了批评。他说："不能再忽视大自然一次又一次的警告，沿着只讲索取不讲投入、只讲发展不讲保护、只讲利用不讲修复的老路走下去。"接着，他阐明了我国在生态文明建设方面的政策目标，并向世界宣告："中国将提高国家自主贡献力度，采取更加有力的政策和措施，二氧化碳排放力争于 2030 年前达到峰值，努力争取 2060 年前实现碳中和。"这不仅表明了我国政府对实现生态文明建设近期目标的巨大决心，而且对实现与生态文明建设紧密相关的国家中长期目标做了规划。

　　为了促进我国生态文明建设战略目标的实现，学术研究同样必须为之付出相应的努力，以对我国生态文明建设做出积极贡献。正因为此，我们在业已出版的《生态文明建设思想文库》第一辑、第二辑基础上，进一步拓展了与生态文明建设相关的课题研究范围，并组织撰写和出版了《生态文明建设思想文库》第三辑（以下简称"《文库》第三辑"）。《文库》第三辑是在前两辑基础上对生态文明建设所做的具有创新意义的进一步探讨，故此，选题内容既同可持续发展的国际前沿理论紧密关联，又与我国生态文明建设实践要求相结合，旨在从学理上深入研究生态文明建设的内在法则，及与之密切相关的多学科间的逻辑联系。基于这一前提，《文库》第三辑的著作具体包括《从生态正义向度看"资本主义精神"外部性短板——马克斯·韦伯的理论不足》《环境破坏的"集体无意识"——从荣格心理学角度对环境灾变的认知》《区域经济生态化建设的协同学探析与运作》《大数据时代下的决策创新与调控》《生态环境保护问题的国际进程与决策选择》《生态文明建设中的电子政务》《共生理念下的生态工业园区建设》《生态社会学》《生态旅游论》九本书。

其中，《从生态正义向度看"资本主义精神"外部性短板——马克斯·韦伯的理论不足》一书，由山西省社会科学院助理研究员马君博士撰写。马君女士是山西大学哲学社会学学院博士。现已发表的学术论文有《论新教伦理中的职业精神》等。在她攻读博士学位及于山西省社会科学院工作期间，对韦伯的著述多有关注，并认真研究了《新教伦理与资本主义精神》一书，指出了其理论上存在的问题与不足。

《新教伦理与资本主义精神》被西方学界奉为经典，是较早研究欧美"理性经济人"及其"资本主义精神"得以形成的伦理学依据方面的著述。在书中，韦伯力图说明经基督教新教改革，尤其是经加尔文清教思想改革后的伦理学对欧美资本主义发展的促进及影响。即如韦伯在书中所说："在清教所影响的范围内，在任何情况下清教的世界观，都有利于一种理性的资产阶级经济生活的发展……它在这种生活的发展中是最重要的，而且首先是唯一始终一致的影响，它哺育了近代经济人。"[①]韦伯还进一步揭示出这种经济秩序与技术进步紧密相关的"效率主义"逻辑，指出："这

---

① 马克斯·韦伯：《新教伦理与资本主义精神》，生活·读书·新知三联书店，1987，第135页。

种经济秩序现在却深受机器生产技术和经济条件的制约。今天这些条件正以不可抗拒的力量决定着降生于这一机制之中的每一个人的生活……也许这种决定性作用会一直持续到人类烧光最后一吨煤的时刻。"②不难看出，《新教伦理与资本主义精神》一书所阐述的经新教改革后的"理性经济人"及其"资本主义精神"，确实成了近代欧美资本主义世界的主流趋势。它不仅对追求自身利益最大化理性经济人的"效率主义"逻辑发挥着巨大作用，而且在韦伯这一经典著述中也占据着绝对分量。相反地，"理性经济人"及其在资本主义发展中形成的"负外部性"，亦即马克思理论意义上的"异化自然"，或庇古所说的"外部不经济"，该书则根本未予体现。然而，正是由于后者，却凸显出韦伯著述的不完备性，因为它严重忽略了"理性经济人"及其"资本主义精神"追求对自然生态系统形成的巨大戕害。故此，仅仅强调"理性经济人"及其"资本主义精神"对社会进步的意涵而忽略其行为酿成"负外部性"结果，无疑也显露出韦伯著述对"理性经济人"行为认知的不完备性，抑或其认知的非完形特质。因而，更不可能适应可持续发展战略时代对"理性经济人"整体行为认知与了解的现实要求。

　　马君女士的《从生态正义向度看"资本主义精神"外部性短板——马克斯·韦伯的理论不足》一书，正是从新的理论视角对韦伯学术思想进行了全方位剖析。她不仅对韦伯著述的概念体系进行了梳理，而且对这种"资本主义精神"酿成的不良后果——加勒特·哈丁所说的"公地悲剧"予以了批判性分析。为了加大对韦伯著述外部性短板的证伪力度，在书中，她还以国外著名思想家的大量经典著述为依据，进一步强化了对韦伯学术思想的否证。具体说，她不仅参考了马克思主义经典中对资本主义"异化自然"的理论批判，而且依据"法兰克福学派"赫伯特·马尔库塞《单向

------

① 马克斯·韦伯：《新教伦理与资本主义精神》，生活·读书·新知三联书店，1987，第142页。

度的人——发达工业社会意识形态研究》一书，对"资本主义精神"进行抨击；不仅依据法国学者安德瑞·高兹"经济理性批判"对"理性经济人行为"展开详细剖析，而且依据生态马克思主义者詹姆斯·奥康纳的《自然的理由——生态学马克思主义研究》和约翰·贝拉米·福斯特的《生态危机与资本主义》，对"理性经济人"行为进行的理论证伪。总之，马君女士这一著作，为我们重新认知《新教伦理与资本主义精神》提供了新的理论视角。尤其是在我国政府力推生态文明建设发展战略期间，该书对批判性地了解韦伯理论意义上"理性经济人"及其"资本主义精神"的"负外部性"来说，有着一定的参考价值。

《环境破坏的"集体无意识"——从荣格心理学角度对环境灾变的认知》一书，由山西省社会科学院副研究员王文亮撰写。王文亮毕业于浙江大学心理学专业，现在山西省社会科学院能源研究所从事研究工作。该书是涉及生态文明建设方面的一本社会心理学专著，旨在探讨造成环境破坏的社会心理学原因。在书中，作者详细剖析了环境破坏与"集体无意识"的联系。

"集体无意识"概念由瑞士精神分析学派心理学家荣格较早提出，在社会心理学上有着非常重要的价值和意义。但是，荣格心理学中的"集体无意识"概念，似乎更偏重于发生学意义上理论建构与界定，带有十分明显的"历时性"含义。从另外的角度说，荣格式"集体无意识"概念，也与我国李泽厚先生所说的"积淀"具有相似性。对于"集体无意识"概念的深入研究，后经弗洛姆的工作，使之对"共时态"社会群体"集体无意识"现象的认知成为可能，其界说可被认为：一种文化现象（比如前述"新自由主义"的经济文化现象)，对群体行为浸染而成的一种无意识模式，亦即人类群体不假思索便习以为常的一种生活方式。《环境破坏的"集体无意识"——从荣格心理学角度对环境灾变的认知》一书，正是结合精神分析学派这些思想家的理论和方法，剖析了由新自由主义经济政策导向形成的、与生态文明建设极不合拍的环境灾变原因——一种引发环境破坏的

"集体无意识"现象。该书对处于生态文明建设实践中的社会群体反躬自省来说，将大有裨益。尤其是，在生态文明建设实践中，它便于人们借助精神分析学派的"集体无意识"概念和理论，反思发展过程中人类与自然生态系统平衡不合拍的"集体无意识"行为。

《区域经济生态化建设的协同学探析与运作》一书，由山西省社会科学院研究员黄桦女士撰写。该书是她在之前业已出版的《区域经济的生态化定向——突破粗放型区域经济发展观》基础上，以哈肯"协同学方法"，超越传统"单纯经济"目标，而对区域性"经济—社会—生态"多元目标的协同运作所做的进一步创新性探索。在书中，作者对区域经济生态化建设协同认知的基本特征、理论内涵、运作机制、结构与功能等方面做了全方位分析，并建设性地提出这种区域协同运作方式的具体途径。其理论方法的可操作性，便于我国区域性生态化建设实践过程参考借鉴。

《大数据时代下的决策创新与调控》一书，由王晓东女士撰写。王晓东女士是吉林大学经济学硕士。现任太原师范学院经济系讲师。

该书系统探讨了大数据快速发展所掀起的新一轮技术革命，指出数据信息的海量涌现和高速传输正以一种全新的方式变革着社会生产与生活，也重新构建着人类社会的各种关系。这些前所未有的全新变革，使得传统政府决策与调控方式面临严峻挑战，也倒逼政府治理模式的创新与变革。事实上，大数据的出现，也是对市场"看不见的手"的学说思想的理论证伪。因为，在大数据时代，更有利于将市场机制与国家宏观调控有效结合，并科学构建政府与市场二者的关系，进而使之在本质上协调一致。大数据的出现，已经成为重新考量西方经济学理论亟待解决的关键性问题。书中指出，大数据的出现，同时给政府决策与调控开拓了新的空间，也创立了新的协同决策与运作的机制。因此，顺应当今时代的经济—社会—生态协同运作的数字化转型，以政府决策、调控的数字化推动生态文明建设的数字化，就成为政府创新与变革需要解决的新问题。

《生态环境保护问题的国际进程与决策选择》一书，由重庆移通学院副教授杨阳撰写。杨阳曾就读于英国斯旺西大学，获得国际政治学专业硕士学位。国外留学的经历，使其对国际环保问题有更多的关注。《生态环境保护问题的国际进程与决策选择》一书，正是他基于对国际前沿的观察与研究，同《文库》第三辑主题相结合进行探讨的一本著作。该书从环境保护的国际进程角度出发，指出了人类所面临环境危机的严重性。进而，强调了可持续发展战略追求的现实紧迫性，并借此方式实现生态文明建设和美丽地球的现实目标。此外，他还在人类与环境互动中确立生态正义观念、环保政策的制定与实施方面，做了深入探讨，并指出：若要确保解决环境危机的有效性，必须摒弃新自由主义的"效率主义"逻辑，克服理性经济人"自身经济利益最大化"的片面追求，将自然界与人类社会视作统一的有机整体是至关重要的。唯此，才能使人类社会步入与自然界和谐共生的新路径。

《生态文明建设中的电子政务》一书，由山西省社会科学院助理研究员刘碧田女士撰写。刘碧田女士是山西大学公共管理学院硕士，进入山西省社会科学院工作后，研究方向主要为"电子政务"。《生态文明建设中的电子政务》主要阐述了在物联网、大数据、区块链、人工智能等新技术高速发展的时代政府职能发生的改变，及其对生态文明建设所产生的多维度重构。在书中，她较完整地阐明数字化技术进步对政府职能转变的理论意义和价值——将促进政府转变传统低效能的"人工调控方式"，相应地，取而代之的则是"数字化高效运行"管理手段。这种新技术变革影响的电子政务，无论是生态数据共享，还是环保政策的制定；无论是生态系统监控，还是公众服务水平反馈等，都将高效能地服务于我国生态文明建设。无疑，这种与数字化新技术紧密关联的"电子政务"，既可促使政府工作效率的革命性转变，也将促成我国生态文明建设工作的迅猛发展。

《共生理念下的生态工业园区建设》一书，由山西省社会科学院副研究员何静女士撰写。何静女士是山西财经大学2006年的硕士研究生。同年，她进入山西省社会科学院经济研究所工作，主要从事"企业经济"方面的相关研究。其代表作品主要有《共生理念视角下城市产业生态园》《山西省科技型中小企业培育和发展的路径》《供给侧视域中企业成本降低问题分析》。《共生理念下的生态工业园区建设》一书，主要阐述了在共生理念前提下，依据瑞士苏伦·埃尔克曼《工业生态学》的基本原理，通过"生态工业园区建设"的相关研究，进而推进我国企业资源利用效率的提高，及对生态环境保护综合治理的相关内容。尤其是在实现"碳达峰""碳中和"方面，"生态工业园区建设"将是必经之路，将发挥不可或缺的重要作用。十分明显，本书为企业积极顺应我国生态文明建设，对实现习近平同志提出的"碳达峰""碳中和"刚性目标，都有着建设性的作用。此外，它对我国企业未来发展走向，在理论和实践两个方面给出的建议，也有一定参考价值。

　　《生态社会学》一书由重庆财经学院讲师贺双艳和颜萌萌二位女士撰写。贺双艳女士是西南大学教育心理学博士，现在重庆财经学院从事"大学生思想政治理论"和"大学生心理健康"等课程教学工作；颜萌萌女士，同属该学院专职教师。二人所学专业，均便于投入本课题——"生态社会学"研究之中。其中，贺双艳女士还主持出版了《大学生心理健康教育》《文化与社会通识教育读本》等著作。此外，她撰写并发表了一些与"社会心理学"专业相关的学术论文。除此，贺双艳女士对"社会学""文化人类学"等学科的交叉研究也较为关注。对"文化人类学"中"文化生态学派"的理论尤为重视。所谓"文化生态学"，是从人与自然、社会、文化各种变量的交互作用中研究文化产生与发展之规律的学说。显然，其关注的内容，正适合于《文库》第三辑中《生态社会学》的理论探索工作。《生态社会学》一书，对应对我们面对的生态危机，对助力人类社会可持续发展而建构合理的社会秩序等，提供了建设性的方案。因此，它也是《文库》第三辑较有亮点的一部学术著作。

　　《生态旅游论》一书由罗琳女士撰写。罗琳女士是重庆师范大学硕士，重庆外语外事学院讲师。主要从事生态旅游方面的教学工作。在教学之余，对生态旅游做了大量研究，并发表了《关于我国发展生态旅游的思考》《我国生态旅游资源保护与开发的模式探究》等不少前期学术论文。《生态旅游论》一书，阐述了生态旅游的理论基础，探讨了生态旅游的理论与实践，指出了生态旅游的构成要素及其形成条件，揭示了生态旅游资源开发与管理的内涵，也研究了生态旅游的环境保护及环境教育的关系等。《生态旅游论》一书，不仅从旅游角度为《文库》第三辑增添了新的内容，同时也为我国生态文明建设提供了新的视角。

不难看出，《文库》第三辑涉及的内容，既有对被西方奉为经典的《新教伦理与资本主义精神》的批判性分析，又有对新自由主义酿成环境灾变之"集体无意识"行为的心理学解读；既有以"协同学"方法在区域经济生态化建设方面的理论尝试，又有借"大数据"使决策主体在生态文明建设创新与协调方面的整体思考；既有对国际永续发展前沿理论的历史性解读及借鉴，又有对"电子政务"与生态文明建设工作相关联的系统认知；既有对企业未来发展方向——"生态工业园区建设"的积极思考，又有对生态社会学及生态旅游论的创新性理论建构。

总之，文库从不同专业角度奉献出对"生态文明建设"的较新的理论认知和解读。即如《文库》前两辑一样，《文库》第三辑，同样旨在从不同专业领域，为推动我国生态文明建设事业做出贡献。

至此，由三辑内容构成的《生态文明建设思想文库》，经参与其撰写工作的全体作者，及山西经济出版社领导和相关编辑人员的共同努力已经全部完成，它们具体有：

第一辑：

《自然的伦理——马克思的生态学思想及其当代价值》

《新自由主义经济学思想批判——基于生态正义和社会正义的理论剖析》

《自然资本与自然价值——从霍肯和罗尔斯顿的学说说起》

《新自由主义的风行与国际贸易失衡——经济全球化导致发展中国家

的灾变》

《区域经济的生态化定向——突破粗放型区域经济发展观》

《城乡生态化建设——当代社会发展的必然趋势》

《环境法的建立与健全——我国环境法的现状与不足》

第一辑于 2017 年业已出版发行。

第二辑：

《国家治理体系下的生态文明建设》

《生态环境保护下的公益诉讼制度研究》

《大数据与生态文明》

《人工智能的冲击与社会生态共生》

《"资本有机构成"学说视域中的社会就业失衡》

《经济协同论》

《能源变革论》

《资源效率论》

《环境危机下的社会心理》

《生态女性主义与中国妇女问题研究》

目前，第二辑全部著作现已经进入出版流程，想必很快也会面世。

第三辑：

《从生态正义向度看"资本主义精神"外部性短板——马克斯·韦伯的理论不足》

《环境破坏的"集体无意识"——从荣格心理学角度对环境灾变的认知》

《区域经济生态化建设的协同学探析及运作》

《大数据时代下的决策创新与调控》

《生态环境保护问题的国际进程与决策选择》

《生态文明建设中的电子政务》

《共生理念下的生态工业园区建设》

《生态社会学》

《生态旅游论》

目前，第三辑也已经全部脱稿，并进入出版流程。

《生态文明建设思想文库》三辑著作的全部内容业已完成，这也是《文库》编委会全体作者及山西经济出版社为我国生态文明建设所做的贡献。但是，囿于知识结构和底蕴，及对生态文明建设认知与把握的不足，难免会有不尽完善之处，故此，还望学界方家及广大读者惠于指正。

2021 年 8 月

前　言

工业生态学并不是一个全新的概念。美国海洋学家莱切尔·卡逊在 1962 年出版的《寂静的春天》一书中，首次结合经济社会问题以生态学视角开展研究。4 年后的 1966 年，美国经济学家肯尼斯·博尔丁在《一门科学——生态经济学》中正式提出"生态经济学"的概念以及著名的"太空船经济理论"。但是当时学术界对生态经济学还没有太多更为深入的研究，人们对环境污染的治理局限于在生产过程末端加装各类过滤器的"末端治理"模式。事实证明，这种污染治理模式只是污染物在空间和时间上的转移，并不能改变资源日趋短缺、污染日趋严重、治理成本日趋增加的状况，工业发达国家逐渐认识到单靠补救式的环境治理措施，不能从根本上解决环境问题。于是，美国、瑞士、日本等主要工业发达国家开始了"清洁生产"的治污模式，即在工业产品生产和使用的全过程要求节约原材料和能源、减少或消除排放物和废物的产生。虽然"清洁生产"比"末端治理"前进了一大步，但是也有许多瓶颈，比如为了实现废物最小化而对清洁技术的要求很高，治理成本很大，并且随着社会的发展，治理成本将越来越大，甚至很多清洁技术还不成熟或者还属于空白。

正是由于清洁生产存在着先天的不足，生态学家、环境学家和产业界都在苦苦探索，一种系统化和一体化的新的环境管理思想应运而生，这就是自 20 世纪 90 年代以来逐渐发展起来的新兴交叉学科——工业生态学。当时美国著名经济学家赫尔曼·戴利在世界银行环境部任职时就提出人类的经济规模已经超越了由环境再生和吸收能力决定的生态系统承载能力，并且猛烈地抨击主流宏观经济学孤立于环境、自然资源、污染和耗费是不科学的，更指出经济系统是生态系统的子系统，不可分割，否则必然导致环境危机，人类的生存和发展将难以为继。20 世纪 90 年代初，"工业生态学"一词首先在与美国工程科学院关系密切的一些工程技术人员中被提出，1989 年由美国通用汽车公司的研究部副总裁罗伯特·福罗什（Robert Frosch）和负责发动机研究的尼古拉斯·加罗布劳斯（Nicolas Gallopoulos）在《科学美国人》上发表的《可持续工业发展战略》指出："在传统的工业体系中，每一道制作工序都独立于其他工序，通过消耗原料生产出即将被销售的产品和相应的废料；我们完全可以运用一种更为一体化的生产方式代替这种过于简单化的传统生产方式，那就是工业生态系统。"由于文章从生态视角提出了全新的可持续的工业发展模式，在当时的理论界和实践界立刻引起了强烈反响，在这种背景下，工业生态学开始走上了充满活力的发展之路，其中标志之一是1997年美国麻省理工学院出版了《工业生态学》杂志，这是世界上第一本专门介绍"工业生态学"的学术刊物。至此，工业生态学便焕发出蓬勃旺盛的生命力，不断吸引着无数学者、专家孜孜不倦地研究，也吸引了很多民众和政治家的关注，越来越多的政府、社会组织、企业加入工业生态学的实践中来。

工业生态学为什么从一开始就有如此庞大的拥护者？这是由于它诞生在工业化大发展时代，诞生在生态环境急剧恶化时代，诞生在人类苦于一边发展工业化一边被动治理环境污染的时代，诞生在经济增长和可持续发展的矛盾选择中。工业生态学将经济学和生态学联系起来，将工业系统与自然系统联系起来，将企业集群与生物群落联系起来，提出工业系统也像自然生态系统一样分为供应者、生产者和分解者，提出企业之间不仅有竞争关系、合作关系，还有类似于生物界的共生关系，抛弃了工业系统中"废弃物"这一概念，指出这些只是副产品，并非没有价值和使用价值，可以再次被利用，继续获得价值和使用价值……

正是由于工业生态学极大的应用价值，让苦苦探索于环境污染治理的各国政治家和企业家们找到了理论依据，找到了"金钥匙"。短短几十年时间，工业生态学就取得了长足的发展，以欧盟和美国、日本为首的发达国家不管是理论研究还是实践应用都处于工业生态学领域的主导地位。尤其是在日本，"废弃物"已经不再是政府和企业的负担，而是摇身变为"静脉产业"，作为一个朝阳产业通过向本国和其他国家出售设备和服务成为日本经济的支柱性产业，甚至日本政府提出的"环境立国"战略，获得了与"贸易立国""科技立国"同等重要的战略地位。

　　工业生态学在各个国家、各个领域深度广泛的应用,为全球在21世纪彻底治理温室气体排放提供了巨大信心和美好愿景。2016年由全球170多个国家共同形成和签署的《巴黎协定》,是继1992年《联合国气候变化框架公约》、1997年《京都议定书》之后,人类历史上第三个应对气候变化的里程碑式的国际法律文本,形成了2020年后的全球气候治理格局,并提出了21世纪后半叶全球实现碳中和的远景目标。目前,全球已经有德国、瑞典、芬兰、法国、中国、日本、韩国等29个国家和地区纷纷提出了在2040—2060年前后实现碳中和的目标,其中,德国、法国、丹麦、匈牙利等大部分欧盟国家甚至以法律规定的方式承诺在2050年实现碳中和。这些长期目标的实现过程必将是工业生态学在实践中大发展的过程。

　　中国作为最大的发展中国家,正处于工业化中后期,是全球最大的耗能主体和排放主体之一,同时,中国也具有全球最完整规模最大的工业体系、强大的生产能力、完善的配套能力、超大规模的内需市场,非常容易形成工业共生网络,发展生态工业具有天然的优势。而且,中国政府加快生态文明建设的主观意愿非常强烈,在2012年的中国共产党第十八次全国人民代表大会中首次将生态文明建设提到了与经济建设、政治建设、文化建设、社会建设同等重要的高度,在2017年的中国共产党第十九次全国代表大会中进一步指出要加快生态文明体制改革,建设美丽中国,实现中华民族永续发展。2020年9月22日的联合国大会上,中国政府提出"中国将提高国家自主贡献力度,采取更加有力的政策和措施,二氧化碳排放力争在2030年前达到峰值,努力争取2060年前实现碳中和。"这是中国作为负责任大国并且基于自身国情做出的庄严承诺。因此,不管是客观条件还是主观因素,中国都具备了进入工业生态化大发展阶段的条件。

　　实际上,工业生态学就其应用层面而言,可以分为三个层次:第一个层次是在一个企业内部,探索如何从企业整体角度通过过程的集成来最优化使用各种资源,产生最小化废物,相应的工具手段包括生命周期分析、环境设计、生态效率等;第二个层次是在一个工业系统内部通过不同企业之间的相互合作,获取比单个企业通过个体行为得到的更大的环境效益、经济效益和社会效益;第三层次是考虑在一个地区、一个国家或更广的范围内,建立生态工业网络。

本书研究的生态工业园建设属于第二层次，也是工业生态学在实践中应用最广泛、最重要的领域。

生态工业园区是依据共生理论和工业生态学原理兴起的一种全新工业园区运作模式。"共生"概念最早属于生物学概念，比工业生态学的概念早很多，是在 1879 年由德国生物学家德贝里首先提出的，主要是指不同物种或相同物种之间，既有达尔文提出的适者生存的竞争关系，更广泛地存在相互联系、相互依存的共生关系。1970 年，美国生物学家马格里斯提出"细胞共生学"，认为真核细胞是通过若干不同种类的原核细胞生物结合共生而造成的，这些共生的原核生物与宿主细胞建立了紧密的相互依存的关系，同时在复制和遗传上建立了统一的协调的体系，这样共生的组合就成为真核生物的祖先。马格里斯的"细胞共生学"更是力证"共生学说"的科学性。20 世纪中叶以来，"共生"已经作为一种方法论和一种理念，在哲学、管理学、经济学、社会学等领域广泛应用。将"共生理念"应用到工业生态学，就产生了"工业共生"理论，主要是指通过在一个园区内有意识、有组织地模拟自然生态系统"生产者—消费者—分解者"的循环途径来设计、改造工业产业系统，即将一个企业生产过程中产生的能量和废物作为原料在另一个企业被充分利用，从而减少对自然界有限资源的索取以及减少对自然界的废物排放，实现可持续发展。工业共生理论不仅强调单个企业的清洁生产，更强调企业生产过程没有废弃物这一概念，只有副产品，并且通过设计不同企业构成的网状或链状结构，实现甲企业的副产品成为乙企业的原材料或者能量。世界上最早被发现的具有工业共生特征的生态工业园区是丹麦的卡伦堡。20 世纪 70 年代初期，卡伦堡已经存在着最初的废物交换行为，80 年代初期和 90 年代又先后两次发生了较为密集的废物交换。可以说，卡伦堡的成功极大地促发了科学家们对于共生理念与工业生态学相结合的研究热情，也极大地鼓舞了世界各国建设生态工业园区的热情。

目前，全球生态工业园区（有的国家和地区也称作"循环经济工业园区"）每年以成倍的速度发展，无论是发达国家如美国、加拿大、日本及欧洲各国，还是发展中国家如中国、泰国、印度尼西亚、菲律宾等，都在积极地兴建生态工业园区。正是因为这么多国家丰富的实践活动，为本书提供了大量素材和资料。

本书充分借鉴工农业新陈代谢断裂理论、共生理论、生态环境保护理论、循环经济理论、外部性理论、协同学理论等,及美国、德国、日本关于促进生态工业园区发展的各种法律法规、政策,并且参考了泰国、新加坡、菲律宾等国家建设生态工业园区的实践等,详细阐述了生态工业园区从规划(包括自然景观规划、建筑系统规划、交通规划、能源基础设施规划、水资源梯级利用规划、固体废物处置规划、信息化网络规划)、建设(包括农业生态工业园建设、化工生态工业园建设、高新技术产业生态工业园建设、综合性静脉产业生态工业园建设)到招商(包括招商原则、招商模式、招商流程),再到后期运营(包括运营管理模式、运营管理收入、公共事务管理等)的全过程内容。生态工业园区本身并不是经济社会自发形成的,而是在有限资源条件下,人为模仿自然世界的万物共生关系设计出来的,本身就具有浓厚的人为设计因素,自然不能期望市场这只"看不见的手"就能使生态工业园区健康发展,必须借助政府这只强有力的有形之手,因此,本书最后详细阐述了生态工业园区需要的宏观政策和微观政策支持。

尽管在写作过程中力求完善,但限于笔者的知识结构和水平,书中难免存在疏漏和不足之处,恳请广大读者批评指正。本书是在广泛参考广大同行对生态工业园区研究成果的基础上才成稿的,在此一并感谢! 如有发现在参考文献或脚注中没有被列入,请您与我联系,再次感谢! 最后希望本书能够为生态工业园区的研究者、设计者、建设者和管理者在理论与实践上提供一定帮助。

何静

2022 年 3 月

目　录

第一章 引 言

　　"共生"本属于生物学科的概念,是指两种不同生物之间所形成的紧密互利关系。在共生关系中,一方为另一方提供有利于生存的帮助,同时也获得对方的帮助。例如寄居蟹与海葵经常共同生活,寄居蟹接受海葵毒刺伞的保护,而海葵从寄居蟹的移动和进食中获得食物来源。从 20 世纪 90 年代开始,"共生"已经从生物界拓展到生态学、社会学、哲学、经济学等不同学科和不同领域,形成"共生理念",尤其是在越来越多的国家掀起了工业发展思想变革的浪潮。现在,在现代工业体系建设中运用"共生理念",尤其是在工业园区建设中运用"共生理念",已经成为很多发达国家和发展中国家工业发展的主导思想。

一、选题依据

(一)末端治理理论

　　18 世纪兴起的工业革命,不仅带来工业化、城市化的发展和科学技术的进步,还丰富了人类的物质产品,提高了人类的生活水平,更多的人享受到工业化和城市化带来的便利,极大推动了人类文明。但是,随着工业化进程的不断加速,地球生态环境持续恶化,从 20 世纪 50—60 年代开始,工业污染引起的"环境公害事件"层出不穷,日益威胁人类生命健康和生存环境。于是,自 20 世纪 60 年代以来,在西方发达国家,千百万人走上街头,游行、示威、抗议,要求政府采取有力措施治理和控制环境污染,并逐渐掀起了一场声势浩大的、群众性的反污染反公害的"环境运动",并得到了各国政府要员、社会组织、著名人士的认同和支持,最终促成了各国政府携手共进,制定严格标准,采取强制措施治理污染。

　　但是,在实际的"污染防治"过程中,各国广泛应用的依然只是"先污染、再治理"或者"边污染、边治理"的模式,在学术界被称为"末端治理(end-of-pipe treatment)"或"过程末端治理"模式,是在污染产生之后,再寻求适当的技术治理,以减少对环境的污染,即重点集中在生产过程的末端对污染物实施有效的治理技术,减少污染和废料的排放。随着时间的推移,这种治理方式的局限性也日益显露:

1. 治理分割

目前,固体废料、危险或有毒废料、液体废料、大气污染等的治理一般只着眼于当前形态的减少,而忽视了整体形态的减少,减少污染其实只是转移污染。例如,废水处理可以产生"干净"的水,但是净化过程同样会产生大量的沉淀物。于是,这些沉淀物的存放或倾倒,就会引起重金属甚至有害金属对土地、农作物或地下水的污染。同样,现在对垃圾的焚烧处理或填埋处理固然能大大减少垃圾数量,但焚烧过程会造成大气污染,填埋处理也会造成土地和地下水的污染,并且会侵占很多城市郊外宝贵的土地资源。

除此之外,在某种程度上,在总体环境问题处理方面,也存在着类似的分割治理状态。比如,在国际上有很多互不相关的国际协定,有关于气候变化的,有关于生物多样性的,也有关于土地荒漠化和极地冰川的等。这些国际协定由代表不同领域的专家拟定,但是由于专业限制,这些条款都是偏好于自己的领域,而对其他领域会造成什么影响显然没有得到充分重视。但是,地球的生态系统却不是分割的,而是一个彼此相互影响的"生态圈",显然,分隔治理模式只能"治标",不是解决生态问题的根本之道。

2. 治理成本越来越高

随着工业化的高速发展和对环境保护意识的提升,工业生产所排污染物的种类越来越多,规定控制的污染物,特别是有毒有害污染物的排放标准也越来越严格,从而对污染治理与控制的要求也越来越高。一方面,为达到更加严格的排放标准,企业不得不大大增加治理费用,本来流失严重的物料就已经造成经济损失,再加上这些物料的无害化处理还需要很高的成本,企业承受着双重经济负担。另一方面,末端治理的"三废"处理与处置往往只有环境效益而无明显经济效益,企业治理污染缺乏积极性和主动性。据美国统计,美国用于空气、水和土壤等环境介质污染控制总费用(包括投资和运行费),1972 年为 260 亿美元(占国民生产总值〔GNP〕的 1%),1987 年猛增至 850 亿美元,20 世纪 80

年代末达到 1200 亿美元(占 GNP 的 2.8%)。如杜邦公司每磅废物的处理费用以每年 20%—30% 的速率增加,焚烧一桶危险废物可能要花费 300—1500 美元。即便如此之高的经济代价仍未能达到预期的污染控制目标,末端治理让企业在经济上已不堪重负。

3. 阻碍清洁生产和循环利用

据许多一致性的报告,全球环保产业的市场规模已经从 1992 年的 2500 亿美元增至 2011 年的 6000 亿美元,年均增长率达 8%,远远超过全球经济增长率,不仅成为美、日、欧等发达国家及地区的新兴产业,也成为中国、印度等发展中国家十分重视的朝阳产业,可谓前景广阔。根据经济合作与发展组织(以下简称"经合组织")对环保产业的定义,环保产业市场主要分为两大类:

提供环保设备和技术。包括提供废水处理、废弃物处理和循环利用、大气污染控制、噪声控制等设备和技术、环境监测仪器和设备、环保科学技术研究和实验室设备、环境事故处理和用于自然保护以及提高城市环境质量的设备和技术等。

环保服务。从事城市污水处理、城市垃圾处理和处置等方面的工程或活动,提供与环境分析、监测、评价和保护等方面有关的服务,环保技术与工程服务,环境研究与开发,环境培训与教育,环境核算与法律服务、咨询服务,以及其他与环境有关的服务。

从某种角度看,在工业化或新兴工业化国家,各项环境指标日趋严格,保证了过程末端治污市场的良好前景预期。但是,我们应该清醒地看到,当末端治理污染演化成一个欣欣向荣的产业、形成一个巨大的市场的时候,就在国民经济账户中成为国内生产总值的增加值。这时候,利益集团就只会对末端防治零碎的技术创新感兴趣,而对清洁生产、循环利用技术实际上是排斥的。因为企业如果采用清洁生产和循环利用技术,末端污染势必会减少,也就减少了对末端污染治理的投入和使用费用。因此,末端污染治理产业和相关企业为了维护自己庞大的利益,会阻碍清洁生产技术和循环利用技术的应用。

4. 造成企业科技惰性

过程末端治理从本质上说是政府或公众对企业的强制要求,会引起企业家对应的态度就是:企业家只需要满足于遵守立法者规定的标准即可,只会购买符合要求的最廉价的治污设备,以最低标准满足法定的标准要求即可,而对能否再减少一些污染排放的关注度不高,也不愿意再投入更多的科技成本去研发更清洁的生产方式。

5. 不利于发展中国家

事实上,末端治理污染是不利于发展中国家可持续发展的。目前,美国、日本、德国等经合组织国家是最大的污染治理设备和技术出口国,他们以生态环境之名向发展中国家施加贸易压力,以求出售这些国家的设备和技术,并且通过技术壁垒、环保标准、生态指标以及各种各样的技术规范不断增加发展中国家对他们的依赖,从而间接阻碍发展中国家跨越此阶段直接进入更为先进的清洁生产方式。

综上所述,越来越明显的是,这种末端治污方式具有巨大的缺陷,越来越多的国家认识到"资源—产品—废物"这种线性的生产模式和补救式的环境保护措施是不可持续的,于是,"清洁生产"模式逐渐成为新的治理手段。

(二)清洁生产理论

根据联合国环境规划署工业与环境规划中心的定义,清洁生产是一种新的创造性的思想,该思想将整体预防的环境战略持续应用于生产过程、产品和服务中,以增加生态效率和减少人类及环境的影响。对生产过程,要求节约原材料与能源,淘汰有毒原材料,减降所有废弃物的数量与毒性;对产品,要求减少从原材料提炼到产品最终处置的全生命周期的不利影响;对服务,要求将环境因素纳入设计与所提供的服务中。

清洁生产是生产者、消费者、社会三方面谋求利益最大化的集中体现:

它是从资源节约和环境保护两个方面对工业产品生产从设计开始,到产品使用后直至最终处置,给予了全过程的考虑和要求。

它不仅对生产,而且对服务也要求考虑对环境的影响。

它对工业废弃物实行费用有效的源削减,一改传统的不顾费用有效或单一末端控制办法。

它可提高企业的生产效率和经济效益,与末端处理相比,成为受到企业欢迎的新事物。

它着眼于全球环境的彻底保护,为人类社会共建一个洁净的地球带来了希望。

可见,清洁生产是要引起研究开发者、生产者、消费者,也就是全社会对工业产品生产及使用全过程对环境影响的关注,使污染物产生量、流失量达到最小,资源充分利用,是一种积极的、全过程的治理。而末端治理仅仅把环境责任和治理放在环保研究者、环保管理者等人员和机构身上,仅仅把注意力集中在生产之后产生的污染物治理上,针对一个企业而言,只是企业环保部门的事情,是一种被动的、小范围的治理。因此,21世纪以来,世界各国纷纷意识到清洁生产较之于之前的末端治理的优越性,采取行业发展规划、法律规范、财政鼓励、税收约束等宏观政策促进清洁生产。

但是,清洁生产较之于三级生态系统的目标还有许多瓶颈。例如,清洁生产注重企业内部的持续改善,但在改善到一定阶段时,如果需要进一步削减废物时,往往需要很大的投资,然而许多技术在现阶段往往还不成熟,或者不经济,甚至根本还没有开发出来,而如果能考虑到和其他企业的合作,所产生的废物可能不需要进行任何处理就成为其他企业的原材料,从而节省大笔资金,也就是说清洁生产追求的废物最小化的经济性和生态性远不及废物资源化。另外,清洁生产过于关注生产过程本身环境的改善,而实际上很多生态问题是与产品的消费相关的,如果不能将生产领域和消费领域结合起来,就会割裂生产和消费的关系,就不能从整体上改善环境质量。例如,日本要求消费者将家用电器强制回收的制度极大地促进了资源再利用,也减少了大量废弃物的处理成本。因此,清洁生产只是面向企业和工艺,还不足以推动整个工业走向可持续发展。

正是由于清洁生产存在理论上和现实上的不足,我们需要换个视角,不断扩展和优化清洁生产的概念,把清洁生产方式作为一个阶段融入更为广阔的生态视野之中,让工业体系像一个生物生态系统一样循环运行,并在20世纪90年代以后逐渐形成工业生态学。

(三)工业生态学理论

工业生态学理论的主要探索者之——勃拉登·阿伦比(Braden R. Allenby)认为,在工业发展的最初阶段,由于人们认识的局限性和工业生产活动很少,产生了资源是无限的、废料也是不受限制的错觉。勃拉登·阿伦比将这

种运行方式命名为一级生态系统,可以用图 1-1 表明:

图 1-1　一级生态系统示意图

资料来源:Braden R. Allenby。

　　在随后的认识进化过程中,资源变得有限甚至稀缺,有生命的有机物随之变得非常的相互依赖并组成了复杂的相互作用的网络系统,废料也受到了资源数量和环境接受能力的制约,形成二级生态系统,如图 1-2 所示:

图 1-2　二级生态系统示意图

资料来源:Braden R. Allenby。

　　与一级生态系统相比,二级生态系统对资源的利用虽然已经达到相当高的效率,但是物质流、能量流都是单向的线性流动,资源不断减少、废料不断增加的状态依然没有改变,这种发展模式仍然是不可持续的。真正的可持续发展模式,就是没有资源与废料的区分,一个有机体产生的废料就是另一个有机体需要的资源,工业生态系统进化为完全循环的闭合运行方式,即三级生态系统,如图 1-3 所示:

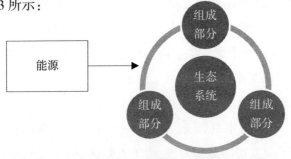

图 1-3　三级生态系统示意图

资料来源:Braden R. Allenby。

　　在亿万年的过程中,地球生物圈通过三级生态系统生生不息,而我们的工业体系正艰难地从一级生态系统向二级生态系统过渡,只是半循环的,而工业生态思想的主旨就是促使工业化向三级生态系统转化,包括:将废料作为资源继续利用,封闭物质循环系统和尽量减少消耗性材料的使用。

　　20 世纪 90 年代初,美国的一些大学率先对工业生态学展开理论研究,为生态工业学的发展奠定了坚实理论基础,对工业生态的发展提供了技术支撑,使之逐渐成为一门新兴学科。如表 1-1 所示:

表 1-1　美国大学工业生态学研究成果

年份	大学	成果内容
1990 年	美国国家科学院和贝尔实验室	组织首次工业生态学论坛,提出生态工业园概念
1997 年	麻省理工学院	首先开设工业生态学课程
		成立了跨院系的"技术、商业和环境项目"(TBE)
		致力于工业生态学和可持续发展研究
		通过会议建立产、学、政之间的合作网络
		创刊《生态工业学》杂志
1998 年	耶鲁大学	成立工业生态学研究中心(CIE)
		研究工业生态学基础理论和相关政策
1998 年	普林斯顿大学	成立能量与环境研究中心(CEES) 研究工业生态代谢
2001 年	康奈尔大学	成立美国国家生态工业发展研究中心
		致力于研究生态工业园区、人类资源管理等
		曾完成布朗斯维尔生态工业园区的规划等

　　在本书看来,目前一些文献中所说的生态工业并不是一个非常准确的学术用语,而应称之为工业生态化,其学科基础是工业生态学,它是一种现代化的工业发展模式(吕毅,2011)。工业生态学是指仿照自然界生态过程物质循环的方式来规划工业生产系统的一种工业模式。在工业生态系统中,各生产过程不是孤立的,而是通过物质流、能量流和信息流互相关联的,一个生产过程的

废物可以作为另一过程的原料而加以利用。工业生态追求的是系统内各生产过程从原料、中间产物、废物到产品的物质循环,达到资源、能源、投资的最优利用[①]。

工业生态学的概念从小到大可以分为三个层次。第一个层次是在一个企业内部探索如何从企业整体角度通过过程的集成来最优化使用各种资源,最小化废物的产生,相应的工具手段包括生命周期分析、环境设计、生态效率等。第二个层次是在一个工业系统内部考虑不同企业之间的相互合作,各企业通过共同管理环境事宜和经济事宜来获取更大的环境效益、经济效益和社会效益。这个效益是比单个企业通过个体行为的最优化所能获得的效益之和更大的效益,这个层次的应用在实践上就是本书所讲的生态工业园区。第三个层次是考虑在一个地区、一个国家或更广的范围内建立生态工业网络。这指的是考虑不同的工业系统、工业群落之间通过有效的合作来优化资源的使用,改善整体环境绩效,最大可能地推进可持续发展[②]。

本书将运用共生理念重点论述生态工业园区的设计、不同种类生态工业园区的建设和管理,以及相关的政策支持,并且详细介绍日本生态工业园区的建设经验。

二、国内外相关研究现状与实践

生态工业园的概念是建立在对过去几十年中所出现的几个领域的研究成果和实践基础上的,这些领域包括共生理念、工业生态学、生态效率、可持续城市规划等。这些领域对于不断补充和完善生态工业园区建设具有重要意义和启发。

(一)工业共生的相关研究进展

工业共生是一个新兴的跨学科研究领域,其概念起源于工业生态学。1879年,德国生物学家德贝里提出共生概念,主要是指不同物种或相同物种之间,

---

① 苏伦·埃尔克曼:《工业生态学:怎样实施超工业化社会的可持续发展》,徐兴元译,经济日报出版社,1999,第32页。

② 劳爱乐、耿勇:《工业生态学和生态工业园》,化学工业出版社,2003,第26页。

既有达尔文提出的适者生存的竞争关系,更广泛地存在相互联系、相互依存的共生关系。1970 年,美国生物学家马格里斯提出"细胞共生学",认为真核细胞是通过若干不同种类的原核细胞生物结合共生而造成的,这些共生的原核生物与宿主细胞建立了紧密的相互依存的关系,同时在复制和遗传上建立了统一的协调的体系,这样共生的组合就成为真核生物的祖先。马格里斯的"细胞共生学"更是力证"共生学说"的科学性。20 世纪中叶以来,生物学范畴的共生理念开始用于社会领域,生物群落内的共生关系应用到社会体系中,"共生"已经作为一种方法论和一种理念,在哲学、管理学、经济学、社会学等领域广泛应用。

1989 年,美国学者福罗什(Frosch)提出"产业生态学"概念,企业生产模仿生态系统的食物链结构。丹麦卡伦堡公司较早地在出版的《工业共生》一书中给出了工业共生的定义:工业共生以共生理论和工业生态学相关理论为基础,研究不同企业间的合作关系,通过这种合作,共同提高企业各自的生存能力和获利能力,实现对资源的节约和环境的保护,强调企业间相互利用副产品的合作关系。与此同时,一些学者对这一概念进行了修正。《产业生态学杂志》主编李弗萨(1997)指出,工业共生不是关于共生企业之间的废物交换,而是一种全面合作。布恩和巴斯(1997)通过对工业共生和生物界共生的类比,指出工业共生与生物界的共生存在两点本质的区别:一是工业共生关系因系统边界而异,不同的产业生态系统内企业关系表现出不同的特征;二是工业共生进化的非自发性,工业共生是由不对称的资源优势驱动的,企业间的合作并非单纯的合作,而是一种竞争与合作的并存。21 世纪以来,"工业共生"概念逐步完善,兰博和布恩(2002)给出了较为全面的定义,即企业之间开展的资源共享、废物流集中和物质、能量的交换。安费德(2004)更是指出:如果工业共生仅停留在副产品交换上则没有任何新意,工业共生的研究应包括技术创新、知识共享、学习机制等内容[1]。

而目前比较一致的观点认为:工业共生是指一种完整的工业产业生态系统(组织形式),因同类资源共享或异类资源互补而形成共生体。初期指某生产

---

① 郭莉:《工业共生进化及其技术动因研究》,经济科学出版社,2008,第 10—11 页。

过程的废物可以用作另一生产过程的原料，从而最高效地利用资源、最大限度减少工业废物。而后逐步发展到生产、技术、资本、人才等多方面协同共生，实现资源利用、经济效益、社会效益、技术创新等多方面协同进步。

根据工业共生的内涵，其被赋予如下五个特征：

①共生的群落性，具有类似生物群落的特征，由彼此相关联的企业，通过产业系统内物质封闭循环、物质减量化和碳减排等方法实现产业重组，使得群落内的总体资源得到最优化利用。②以融合为前提，关注产业创新及其价值增值中的业务连接，技术互补、产品供需、业务模块的组合等方式都可以促进共生视角下的融合。③资源使用循环性，把传统的"资源—产品—废物"物质单向流动生产过程重构为"资源—产品—再生资源—再生产品"的反馈式流程和"低开采、高利用、低排放"模式。④上下游的整体性，上游并非可以随意生产废物，而是要考虑整个共生链对资源的需求程度与对排污量的接纳能力，每个环节都要注重资源削减。⑤经济与环保有机结合。摒弃传统发展将经济与环境分离的模式，使发展经济与环境保护有机结合，所产生的实质环保和经济效率是其得到推崇的根本原因①。

工业共生的重要意义：

①促进各产业协同进化，企业间开展生产经营资本技术等多方面协作，上下游产品形成一条条产业链，能够充分协调产业群落各组成部分的行为，使之更有效更合理地处理共生单元和系统的共生关系。选择更好的方式实现协同进化。②促进竞争由"排他性"转为"排劣性"。工业共生不排斥竞争，受网络化信息技术和市场经济法则的共同作用，工业共生的内外竞争形式更趋向于"排劣性"，并具有更为公平、公正和合理的共生文化。③促进资源充分共享，合理利用。企业间通过共生关系合作，使各类资源在企业群体内外合理配置和流动，并有效运用。通过共生战略、分工协作、优势互补，提高企业抵抗冲击的稳定能力②。

---

① 鲍丽洁：《产业共生的特征和模式分析》，《当代经济》2011年第8期，第146页。

② 陈凤先、夏训峰：《浅析"产业共生"》，《工业技术经济》2007年第1期，第56页。

在本书中的工业共生理念除了园区内企业间的共生之外，包括园区与居民社区的共生。

(二)生态工业园区的相关研究进展

"生态工业园区"(Eco-Industrial Park,EIP)这一概念是 1992 年美国 Indigo 发展研究所主任 Lowe 教授第一次提出。他认为生态工业园区是一个由制造业企业和服务业企业组成的群落,通过在管理包括能源、水和材料这些基本要素在内的环境与资源方面的合作来实现生态环境与经济的双重优化和协调发展,最终使该企业群落寻求一种比每个企业优化个体表现就会实现的个体效益的总和还要大得多的群体效益。此外,美国的 Cote 教授、可持续发展总统委员会也从不同侧面对生态工业园区进行了定义及深入研究。

2001 年,Lowe 教授在亚洲银行项目"Introduction to Eco-industrial Parks"中全面总结了当前的生态工业园的各种定义。他认为生态工业园区的界定主要应包含三个方面的内容:①园区内企业进行合作的范围和内容;②园区内企业创造的整体效益要大于单个企业最优化效益之和; ③园区的首要目标是经济效益,其次才是环境效益,即园区的出发点是通过生产组织形式等的创新来提高区内企业的经济效益,同时最大限度地减少其对环境的影响。

以美国为首的大部分学者认为生态工业园区内的企业是自觉地和系统地进行共生交换的,是由市场经济自发组成的,按照市场规律进行资源配置、交易。但是,Pellenbarg(2002)考察了荷兰 60 个生态工业园区的发展政策和经验后得出了不同的观点。他认为,生态工业园区的形成是既有市场的因素,也有政府有目的地将经济与环境相结合的政策因素。这一论断,似乎更符合日本、中国、新加坡等亚洲国家生态工业园区发展的实际情况。

总之,20 世纪 90 年代生态工业园区研究主要集中在生态工业园区的生态系统性质、系统构建、发展政策以及实践研究上;21 世纪以来的研究则集中于工业共生网络、生态工业园区的系统结构和生态工业园区模型等方面。不过,大家普遍认为,早在 20 世纪 70 年代的丹麦卡伦堡工业园区就是基于共生理念的最早也是最成功的生态工业园区。

卡伦堡是一个仅有 2 万名居民的工业小城市,开始,这里只有一座火力发电厂和一座炼油厂。随着年代的推移,卡伦堡的五家主要企业开始交换废料:

蒸汽、不同温度和不同纯净度的水,以及各种副产品。20世纪80年代以来,当地发展部门意识到他们逐渐自发地创造了一种体系,即工业共生体系。卡伦堡工业共生体系中主要有五家企业,分别是阿斯耐斯瓦尔盖(Asnaesvaerket)发电厂、斯塔朵尔(Statolil)炼油厂、挪伏·挪儿迪斯克(Novo Nordisk)生物工程公司、吉普洛克(Gyproc)石膏材料厂,还有卡伦堡市政府(利用热电厂出售的蒸汽为全市居民远距离供暖),它们间的距离仅有数百米,由专门的管道体系连接在一起。它们之间的共生关系如图1-4所示:

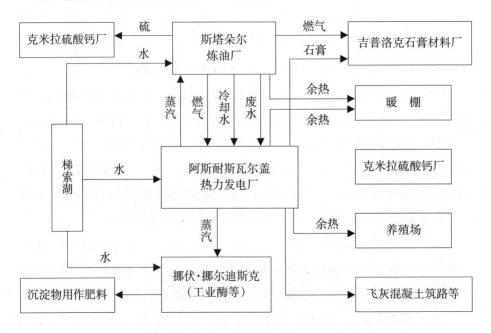

图1-4 卡伦堡工业共生体系企业间主要废料交换流程示意图[①]

体系中的废物交换包括:

(1)蒸汽和热能:以火电厂为卡伦堡工业生态系统的核心,对蒸汽和热能进行了多级使用。首先,分别向炼油厂和制药厂供应生产过程中的蒸汽,炼油厂由此获得生产所需蒸汽的40%,制药厂所需蒸汽则全部来自火电厂。通过地下管道为卡伦堡镇居民提供集中供热,此外,余热供给火电厂温水养鱼。

----

① 苏伦·埃尔克曼:《工业生态学:怎样实施超工业化社会的可持续发展》,徐兴元译,经济日报出版社,1999,第18页。

（2）水：卡伦堡生态工业园采用了水资源重复利用系统。火电厂回用自己的废水,炼油厂的废水经过生物净化处理,通过管道向火电厂输送冷却水,作为锅炉的补充水和洁净水。

（3）炼厂气：炼油厂的炼厂气首先在其内部得到综合利用。火电厂也利用过量的炼厂气部分替代煤和油。向石膏厂供气,用于石膏板的干燥。此外,炼油厂建了一座车间进行酸气脱硫生产稀硫酸,供硫酸厂生产硫酸用。

（4）石膏：火电厂安装除尘脱硫设备,除尘脱硫的副产品是工业石膏,出售给石膏厂,替代了该厂从西班牙进口天然石膏矿原料。

（5）生物质：制药厂利用土豆粉和玉米淀粉发酵生产酶,发酵过程每年产生一些生物质,其含有氮、磷和钙质,采用管道运输到农场作肥料,减少了商品化肥的使用。

（6）飞灰：火电厂除尘产生的飞灰大部分用来生产水泥,也有一部分用来修筑公路。

（7）淤泥：养鱼厂的淤泥作为肥料出售给当地的农村。

经过初步测算,卡伦堡的工业共生体系每年减少 45000 吨石油、15000 吨煤炭、6000000 立方米水的消耗, 减少 175000 吨二氧化碳和 10200 吨二氧化硫的排放, 每年有 130000 吨炉灰（用于筑路）、4500 吨硫（用于生产硫酸）、90000 吨石膏、1440 吨氮和 600 吨磷的废料被重新利用。同时,源于这些交换的经济利益同样十分巨大。根据公开得到的资料显示,20 年期间总的投资额（共计 16 个废料交换工程）估计为 6000 万美元,而由此产生的效益估计为每年 1000 万美元,投资回报率相当大。

20 世纪 90 年代以来, 卡伦堡经验日益受到很多国家和学者的关注,但是,作为生态工业园区的鼻祖,卡伦堡也不是完美的生态工业园区,也有一些缺陷需要讲明白:

（1）共生系统受到刚性制约,这是因为共生系统内的企业数量有限,保障大部分废料运输的基础设施基本都是管道运输, 只适合于固定伙伴之间固定的废料交换。

（2）在改变生产方式的情况下,或者一个企业很简单地终止它的业务,那么就可能造成某种废料不足,而整个交换系统会受到严重干扰,在卡伦堡这样的工业生态体系中,由于没有多余的供货者,使得共生体系变得十分脆弱(与生物生态系统不一样,在生物生态系统中,原料供应者总是多于需要者)。因此,卡伦堡这样的共生休系在许多不实行废料交换的普通工业园区是不能复制的。

（3）购买固定废料的企业的工艺流程很难承受向他们提供的原料在性质上或在构成方面的变化。比如,吉普洛克石膏材料厂的情况就是一个典型的例子。1995年吉普洛克在常规分析过程中发现石膏中含有大量的钒,这种金属可能对一些人造成变态反应。经过仔细调查,最终发现钒污染的原因是阿斯耐斯瓦尔盖发电厂试用了一种从委内瑞拉进口来的叫作奥利木松的燃料,这种燃料是从委内瑞拉奥里诺科河流域开采来的石油,价格十分低廉。调查人员在这种石油里发现了钒,最终在石膏中也发现了钒。最后,阿斯耐斯瓦尔盖发电厂只好改进其设备,以防止累积的钒影响到其他下游产品。

（4）经济上的不合理,比如为了防止可能对远距离供暖造成致命的竞争,卡伦堡没有天然气输气管道,事实上对于个人消费者来说,由热电厂蒸汽网络所供的热比管道天然气供热要昂贵得多。事实上,丹麦的天然气很充沛,价格也低廉,甚至供应到瑞典境内的吉普洛克属下的另一个工厂,而在卡伦堡却必须使用液化气瓶或由斯塔尔朵尔炼油厂提供的燃气。

但是,这些缺陷丝毫不影响人们对这一新生事物的研究。以卡伦堡为榜样,北美洲和欧洲的一些发达国家在生态工业园区的研究与实践上取得了长足进展,其中美国最为突出。美国可持续发展总统委员会于1995年指定了四个生态工业示范区进行实际应用研究。在欧洲,包括瑞典、奥地利、爱尔兰、法国、荷兰、英国、意大利、芬兰、德国在内的多个国家也迅速开展了生态工业园的建设规划。其中,荷兰在鹿特丹港设立了一个包括大中型企业的生态工业园项目,目标是建成以石油工业、石油化工业及其支持行业为核心产业的生态工业园区,该项目的建设由荷兰著名的鹿特丹伊拉斯姆斯大学领导,走典型的产、学、研三方合作道路。

欧美的成功经验极大地鼓舞了亚洲各国筹建生态工业园区的热情。日本是亚洲最早关注产业与生态关系的国家之一,其著名的生态城镇(Eco-Town)项目是日本推动生态产业发展最成功的项目之一,同时日本也大力发展生态工业园。此外,泰国、印度尼西亚、印度、菲律宾等亚洲国家也积极推进生态工业园区项目的规划与建设。泰国、印度尼西亚和印度的生态工业园区项目的规划和改造都得到德国技术援助组织的资助。在泰国,生态工业园区项目直接隶属于泰国工业园区管理局,受到国家的高度重视。印度尼西亚的生态工业园区则设在其首都雅加达市的郊区。印度则在纳罗达工业区兴建类似于中国广西贵港制糖集团(以下简称"贵糖集团")模式的以制糖业为基础的生态工业园区。菲律宾试图通过对传统工业园的生态化改造,在生态工业园区内组成一个生态工业链系统,并收到了很大成效。除此以外,世界其他地方如南美洲、澳大利亚、南非和纳比米亚等,也建立了很多有关生态工业园区的项目①。

中国生态工业园的发展基本是从 20 世纪 90 年代末开始的。为了推进中国生态工业及生态工业园区的发展,国家环境保护总局开展了对现有园区进行生态化改造的工作,并从 1999 年开始启动了工业生态示范园区建设试点工作,并且不断完善生态工业园区的管理体系。2006 年 6 月,环保部陆续发布了《行业类生态工业园区标准试行》《综合类生态工业园区标准试行》《静脉类生态工业园区标准试行》及《生态工业园区建设规划编制指南》四个纲要性文件。截至 2011 年 4 月,中国正在建设的生态工业园区中,11 个行业类生态工业园区,29 个综合类生态工业园区和 1 个静脉类生态工业园区;批准建设的 41 个生态工业园区中有 25 个是对国家级经济技术开发区、出口加工区和高新技术产业开发区的生态化改造;已命名的 13 个生态工业园区均为综合类生态工业园区。2007 年,环保部、商务部和科技部三部局联合发布了《关于开展国家生态工业示范园区建设工作的通知》和《国家生态工业示范园区管理办法(试行)》;2008 年 8 月《中华人民共和国循环经济促进法》发布,其中第二十九条为生态工业园区的建设提供了法律依据和指导,它明确指出"各类产业园区应当组织区内企业进行资源综合利用,促进循环经济发展。国家鼓励各类产业园区的企业进行废弃物交换利用、能量梯级利用、土地集约利用、水的分类利用和循环使用,共同使用基础设施和其他有关设施。"至此,综合性的国家生态工业

①韩玉堂:《生态工业园中的生态产业链系统构建研究》,中国海洋大学,2009,第 51—53 页。

示范园区管理机制初步形成。

但是,中国研究生态工业园的著名机构较少,仅有清华大学的生态工业研究中心和大连理工大学的生态规划与发展研究所,对生态工业园的研究主要集中在建设规划、系统构建、评价方法和运营管理等实践层面,重要的理论创新、科学的理论体系还基本处于空白,尚处于"摸着国外的石头过自己的河"的引进、模仿阶段。

(三)生态效率的相关研究进展

Schaltegger 和 Sturm(1990)首次提出了生态效率的概念,并在 1992 年的世界可持续发展工商理事会(WBCSD)报告中正式确定生态效率(Eco-Efficiency)的概念,进而推动了一系列生态效率的研讨会、研究案例和工作报告的产生。WBCSD 认为,生态效率是指在提供具有竞争力的商品和服务满足人们需求、提高生活品质的同时,在产品和服务的整个生命周期内,将其对环境的负面影响和自然资源的耗用逐渐减少到地球可承受的程度。这个概念更突出生态效率的商业属性,而在随后的 1998 年,世界经济合作与发展组织对这一概念做了更进一步的拓展,使得这一概念不仅适用于营利性组织(如企业),同时也适用于非营利性组织(如政府或其他机构)。认为生态效率是指一个企业、产业或经济体生产产品或提供服务的价值与由此所付出的环境代价或成本之比。因此,生态效率的内涵可概括为三个方面:

一是集成经济绩效和环境绩效的双重目标。反映企业、个别产业或整个经济体实现经济和环境的双赢状态。二是为企业或区域决策者提供不断改进的管理手段。生态效率跟踪经济实体的资源生产力,识别绩效提升的潜在机会,由此推动政府、企业、消费者等利益相关者开展生产技术工艺和消费方式的创新。三是生态效率以工业企业为可持续发展的突破口。通过生态设计预防污染和资源循环等途径降低经济活动对环境的冲击,从而将工业系统切实纳入整个社会的可持续发展中。在此基础上,WBCSD 将生态效率定义为产品或服务的价值与环境影响的比值[1]。

生态效率 = 产品(服务)的价值 / 环境影响

---

[1] 郭莉:《工业共生进化及其技术动因研究》,经济科学出版社,2008,第 13 页。

其中:环境影响指的是资源能源的使用和废弃物的排放等。

在生态效率测算方面,国内外学者从空间层次考察主要集中在企业层面、行业层面和区域层面。

在企业层面,海米纳(2000)对芬兰和瑞典的浆纸造纸业进行了生态效率测算。采用的方法是附加值与环境影响指数的比值。附加值为销售收入扣除生产成本,环境影响包括原材料消耗和三废排放。杜斯(2000)建立了生态成本除以价值比率模型。生态成本是在假设企业为达到可持续发展目标而必须采取污染防范措施的基础上计算的虚拟成本。价值包括企业形象、产品质量和服务质量。索尼公司(2001)以产品生态效率为基准,测算产品生命周期内资源流、能源流的资源生产力,并将其作为研发投入和发展水平的评估依据[①]。Raymond Cote(2006)对中小企业的生态效率进行了分析,在研究过程中选择了加拿大的企业为样本。该学者认为,中小企业相对于大企业而言,单个企业的排污量要小,但是这类企业的数量众多,其生态环境问题不容忽视。在研究中他们还发现,中小企业有着诸多不同于大企业的特征,对其进行生态效率评价的指标和方法也应该有所不同,一个很明显的特征就是中小企业的经济环境数据往往没有大企业那样完整。通过研究发现样本企业在生态效率方面的表现一般,其改进的空间很大,很多企业在运营过程中主观目标仍然是经济效益,它们实际上在清洁生产技术的开发和应用方面还存在很大的差距[②]。

在行业或产业生态效率的研究方面,Dominique Maxime 和 Michele Marcotte(2006)对加拿大的食品和饮料行业的生态效率展开了研究。他们在研究中非常关注该行业对环境造成的影响,在生态效率评价指标体系中突出体现了能源消耗、废水排放和固体废弃物排放指标的重要性,同时也考虑了对温室气体排放的评估。研究中他们还指出,在行业层面由于不同行业的特点不一样(如对能源资源的消耗数量方面),因此在生态效率评价的指标设置中就要充分体现这种行业之间的差异性。Marcio D'Agosto 和 Suzana Kahn Ribeiro(2004)对交通运输行业的生态效率进行了评价。该学者认为鉴于该行业的特点,在环境成

---

① 郭莉:《工业共生进化及其技术动因研究》,经济科学出版社,2008,第14页。
② 付丽娜:《工业园的生态转型及生态效率研究》,中南大学,2014,第16页。

本指标的设置中应该重点突出温室气体的排放、能源(燃料)的消耗以及对空气污染物质的排放等指标。

与此同时，相关研究者也对区域生态效率展开研究,Jianhuan Huang 和 Yue Hua 两位学者合作(2018)对"中国生态效率"展开研究,通过劳动力投入、土地投入、资本投入和能源投入来考虑传统生产函数。然后选择消费者价格指数和国内生产总值来表示理想的输出。最后将二氧化碳、二氧化硫和工业污染以及废水排放等作为不良的产出,并采用环境负荷(STIRPAT)模型对控制变量(人口、经济水平和技术)进行控制。采用输入数据包络分析(DEA)方法和空间建模方法来进行实证分析。结果表明中国的主要城市在地理位置、环境政策和资源优势方面正逐渐形成基于位置的集群模式。但是,在区域的小范围空间即园区空间层面针对其生态效率的评价研究还不是很多。在已有研究中,主要是侧重针对具体案例园区展开研究。彭涛、李林军(2010)以九发生态产业园为例对产业园的生态效率展开了比较深入的分析。他们采用单一比值法对该产业园区中的单位原材料产出率、固体废弃物排放产出率等效率结果进行了测度,并且与全国的平均水准进行了比较。研究结果表明,九发园区的生态效率水平并不高,在能源与资源的利用效率方面还有很大的提升空间,该园区应当进一步完善产业链网以促进系统生态功能得到更好的发挥。孙晓梅、崔兆杰(2010)构建了旨在评价生态工业园区运行效率的指标体系。首先指出生态工业园运行效率是一组效率的系统集成概念，本质上讲它是衡量园区投入产出的能力,并从经济运行效率、资源转化效率、污染减排效率、园区管理效率来衡量运行效率,进一步突出园区的产业关联性、完整性、耦合性等特征指标在指标体系中的重要地位,并且将这一指标体系付诸实证测度,其具体的应用对象是烟台经济技术开发区。这一指标体系具有一定的通用性,能够对其他园区的生态效率或运行效率的评价起到一定的借鉴和参考作用。

归纳起来,生态效率的核心思想就是可持续发展理念,通过一切科技、管理手段的创新，以更少的环境破坏创造更多价值，使人类活动与自然环境共生。虽然国内外学者从企业层面、行业层面和区域层面运用不同分析方法对生态效率评价做了很多研究,但是,目前不管是学术界还是实践领域,还没有统一的指标体系和评价方法来测评生态效率。

三、研究方法与研究内容

　　国内生态工业园区的研究开始于 20 世纪 90 年代，兴起于 21 世纪初，至今不过二十余年，研究成果大多为研究边界的拓展和研究内容的丰富，研究方法大多为描述性分析。本研究是以工业共生理念为指导，以生态工业园区为核心，围绕生态工业园区的规划、建设、招商、运营以及生态工业园区所需要的政策支持等问题展开。本研究属于应用基础性研究，采取理论论证和定量分析相结合的研究方法，借鉴和运用生态学、管理学、环境科学、经济学等多学科工具进行理论论证，并辅以实证研究。具体的技术路线如图 1–5 所示：

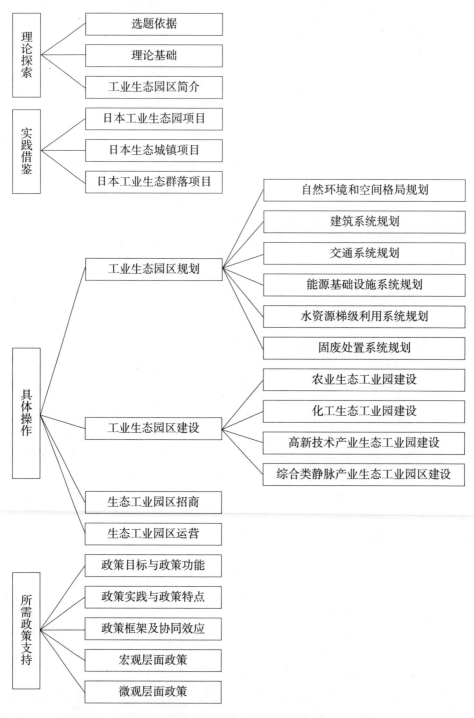

图1-5　本研究的技术路线

第二章　理论基础

　　本书的研究并不是无根之木、无本之源,而是在前辈们相关理论基础之上进行研究的。因此,在开始系统研究之前,有必要交代研究对象所需要的理论并对这些理论进行梳理、归纳和总结。本书是在共生理念引领下对生态工业园区建设进行研究,首先,需要对共生理念进行探讨,而共生理念的诞生离不开马克思在《资本论·第三卷》中提到的工农业新陈代谢理论。其次,本书研究对象是生态工业园区,生态工业园区建设和运行理念就是要秉承生态环境保护理念,具体的实现途径则是循环经济模式。同时,生态环境保护具有很强的外部性,因此,生态工业园区建设也要解决外部性问题,防止企业"搭便车"行为。另外,生态工业园区的基本宗旨,就是要使现存工业经济体系摆脱传统经济理论的派生性,从而与自然生态系统的总体平衡相一致,这也正是协同学理论在经济学中的应用之一。鉴于此,本章主要对共生理论、生态环境保护理论、循环经济理论、外部性理论和协同学理论进行详细分析和总结,为本书后续研究搭建坚实的理论基础。

一、马克思工农业新陈代谢断裂理论

　　新陈代谢最早是1815年德国生理学家西格瓦特首先提出的一个生理学现象,表示人的身体内部在酶的作用下通过化学反应进行的物质循环。随着时间的推移,其内涵扩展为生物有机体与环境之间物质的变换,即指生物体与外界环境以及生物体内物质的循环转变。马克思借用这一概念表达了对劳动的认识,认为劳动就是人与自然的新陈代谢关系,并赋予"新陈代谢"两层含义。一是指纯粹的自然物理现象,表达人与自然之间通过劳动进行的物质变换。"劳动首先是人和自然之间的过程,是人以自身的活动来中介、调整和控制人和自然之间的物质变换的过程。"二是指一种社会现象,特指在资本主义条件下人与人、人与社会之间满足与被满足、供给与需求的社会物质循环关系。

马克思在《资本论·第三卷》中批判继承了19世纪德国化学家李比希关于土壤的新陈代谢循环经常遭到破坏以及资本主义农业是一种"掠夺式农业制度"的论断基础上，提出"新陈代谢断裂理论"。马克思新陈代谢断裂理论早期研究的焦点是土地自然肥力的枯竭，认为在资本主义条件下，资本主义生产方式不仅是人剥削人的方式，也是一种掠夺自然的方式，在这一生产方式下进行生产，社会再生产的条件必然遭到破坏，导致资本主义经济危机以及整个世界新陈代谢关系的全面断裂[1]。

马克思认为人与自然本来是生生不息的关系，但在资本主义条件下，随着工业化的发展，大量农村人口转移到城市，城市人口过度膨胀，人类源源不断地从土地中获取粮食、纤维等人类生活必需品，一方面是工业化、城市化需要大量占用农田，另一方面土地需要比以前有更高的产出效率，农业开始机械化种植，农业生产需要一年比一年多的使用农药、化肥、塑料膜，畜牧业也开始大规模的企业化养殖，传统的混合农业生产结构下的农业与畜牧业平衡被打破，种植业的副产品不再作为畜牧业的饲料，畜牧业的粪尿等废料也不再作为土地的肥料。就这样，畜牧业从此逐步在饲料资源方面脱离了种植业生产，更多依靠购买饲料，畜牧业的厩肥等也同样脱离了农业生产：大量增加的厩肥变成了垃圾，而土地的营养元素却得不到及时补充，导致农村土地因肥力补偿不足而贫瘠。这种状况说明人的行为超越了自然的自我调节能力，导致人与自然之间新陈代谢的断裂，最终造成土地荒漠化、生态危机，这也是当时的英国每年要从秘鲁进口大量的鸟粪来增加土壤肥力，同时又要花费很大费用将伦敦一日产生的粪便倾倒到大海里的原因。

面对严重的新陈代谢断裂，马克思认为必须将"人的自然的新陈代谢所产生的排泄物"，以及工业生产和消费所产生的"三废"等副产品，经过完全无害化处理，参与到完整的新陈代谢循环中去，直至回归土壤，开始土壤的再生产过程。

---

① 常泓、黎永红：《马克思新陈代谢理论的生态危机批判及其启示》，《湖北行政学院学报》2017第3期，第16页。

19世纪50—70年代,马克思对"新陈代谢断裂"理论的关注点从土壤肥力的丧失扩展到社会的自然异化,从城乡分离和长途贸易等社会表象方面深入到社会实质层面的资本主义制度及其生产方式来探索新陈代谢断裂根源。

二、共生理论与工业共生理论

自然界中有这样一种现象,当一株植物单独生长时,既矮小又单薄,而与众多同类植物一起生长时,则根深叶茂,生机盎然,还有一种现象就是不同类的两种生物在一起时,例如海葵和小丑鱼在一起时,也能产生1+1>2的效应。我们把这种同类或不同类的成员之间通过某种互利机制有机组合在一起,共同生存发展的现象称为"共生"现象。"共生"原本是一个生物学的概念,是对达尔文提出的"进化论"理论的重要补充,共生理论不同于"进化论"所强调的物种进化是优胜劣汰的竞争过程,而是强调生物的进化需要拮抗竞争,但更多的是依靠共生互助来有效适应更多的环境而协同进化。

"共生"概念一经问世就引起广大研究者浓厚的兴趣,科学家们发现,共生现象不仅是自然界中一种普遍存在的现象,而且也广泛存在于社会生活中。目前,对"共生"现象和理论的研究已经从生物学领域延伸到社会学、经济学、管理学、哲学等许多领域,形成了广义的"共生理念",即共生单元之间在一定的共生环境中按照某种共生模式形成的关系。结合本书"生态工业园区"这一落脚点,我们主要阐述工业共生理论。关于工业共生的概念前面已经提到过,下面主要阐述工业共生理论具体的运作路径和模式。

工业共生属于一种特殊而复杂的经济关系。与一般经济关系不同,企业间工业共生连接的纽带是传统上被认为"毫无价值"的废弃物,而废弃物无论在性质、构成或经济价值上都无法与产品或原料相比。它以追求经济价值和环境改善为双重目标,受政策法规、技术变革等影响更为强烈。工业共生既具有经济特征,又具有生态特征。

工业共生具有明显的链网结构[①]。工业生态系统中同时存在的多种资源通过类似于生物食物营养联系的生态工艺关系相互依存、相互制约,即构成了

---

① 张萌:《工业共生研究综述》,《哈尔滨工业大学学报》2007年第7期,第97—102页。

"工业生态链"。它既是一条能量转换链,也是一条物质传递链。物质流和能源流沿着"工业生态链"逐级逐层次流动,原料、能源、废物和各种环境要素之间形成立体环流结构,能源、资源在其中反复循环获得最大限度的利用,使废弃物资源化实现再生增值。在工业共生体内,企业利用上下游环节的主副产品和原料的衔接关系构成了若干生态工业链;某条链上某个企业所生产的废弃物,经过必要的处理,回收用于原来的生产过程,构成了链条的纵向闭合;不同链上的消费者企业之间利用主、副产品和原料之间的横向耦合、协同共生关系,组成一个纵横交错的生态网络。

根据运作模式分类,工业共生网络可分为依托型、平等型、嵌入型、虚拟型四种模式[1]。一是依托型工业共生网络,它的形成往往是因为生态工业园中存在一家或几家大型核心企业,而许多中小企业服务于这些核心企业。二者间的关系为:一方面,中小企业为核心企业提供原料和配套零部件;另一方面,核心企业为中小企业创造了广阔的市场空间,从而构成了工业共生网络。依据园区内核心企业的数量多少,可将依托型运作模式分为单中心运作模式(如鲁北化工生态工业园)和多中心运作模式(如天津泰达生态工业园区)。二是平等型工业共生网络,指在生态工业园中,各个节点企业地位平等,通过各节点间信息、技术、资金、人才的相互交流,形成网络组织的自我调节以维持组织的运行。与依托型工业共生网络不同,各企业之间不存在依附关系,在合作谈判过程中处于平等地位,主要依靠市场调节机制来实现价值链的增值。三是嵌入型工业共生网络。它是一种介于依托型工业共生网络和平等型工业共生网络之间的新型网络组织结构,由多家核心企业和依附于它们的众多中小企业通过各种业务关系而形成的多级嵌套网络模式。在生态工业园区内,多家核心企业之间通过交流副产品、人才、信息、资金等资源而建立起共生网络,从而形成园区内的主网络。与此同时,中小企业各自依附于自身的核心企业,结成多个规模不一的子网络。另外,各中小企业之间也存在业务关系,所有参与共生网络的企业

---

[1] 吴志军:《生态工业园工业共生网络治理研究》,《当代财经》2006年第9期,第84—88页。王兆华、尹建华:《生态工业园中工业共生网络运作模式研究》,《中国软科学》2005年第2期,第80—85页。

通过各种关系联系在一起,交织成了错综复杂的网络,形成"你中有我,我中有你"的格局。四是虚拟型工业共生网络。它是一种新颖的组织形式,突破了传统的固定地理界限和具体的实物交流,借助于现代信息技术手段,用信息流连接价值链建立开放式动态联盟。参加合作的企业通过各自核心能力的组合突破了资源有限的限制,整个虚拟组织以网络为依托,充分发挥了协同工作和优势互补的作用。

　　根据产权关系分类,工业共生模式可分为自主实体共生和复合实体共生①。所谓自主实体共生,是指参与共生的企业都具有独立的法人资格,双方不具有所有权上的隶属关系,均是独立的,它们的合作关系完全是受利益机制驱动,代表性案例就是丹麦卡伦堡生态工业园。复合实体共生是指所有参与共生的企业同属于一家大型公司,它们是该大型公司的分公司或某一生产车间。这种共生模式的合与散完全取决于总公司的战略意图,代表性案例就是中国贵糖集团生态工业园。在自主实体的工业共生模式下,所有的合作都是在双方协商基础上达成的;每个合作项目对参与的公司在经济上都有吸引力。然而,它也存在着危险和障碍:当该共生系统中某个环节上的企业关闭后,可能造成该链条上的大批企业无法运转,严重时可能会使整个共生体瘫痪。而复合实体共生模式,有集团公司的支持,共生系统内关键环节上的企业一般是不会轻易关闭的,这保证了系统的可靠性和安全性。缺点是这种自上而下的运作方式很难保证集团公司不犯错误,一旦集团公司决策失误,将会损害各公司的利益,并有可能损失掉整个共生体。

三、生态环境保护理论

　　18世纪工业革命的兴起曾经给人类带来希望和欣喜,因为工业化的兴起、城市化的发展、科学技术的进步使人类的生活水平大为提高:人口死亡率不断下降、平均寿命不断提高、更多的人享受到城市生活的便利、更多的儿童能够进入学校接受更多的教育等,人类文明达到一个前所未有的高度。然而,

---

① 王兆华、尹建华:《生态工业园中工业共生网络运作模式研究》,《中国软科学》2005年第2期,第66—69页。

工业革命给人类带来的不仅仅是欣喜,还有诸多意想不到的后果,甚至给人类生存和发展埋下了潜在威胁。

从20世纪50—60年代开始,"环境公害事件"此起彼伏,例如1948年美国的"多诺拉烟雾事件"、1952年英国的"伦敦烟雾事件"、1950—1968年日本的"水俣病事件""骨痛病事件"和"米糠油事件"等。可以说,20世纪后半叶以来出现的生态灾难事件正是人们对地球自然资源和生态环境长期进行开发式掠夺的后果,随着工业化大规模发展,生态环境恶化的速度越来越快,生态环境恶化的程度也越来越严重。20世纪70年代以后,全球性的生态问题更加严重。世界的森林面积每年以18万平方公里的速度消失,每年有500万—700万公顷的耕地荒漠化,表土流失每年达250亿吨。主要发达国家每年二氧化碳排放量达90多亿吨,导致全球温室效应,形成灾难性的厄尔尼诺现象。其引发的直接后果就是,臭氧层的减少、皮肤癌和眼睛疾病患者数量增多、地球荒漠化面积扩大、生物物种逐年减少。

在人类生产生活几千年的历史长河中,为什么"环境公害"事件集中在工业化时期爆发,这与工业社会的生产和生活方式有直接关系。首先,工业社会是建立在大量消耗能源,尤其是煤、石油等一次性燃料基础上的。这些能源的大量消耗,会随之产生多达数十种废气。其次,工业产品的原料构成主要是自然资源,特别是矿产资源的掠夺。随着工业规模的扩大,对铁、铜、铝、镍等矿产资源,对树木、水等自然资源的消耗都呈倍数增长。再次,与工业社会的生活方式,尤其是消费方式有直接关联。在工业社会,人们不再仅仅满足于生理上的基本需求——温饱,更高层次的享受成为工业社会发展的动力,于是,汽车、游艇、飞机等高档消费品进入了社会和家庭,冰箱、烤箱、洗衣机、空调、吸尘器、扫地机等各种日用品层出不穷,由此引发的环境污染问题日益显著。甚至是人们对橙汁需求的增加都会引起资源的大幅消耗,因为,1升美国产的橙汁需要1000升灌溉用水和2升石油,这还不包括为了取得生产橙汁所需的石油与水而需要消耗的能源和原料①。在德国生产1升橙汁需要25千克其他物质的消

---

① 苏伦·埃尔克曼:《工业生态学:怎样实施超工业化社会的可持续发展》,徐兴元译,经济日报出版社,1999,第58页。

耗。最后，污染的产生和发展还与人类对自然的认识水平和技术能力之间相关，在工业社会初期人们对环境问题缺乏认识，在生产、生活过程中常常忽视对生态环境的保护，结果导致环境问题越来越严重。

随着生态环境破坏的范围和规模不断扩大，人们开始渴望更高的、有利于身心健康的生活环境和生活方式，公众和社会研究者对生态环境的关注度日益提高，1972 年 6 月，联合国召开了第一届人类环境大会。在这次会议中，会议参与国对当前全球环境状况进行了充分研讨，并通过了《人类环境宣言》。《人类环境宣言》的签署是世界各国关注全球生态环境变化采取的积极行动，标志着人类对全球生态环境问题的关注程度上升到了一个新高度。1972 年，罗马俱乐部发表了具有预测性质的《增长的极限》，报告中详细分析了全球生态问题产生的原因，并指出世界经济的迅猛发展将突破全球环境的限制和承受能力，呼吁人们保护全球生态环境，共同抵制全球生态危机。1992 年 6 月3—14 日，联合国环境与发展大会在巴西里约热内卢举行。183 个国家的代表团和联合国及其下属机构等 70 个国际组织的代表出席了会议，102 位国家元首或政府首脑亲自与会。这次会议是 1972 年联合国人类环境会议之后举行的讨论世界环境与发展问题的最高级别的一次国际会议。会议规模之大堪称是人类环境与发展史上影响深远的一次盛会，大会通过了《里约环境与发展宣言》和《21 世纪议程》两个纲领性文件，以及关于生态问题的原则声明，签署了《气候变化框架公约》和《生物多样性公约》。这些文件充分体现了当今人类社会可持续发展的新思想，反映了关于环境与发展领域合作的全球共识和最高级别的政治承诺。

目前，生态环境保护在理论界取得了丰硕成果，普遍认为经济增长与生态环境不是对立的、此消彼长的关系，必须把经济增长与生态环境保护统一起来考虑，不能因为经济增长而忽视生态环境保护，也不能因为生态环境保护而忽视经济增长。而且，不能走先污染后治理的发展模式，也不能走边污染边治理的发展模式，而要走工业生态化发展模式，推进循环发展、绿色发展、可持续发展。

四、循环经济理论

循环经济理论是伴随着生态经济学、工业生态学和可持续发展理论发展起来的。美国经济学家鲍丁在 1960 年提到生态经济时,首次通过"宇宙飞船经济理论"提出循环经济思想的。他将地球比作茫茫太空中一艘小小的宇宙飞船,人口和经济的无序增长迟早会使船里有限的资源耗尽,而生产和消费过程中排出的废料将使飞船污染毒害船内的乘客,最终它将因资源耗尽而毁灭。唯一能延长飞船寿命的方法就是要实现飞船内的资源循环,尽可能少地排出废物。同理,尽管地球资源系统大得多,地球寿命也长得多,但是也只有实现对资源循环利用的循环经济,地球才能得以长存,这就是循环经济思想的源头。

表 2-1   循环经济与传统经济的比较[①]

项目	传统经济	循环经济
发展模式	"资源—产品—废弃物"的线性模式	"资源—产品—再生资源—再生产品"的循环模式
经济增长方式	物质财富的积累	物质财富与生态财富的双重积累
资源利用方式	粗放式消耗、一次性利用	精细化消耗、循环利用
环境治理方式	末端治理	事前—事中—事后全过程控制
废弃物排放	高排放、不承担或少量承担治理成本	零排放或低排放,废弃物变为副产品进行销售,承担治理成本
生态效率	低效率或无效率	高效率
理论依据	微观经济学、宏观经济学等	生态经济学、工业生态学等
评价指标	经济指标(GDP、GNP 等)	绿色核算体系(绿色 GDP 等)

综合来看,学者们分别从四个角度来理解循环经济理论:生态经济学、技术经济说、物质闭环流动说和经济增长模型说。其中生态经济学强调循环经济本质是一种生态经济,是人、自然资源与科学技术之间相互融合的产物。它要

---

① 郑学敏:《循环经济与传统经济的比较分析》,《经济导刊》2010 年第 1 期,第 76—77 页。

求按照自然生态物质循环方式运行的经济模式，最终实现人类经济发展与资源环境消耗脱钩、人与自然和谐发展的状态。技术经济说则认为循环经济理念的运用首先需要注重技术改良，促进资源利用效率的提升，进而通过现有技术与绿色环保技术的相互融合，最终达到减排甚至零排放的状态。物质闭环流动说认为，为了实现人与自然的可持续发展，人类经济活动应纳入"自然资源—产品和用品—再生资源"闭环循环之中，以使各类资源均可达到利用效率最大化的状态。经济增长模型说认为循环经济是变革传统"资源—产品—废弃物"的线性增长模式的有效途径，在遵循"减量化、再利用、再循环"原则的基础上，实现资源高效的循环利用，但循环经济的模式仍是经济发展的一种手段，特别适合中国发展中大国的现状，有效缓解资源能源对可持续发展的约束作用。

五、外部性理论

外部性理论是生态环境经济学建立和发展的理论基础。外部性理论最早是由马歇尔提出的，再由福利经济学创始人庇古完整提出。关于外部性的定义，斯蒂格利茨认为，只要一个人或一家企业实施某种直接影响其他人的行为，而且对此既不用赔偿，也不用得到赔偿的时候，就出现了"外部性"。萨缪尔森认为，外部性是一个经济主体的行为对另一经济主体的福利所产生的效果，而这种效果并未在货币上或市场交易中反映出来。总之，外部性具有两大特征：①外部性独立于市场机制之外，它的影响不是通过市场发挥作用，不属于买者和卖者的关系范畴，市场机制无力对产生外部性的厂商给予惩罚或补贴；②外部性产生于决策范围之外，具有某种强制性，这种强制性不能由市场机制解决且不可能完全消除。

按照不同的分类标准，外部性可分为如下几类：

（1）根据外部性影响的结果，可以分为正外部性和负外部性（表2-2）。正外部性又称为外部经济，即一个经济实体行为对外界产生无回报的收益，也就是社会收益大于私人受益，如治理水源、植树造林、教育等。负外部性又称为外部不经济，即一个经济实体行为对外界产生无回报的成本，也就是社会成本大于私人成本，如大气污染、草原过度放牧等。在现实生活中，负外部性现象比正外部性现象更为常见，环境的负外部性是环境问题产生的重要原因。

表 2-2   生态工业园区的外部性

类型	内容
正外部性	园区完善的道路、照明、废物管理、污水处理等基础设施为企业提供良好环境
	园区管理者提供的信息搜集、人员招聘、人员培训为企业节约成本
	园区内咨询机构、金融机构、法律机构的进驻为企业提供诸多便利
	紧密的工业共生关系提供了广阔市场,可以帮企业轻松找到上下游相关企业
	先进的知识和技术可以更为迅速和便捷地传播,有利于创新
	园区整体形象的提升无形中提升了园区内每一个企业的形象,提升了企业竞争力
	为所在地区提供更多工作岗位,带来良好的社会效益
	提升所在地区经济实力和改善所在地区生态环境
	为政府提供了相关法规、制度试验田
负外部性	园区内系统稳定性不足:一旦生态工业链上某节点企业,特别是关键节点企业,由于客观原因停产或减产,将对下游企业产生很大影响;当上游企业改变生产方式或生产工艺可能造成某种工业副产品质量的差异,那么购买该副产品的下游企业往往很难承受上游企业在原材料性质上或构成上的变化

(2)根据外部性产生的时空,可分为代内外部性和代际外部性。代际外部性问题主要是要解决人类代际行为的相互影响,尤其是要消除前代对当代、当代对后代的不利影响。可以把这种外部性称为"当前向未来延伸的外部性"。这种分类源于可持续发展理念。代际外部性同样可以分为代际外部经济和代际外部不经济。现在的外部性问题已经不再局限于同一地区的企业与企业之间、企业与居民之间的纠纷,而是扩展到了区际、国际,即:代内外部性的空间范围在扩大。同时,代际外部性问题日益突出,生态破坏、环境污染、资源枯竭、淡水短缺等,都已经危及我们子孙后代的生存。

(3)根据外部性的稳定性,可分为稳定的外部性和不稳定的外部性。稳定的外部性是指可掌握的外部性,人们可以通过各种协调方式,使这种外部性内在化。科技成果的不确定性就是一种不稳定的外部性。这是因为科学技术的不确定性及其副作用的暴露需要一个潜伏期,往往会导致严重的生态环境问题。也就是说,人类很有可能被科学技术带来的巨大威力蒙骗。以诺贝尔奖为例,1948 年诺贝尔生理学或医学奖的获奖成果——DDT,最初只是发现这是一种高效杀虫剂,在农业生产中广泛应用。直到颁奖 20 多年后,科学界才发现这种农药是一种难降解的有毒化合物,对各种生物包括人类在内的危害非常大,到 20 世纪末世界各国开始全面禁止使用。

(4)根据外部性的方向性,可分为单向的外部性和交互的外部性。假设某生态工业园内的两家企业 A 和 B。单向的外部性指一方(企业 A 或 B)单方面对另一方(企业 B 或 A)所带来的正外部效应或负外部效应。交互的外部性指企业 A 对企业 B 具有外部效应,同时企业 B 对企业 A 也具有外部效应。

根据外部性理论,生态工业园区使企业集聚在同一区域范围内就是为了获得正外部性、稳定的外部性和相互的外部性,即外部经济。

六、协同学理论

协同理论(Synergetics)是 20 世纪中后期发展起来的三大前沿理论(即协同理论、突变理论和耗散结构理论)之一,创始人是联邦德国理论物理学家赫尔曼·哈肯,他于 1969 年在斯图加特大学讲课时开始使用协同理论的概念,1971 年发表文章初步阐述了协同理论的基本思想和概念,1972 年举行了有关协同理论的国际学术会议,随后几年中协同理论取得了迅速发展。1977 年哈肯出版《协同学导论》建立了协同理论的理论框架,标志着这门学科的诞生。协同理论研究了各种完全不同的系统在远离平衡时通过子系统之间的协同合作,从无序态转变为有序态的共同规律。它抓住了不同系统在临界过程中的共同特征,大大加深了我们对于系统演化的内部机制的认识。

任何一个系统都是由大量的子系统组成的,系统的整体行为取决于系统内子系统间的相互作用,当子系统间的相互作用较大而其独立性较小时,系统的整体在宏观上显示出结构特征,这样的系统是有序的。反之,当子系统之间的相互作用较小,使子系统的独立性占主导地位时,它们便处于杂乱无章的"热运动"状态,使系统在宏观上没有一个稳定的结构,这样的系统就是无序的。例如,对处于平衡态的物质系统来说,当温度低到一定程度以致热运动不再能破坏粒子(分子、原子等)之间的相互作用时,这时物质在宏观结构上是有序的。当温度升高以致粒子的热运动占主导地位时,粒子杂乱无章的热运动使系统只能处于一种热平衡状态。此时物质系统宏观上是无序的。在远离平衡的非线性开放系统中,当系统与外界的能量和物质交换达到一定程度后,系统便通过自组织使各子系统协同作用从而使系统演化为具有一定有序程度的耗散结构。由此可见,子系统间的相互作用是有序的起因,热运动是无序的根源。

同时,系统的有序与无序都是由一定的内外部条件决定的,因此,处于某一种状态的系统在一定条件下又可以转化为一种新的状态,即系统的有序与无序在一定条件下是可以相互转化的。目前,对于系统在临界状态下从无序到有序进而到混沌状态的转变已成为协同理论等一些学科研究的重要内容。

协同导致有序。哈肯在协同学领域引入了"序参量"(Order Parameter)的概念。序参量最初出现在平衡相变理论中,是描述一个系统有序程度的变量,来源于子系统间的协同合作,同时又起支配子系统行为的作用。系统的演化过程受"序参量"的控制,序参量不仅决定着演化的最终结构和有序程度,而且支配着其他参量的变化。同时其他参量的变化也通过耦合和反馈的作用对"序参量"形成牵制,它们之间互相依赖,在序参量的主导下协同一致,从而形成一个不受外界作用的自组织结构。首先,序参量的变化刻画了系统从无序向有序的转变:当系统是无序时,序参量为零;当外界条件变化时,序参量也变化,序参量支配着各个部分的独立运动并引导其运动方向。其次,外部环境提供适当的控制参量是必不可少的。当控制参量发生变化时,也改变着系统中各要素之间的相互关系和地位,改变着要素之间的协同方式和程度①。如今,协同理论在自然科学和社会科学的各个领域有广泛的作用。

协同学理论对于研究工业生态协同大有裨益。工业生态协同的基本宗旨,就是要通过协同学协调合作之方法,使现存工业经济体系摆脱传统经济理论的派生性,从而与自然生态系统的总体平衡相一致。传统的工业经济体系,导致自然生态系统严重失衡。这种情况,如果说是因其仅仅侧重遵从经济规律,

---

① 彭澎、蔡莉:《基于协同学理论的高技术产业集群生成主要影响因素研究》,《山东大学学报》2007 年第 1 期,第 72—78 页。

而忽略自然生态系统的客观要求使然，那么，工业生态协同则必须以此为戒。现存的工业体系，只有借协同学方法论将其融入自然生态系统时，才能真正实现工业生态协同。工业生态协同，不仅要遵循经济规律，而且要遵循自然法则。工业生态协同，同样是一种新的相变过程，一种能够标识从无序到有序的状态参量。它将以一种新的序参量支配我们时代的工业整体行为①。

　　哈肯把系统内的有序结构或这种有序结构的形成过程称为组织，并将其按进化形式分为两类：他组织和自组织。如果一个系统靠外部指令而形成组织，就是他组织；如果不存在外部指令，系统按照相互默契的某种规则，各尽其责而又协调地自动地形成有序结构，就是自组织。例如，对于工业生态模式来说，当资源的高效安全循环利用具备技术可行性、经济合理性和政策适用性时，工业生态活动就可以在经济子系统内以自组织方式实现。而当生态工业园区健康运行不具备经济合理性和技术可行性，但其外部协同效应足够大时，就需要政府对经济系统外部环境进行调整，使得技术经济可行性条件发生变化，由不可行变为可行。显然这种可行是由政府调整经济外部规制条件实现的，这时的生态工业园区健康运行就变为他组织行为。②

　　任何两个或两个以上事物（或子系统）通过之间的互动关系，将产生各自独立时所不能产生的结果或整体效应，都被称为协同效应。它使整体系统的有效性大于子系统各自单独行动作用时的有效性的总和，因此也被形象地描述为"1＋1＞2"。协同效应揭示了各种类型的开放系统在远离平衡态时，由无序混乱状态向有序平稳状态、从低级有序状态向高级有序状态，以及从有序状态向混沌状态转化的共同机理。协同效应普遍存在于物理、化学、生物、人类社会和经济等领域。其形成来源于子系统之间在物质流、能量流、信息流方面的互动关系；其外部动力是系统与外界环境之间的物质流、能量流与信息流的相互流动，而内部动力是子系统之间的物质流、能量流与信息流的相互流动。生态工业园区的健康运行涉及经济制度、技术、资源条件、环境规制等所有因

---

① 晔枫：《共生理念与工业生态协同》，《晋阳学刊》2003 年增刊，第 98—100 页。
② 王红、齐建国、刘建翠：《循环经济协同效应：背景、内涵及作用机理》，《数量经济技术经济研究》2013 年第 4 期，第 138—149 页。

素,因此,生态工业园区实际上是在社会经济大系统内运行的子系统,它的运行必须与经济系统、资源管理系统、环境管理系统进行互动和物质、能量与信息交换。一旦生态工业园区系统能够启动,就会对整个社会经济大系统的所有子系统产生协同效应,促进整个系统的优化。

第三章　生态工业园区简介

　　生态工业园区是依据循环经济理论和工业生态学原理而设计成的一种新型工业组织形态,是生态工业的聚集场所,由制造企业和服务企业形成的企业社区。在该社区内,各成员单位通过共同管理环境事宜和经济事宜来获取更大的环境效益、经济效益和社会效益。整个企业社区将能获得比单个企业通过个体行为的最优化所能获取的效益之和更大的利益。尽管生态工业园的目标和宗旨是获取更大的经济效益、生态效益和社会效益,对于企业、社会和生态环境均有诸多利益,但也是一项由众多利益相关者、众多决策者组成的复杂系统,能否成功运营除了受企业自身发展和园区运营商的管理能力影响外,还受当地自然环境、经济社会环境和政策环境等外部环境多重影响,因此,在建设和运营过程中面临着许多潜在风险。

一、生态工业园区的主要模式

　　从 20 世纪 90 年代,随着生态工业园概念的提出和清洁生产、绿色工业和生态工业等意识的风行, 世界上已有许多包含物质交换和废物循环的共生体的项目和技术。目前,全球生态工业园区(有的国家和地区也称作"循环经济工业园区")每年以成倍的速度发展,无论是发达国家如美国、加拿大、日本和欧洲各国,还是发展中国家如中国、泰国、印度尼西亚、菲律宾等都在积极地兴建生态工业园。归纳起来,这些生态工业园的发展模式主要有以下几种:

　　(一)依托型工业共生网络运作模式

　　依托型工业共生网络是生态工业园中最基本和最为广泛存在的组织形式。这种网络组织形式的形成往往是因为生态工业园中存在一家或几家大型核心企业,许多中小型企业分别围绕这些核心企业进行运作,从而形成工业共生网络。由于核心企业的存在,一方面需要其他企业为它供应大量原材料或零部件,这也为大量相关中小型企业提供了巨大的市场机会;另一方面,核心企业也产生大量的副产品,如水、材料或能源等,当这些廉价的副产品是相关中小型企业的生产材料时,也会吸引大量企业围绕其相关业务建厂①。

根据生态工业园中核心企业的数目不同,依托型工业共生网络可以分为:单中心依托型共生网络和多中心依托型共生网络。

1. 单中心依托型共生网络

当生态工业园中只存在一家核心企业时,围绕该核心企业所建立的工业共生网络称为单中心依托型共生网络。目前,单中心依托型工业共生网络在中国工业园中非常普遍,特别是一些大型企业集团,为扩大规模,围绕集团核心业务建立一系列分厂,充分利用各种副产品和原材料,形成集团内部企业共生网络,最为典型的是贵港国家生态工业示范园区。该园区以广西贵糖集团股份有限公司为核心,先后建立了酿酒厂、纸浆厂、造纸厂、化肥厂、水泥厂、发电厂,形成了"甘蔗—制糖—酒精—造纸—热电—水泥—复合肥"这样一个多行业综合性的比较完整的生态工业链网结构。

2. 多中心依托型共生网络

所谓多中心依托型共生网络是指在生态工业园中存在两家或更多的核心企业,围绕多家核心企业所建立的共生网络。多中心共生网络的出现大大降低了生态工业园内因某一环节中断而使园区整个网络全部瘫痪的风险,增强了园区整体网络的稳定性和安全性。多中心依托型工业共生网络的典型代表是丹麦卡伦堡工业共生体。

依托型工业共生网络的特点在于对核心企业具有很强的依附性,核心企业主导网络的运行,在谈判与治理过程中处于绝对的主导地位。一般情况下,核心企业大都是特大型企业。核心企业对生产材料的需求量或为其他企业提供副产品的供应量基本上是丰富而稳定的,具有规模优势,因此,与之合作的企业主要目的是为它提供生产材料或者是利用它廉价的副产品。核心企业往往被视为依托型工业共生网络的缔造者,决定着共生网络能否持续发展的技

---

① 曹永辉:《生态工业园共生网络运作模式研究》,《生态经济》2013 年第 11 期,第 136—139 页。

术可行性,一旦核心企业的经营环境发生变化,如工艺调整、材料更换或者规模变更等,都会对它的依附企业产生非常大的影响,最终将直接影响网络的稳定性和安全性,甚至导致网络失败。

在生态工业园的实际运作过程中,为避免依托型工业共生网络中因核心企业经营的波动而给网络带来的强烈震动,参与共生的各企业往往倾向于与其他多家企业建立长期稳定关系,以备核心企业经营出现变故时另有选择,从而避免了由对单一核心企业的依赖所带来的风险,这也正是其他类型网络组织模式不断出现的主要动力。

(二)平等型工业共生网络运作模式

所谓平等型共生网络是指在生态工业园中,各个结点企业处于对等的地位,通过各结点(物质、信息、资金和人才)之间的相互交流,形成网络组织的自我调节以维持组织的运行。

在平等型共生网络中,一家企业会同时与多家企业进行资源的交流,企业之间不存在依附关系,在合作谈判过程中处于相对平等的地位,依靠市场调节机制来实现价值链的增值,当两家企业的交换不再为任何一方带来利益时,就终止共生关系,再寻求与其他企业的合作。参与平等型共生网络的企业一般为中小型企业,组织结构相对灵活,依靠市场机制的调节,以利益为导向,通过自组织过程实现网络的运作与管理。目前,在世界范围的工业园中,平等型共生网络普遍存在,特别是在一些高科技园区,如硅谷工业园、台湾新竹工业园和北京中关村科技园区内的企业大都是以平等型共生网络模式为主体架构来运作的。世界上采用平行型工业共生网络最为成功的生态工业园——加拿大波恩赛德工业园(Burnside Industrial Park)越来越受到人们的关注。从总体上考虑,波恩赛德生态工业园内的工业活动丰富多样,企业冗余度很大,网络结点间同时存在多家企业,保证了工业共生网络的稳定性。由此可见,平等型工业共生网络的最大特点就是参与企业在业务关系上不存在依赖关系,在市场的安排下,各企业采取灵活的合作方式,以经济利润最大化为导向,建立复杂的业务关系网络,这种模式有利于网络的迅速形成和发展。但是,在这种共生类型中,由于受经济利益影响比较大,企业选择合作伙伴的主动权增强,仅凭市场的调节很难保障网络的稳定性和安全性,因此,在网络出现频繁波动的情况下,需要政府或生态园区管理者的参与①。

(三)嵌入型工业共生网络运作模式

依托型工业共生网络和平等型工业共生网络是生态工业园内网络组织的两种极端形式,前者过于依赖于某一企业,具有非常强的专一性,而后者过于松散,很难形成主体生态产业链。随着世界各国生态工业园的不断发展,网络组织也在不断进化,一种介于依托型工业共生网络和平等型工业共生网络之间的新型组织结构——嵌入型工业共生网络在实践中开始出现。嵌入型工业共生网络是一种复杂网络组织模式,吸收了依托型工业共生网络和平等型工业共生网络的优点,由多家大型企业和其吸附企业通过各种业务关系而形成的多级嵌套网络模式②。

在生态工业园内,多家大型企业通过副产品、信息、资金和人才等资源的交流建立共生关系,形成主体网络,同时,每家大型企业又吸附大量的中小型企业,这些中小型企业以该大型企业为中心又形成子网络,另外,围绕在各大型企业周围的这些中小型企业之间也存在业务关系,所有参与共生的企业通过各级网络交织在了一起,既有各大型企业之间的平等型共生和中小型企业的依托型共生,还有各子网络之间的相互渗透,从而形成一个错综复杂的网络综合体。奥地利"Styria"生态工业园是嵌套型工业共生网络运作模式的典型代表,"Styria"生态工业园中的企业之间呈现出"你中有我,我中有你"的嵌套关系,保证了网络的复杂性和稳定性。嵌套型工业共生网络既增加了企业进行自由选择合作伙伴的可能性,又增强了合作企业之间相互依赖和相互凝聚的网络整体性。在这种网络模式下,网络成员之间的资源交流渠道增多、交流频率加快,各级网络层层嵌套,增强了网络的稳定性和安全性。

(四)虚拟型工业共生网络运作模式

该模式不严格要求其参与者在同一地区,而是通过系统模型、数据库等一系列信息平台的构造建立成员之间的物质、能量和信息联系,因而这种生态工

---

① 曹永辉:《生态工业园共生网络运作模式研究》,《生态经济》2013 年第 11 期,第136—139 页。

② 同上。

业园的建立有利于突破地理位置和行政区划的限制，将具有产业关联度的企业联系在一起，形成一种非传统意义上的跨区域产业链，而且在原有参与者的基础上可以不受地域限制地增加新成员来担当修补现有产业链的角色，增强了产业链条扩展的灵活性。同时，参加合作的企业通过各自核心能力的组合突破了资源有限的限制，整个虚拟组织以网络为依托，充分发挥了协同工作和优势互补的作用，因此具有极强的适应性。美国布朗斯维尔生态工业园和北卡罗来纳州三角研究园是目前世界上采用虚拟型共生网络比较成功的代表性园区。如美国北卡罗来纳州三角研究园共涵盖北卡罗来纳州约7770平方千米六个郡的区域。在如此广阔的地理范围内，只有建立虚拟型共生网络才能实现副产品的交换。到2013年为止，共有1382家企业参与到该虚拟网络中来，有1249种不同物资进行了交换。

虚拟型生态工业园可以省去一般建园所需的昂贵的购地费用，避免建立复杂的园区系统和进行艰难的工厂迁址，具有很大的灵活性，其缺点是由于距离的增加可能要承担较昂贵的运输费用。

二、生态工业园区建设的外部影响因素

一个区域内的自然环境、政府支持、经济和社会发展是影响当地生态工业园区建设的主要外部因素。

（一）自然环境因素

自然环境是自然界中可被人类利用的物质和能量的总称，如矿产资源、土地资源和水资源等。联合国环境规划署对自然资源做了如下的定义："在一定的时间、空间条件下，能够产生经济价值的，以提高人类当前和将来福利的自然环境因素和条件的总和。"也就是说，与人造资源对立，自然资源是不依赖人力而天然存在于自然界的有用的物质要素。

自然资源是存在于大自然的物质，能为人类提供各种资源，是与物质资本、人力资本、社会资本并列的四大资本之一，是社会再生产的基本条件之一。因此从自然资源的供给与需求之间关系的角度来看，自然资源有耗竭性资源和非耗竭性资源之分。

表 3-1   自然资源的分类

耗竭性资源		非耗竭性资源	
再生资源	不可再生资源	恒定性资源	流动性资源
土地资源、森林资源、草场资源、动植物资源等	矿产资源、岩石和化石燃料等	太阳能、风能、潮汐能、天然降雨	大气、水能、江河湖泊的水资源

自然环境是人类产业活动和发展的前提与基础:一方面,土地、水、空气、矿藏资源等环境因子为生态工业园区的活动及发展提供了基本的生产条件和对象;另一方面,环境是生态工业园区产业活动及发展过程中必然会产生的废弃物的排放场所和自然净化场所。因此,环境是生态工业园区得以顺利进行的前提和基础,生态工业园区依赖于环境和自然资源的支持。

鉴于此,生态工业园区建设要在对所在地区的大气、水、土壤、矿产、森林、草场等系统和其他生态系统充分了解的基础上开展规划。国家环境保护总局等在编制的《国家生态工业示范区申报、命名和管理规定(试行)》中提到的首要原则就是生态工业园区要与自然和谐共存,即园区应与区域自然生态系统相结合,保持尽可能多的生态功能。对于现有工业园区,按照可持续发展的要求进行产业结构的调整和传统产业的技术改造,大幅度提高资源利用效率,减少污染物产生和对环境的压力。新建园区的选址应充分考虑当地的生态环境容量,调整列入生态敏感区的工业企业,最大限度地减少园区对局地景观、水文背景、区域生态系统以及全球环境造成的影响。

(二)政府支持

美国和欧盟、亚洲的多数国家作为生态工业园区主要的促进者和投资者,已经开始把工业生态化作为国家可持续发展战略的主要方向之一。各国政府已逐渐形成这样一种共识:政府需要对生态工业园区建设发展主动作为、大力支持,营造良好的发展环境,还需要发起和资助生态工业园区项目建设、制定相关废物利用与再利用的法律、充分利用税收优惠政策,做到激励政策与约束性政策兼顾,鼓励商业与工业企业进行清洁生产、循环利用。具体如表 3-2 所示:

表 3-2　政府对生态工业园区建设的影响因素

政府支持方面		具体内容
营商环境	政务环境	是否简政便民,审批时间长短、审批费用多少、审批流程繁简等
	法治环境	执法机构能否公正执法,投诉渠道是否畅通,能否做到对违法者依法严惩、对守法者无事不扰、当地治安情况是否良好
	市场环境	土地、电力价格是否合理,各类市场主体能否一视同仁、公平竞争,资源配置方式是否最有效率
	社会环境	周边相应的购物、饮食、学校、医疗等配套设施
政策环境	产业政策	该地区未来鼓励的产业、限制的产业、禁止的产业以及相应的政策
	知识产权保护政策	该地区科技成果转化情况、知识产权保护力度和获益情况等
	财税政策	对相应行业、相应规模的企业的财政补贴政策、税收减免政策
	人才政策	对人才的认定、住房、职称评定、子女教育、科研经费等的具体政策
	环境政策	当地废水、废气、废物排放标准,能源、土壤、水等资源利用政策,资源与生态补偿政策、污染税和污染费政策等

由表 3-2 可见,政府对生态工业园区共生网络的建设和高效运营至关重要,既是政策制定者,又是政策执行者,因此制定政策时要有延续性和对未来趋势的科学研判性。例如,日本在 1970 年就颁布了《垃圾处理与公众清洁法》,日本的有关废物管理的法律框架开始成型。在相关法律实施的 15 年间,废物处理建立在采用末端处理模型的基础上,其结果是焚化设施和垃圾排放场地的扩大。从 1985 年起,日本地方政府开始采取更"上游"的政策,把重点放在减少产生垃圾的体积上。于 1991 年颁布废物处理法修正法案和促进可再生资源利用的法案。1995 年颁布了有关垃圾分装处理和容器与包装物循环利用的法律,以鼓励容器和包装物废物的循环再利用,而这项废物占废物总量的 25%。1997 年开始实施聚酯塑料瓶的循环使用。从 2000 年起日本政府规定必须循环使用纸质和塑料的容器和包装物。2001 年开始实施特别器具再利用法案,这项法案提出制造者"延伸责任"的概念,特别是对如电视、冰箱、洗衣机和空调这样的电器,必须建立相应的产品回收系统。由此可见,建立相应的法律制度是促进日本实施工业生态化发展的重要因素之一。

同时,政府对生态工业园区建设和发展既有管理职能又有服务职能。例如政府作为生态环境的公共利益主体,借助环境保护政策或制度,引导或强制园区企业增加污染权使用成本、激励形成工业共生网络。政府还通过法制、行政、经济手段,维护园区员工与劳动者权益,保护园区周边社会居民利益,构建应急响应中心、医疗急救中心、消防特勤站等应急管理系统等,弥补和纠正负外部性。

(三) 经济社会因素

劳动力质量、物流体系、融资能力等经济社会因素也是影响生态工业园区共生网络构建的主要因素之一。

充足的能满足要求的劳动力。例如企业家们自然希望能以合理的成本招聘到充足的劳动力,并且希望有相应的培训机构可以源源不断地培训合格的员工。如果该区域有以陶瓷为核心的生态工业园区,那么企业家们就希望当地有陶瓷职业学校和陶瓷研究基地。如果该地区没有陶瓷职业学校但是当地教育质量很高,大多数劳动力的受教育程度较高,相应的学习能力也较强,那么企业也可以花费较小成本来培训员工。反之,如果当地教育质量不高,大多数劳动力的受教育程度很低,相应的学习能力较差,那么企业就要花费较大成本来培训员工,但是效果也可能不佳。总之,如果没有充足的能满足要求的劳动力供应,那么企业也不可能持续长久发展。

便宜、便捷、快捷的物流体系。物流是原材料、产成品从供应地向消费地的实体流动过程。在这个流动过程中,需要经过包装、运输、装卸搬运、储存、流通加工、配送等作业环节。随着世界经济的不断发展,物流量也在快速发展,粗放的物流模式对环境的影响更为突出,不合理的物流方式导致严重的环境问题和资源浪费。能否拥有便宜便捷的物流体系与以下要素密切相关:一是园区所在地是否有四通八达的公路、铁路、航空、出海港等,能否形成立体交通;二是园区所在地是否有航空口岸、铁路口岸、公路口岸、电子口岸等对外开放口岸,通关是否便捷;三是在生态工业园区内部,是否合理规划了配送中心、配送路线,建立了包括物流在内的公共服务平台,是否是共同配送等。

金融资金的可得性。区域性金融发展水平是衡量金融资金可得性的主要因素,包括金融资源配置的数量和效率两方面内容。前者是指金融资源空间布局的数量,以各金融资产(贷款、股票和债券)可用以融资的总额来表征,或者以金融机构数量来表征。后者是指区域金融功能的发挥程度,当金融的服务中介功能、资源配置功能、经济调节与风险规避功能、衍生功能等得以充分发挥时,整个社会的闲散资金将得到最有效的利用。金融资金的可得性程度直接影响着生态工业园区的投融资活跃程度。金融资金越充足、金融服务功能越完善,金融资金的可得性就越高,进入生态工业园区的企业也越多,能够形成共生网络的可能越大,生态工业园区越能成功运营。反之,当地金融资金越匮乏、金融服务功能越低,金融资金的可得性越差,进入生态工业园区的企业也越少,能够形成共生网络的可能越小,生态工业园区越难以为继。

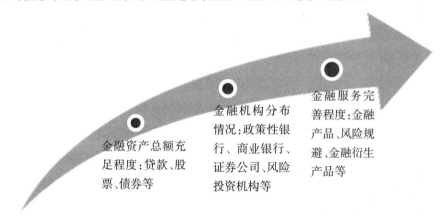

图 3-1 影响金融资金可得性的主要因素

三、生态工业园区发展的利益与风险

一个成功运营的生态工业园区有利于提升企业竞争力、增加就业、改善生态环境,但是生态工业园是近十几年来才兴起的新的工业园区模式,即便是在美国、日本、欧盟等发展较好的国家及地区,其组织模式、运行模式等都还处于摸索阶段,存在许多潜在风险。

(一)生态工业园发展的利益

生态工业园发展的最佳状态是人的活动与自然活动的和谐统一,既有利于企业和社会,又有利于生态环境。

对园区企业来说,生态工业园可以提高材料和能源的使用效率、再生利用废物率,避免企业偷偷排放废水、废物等违法行为,进而降低生产成本,提高利润,提升企业外部形象,增加企业品牌效应,使企业更具市场竞争力。同时,园区内的企业还可以共享一些园区基本公共服务,包括废物管理、技术和人员培训、办公用品采购、政策咨询、突发事件的处理、环境信息系统和其他辅助服务。另外,园区内企业的地理位置不远,且都是上、下游企业或者相关企业,彼此了解、信任的基础更大,建立合作的可能性也更大,既可以降低运输成本,又可以降低交易成本。

对环境保护来说,园区企业将通过更为创新的清洁生产的方法减轻环境负担,比如污染预防、能源有效利用、水管理、资源的再生利用和其他环境管理方法和技术,减少许多污染源和废物源,同时减少对自然资源的需求。

对所在区域来说,生态工业园区具有很强的溢出效应,不仅直接拉动地区经济增长,还可以促进产业转型升级,加快当地区域工业化和城市化进程。因为生态工业园区的共生网络本身就是通过吸引共生企业加盟而延长相关产业链,为本地企业提供良好的创业机会,为本地劳动力提供更多就业岗位,提升当地政府保护环境、保护生态的知名度,吸引更多政府机构、企业和个人前来参观学习,促进当地服务业发展。例如,中国宁夏现代纺织产业示范园灵武园区依托宁东能源化工基地煤化工及石油化工的产业链延伸,为发展化学纤维提供了充足的原料资源,而且灵武离中国新疆棉花主产地较近,比中国原来的纺织基地具有明显的区位优势,因此,凭借众多的资源优势,灵武园区已经成为全球原绒交易集散地和原料基地,年收购交易原绒达1.2万吨,占全球原绒交易总量的65%以上,形成羊绒纺织、棉纺织、亚麻纺织和化纤纺织四大产业,聚拢了服装生产、服装设计、品牌运营、电脑绣花、高档包装、员工培训、运输服务等一大批企业和项目,为当地提供了巨大的创业、就业机会。在政府引导下,开发区积极迎接产业智慧化的时代挑战,提前谋划,将新一代信息技术嫁接到纺织产业,通过信息(数据)要素投入,改善产业边际效率,提高劳动生产率,3D扫描裁剪、30秒形成180多个数据、2小时成衣,实现了个性化订制、智能化生产,成就了高端智能纺织产业发展的业界典范,成为银川区域经济发展新的增长极,进一步促进了当地产业转型升级。

(二)生态工业园潜在的风险

生态工业园区虽然对企业、社会、环境有诸多利益,但是开发生态工业园

是一项由众多利益相关者、众多决策者组成的复杂系统,在建设和运营过程中面临着许多潜在风险,在此必须说明:

第一,增加地方政府的财政压力。生态工业园成员的合作动力来源是生态工业园的经济、社会、环境效益,也就是说他们要满足企业、社区和政府三方面的利益。但是生态工业园在基础设施建设阶段,尤其是建设交通、物流、污水处理、绿化等配套基础设施的资金需求很多,政府必要时还需要采取一定的扶持措施,如减免税收或财政补贴。这些均会加大政府的财政负担。

第二,生态工业链脆弱、易于断裂,抗干扰能力不足。这主要是因为生态工业园区在规划与建设过程中过于强调副产品交换和生态环境效益,导致生态工业链不断延伸,但是过于紧密的合作又容易导致企业之间的合作刚性和相互依赖,当园区内企业数目和类型在某一结点出现企业的经营状况欠佳、技术或环境政策变动时,且难以及时进行补位,就可能产生连锁反应,导致整个生态工业链,甚至是整个园区系统崩溃。

第三,技术创新动力不足。生态工业园鼓励企业之间的副产品交换,并逐渐形成了刚性需求和相互依赖,企业可能因此丧失改进生产工艺的动力,不利于源头技术创新和寻求资源有效利用技术的发展,使企业产品不能向绿色化迈进。

第四章　日本生态工业园区案例及启示

在工业生态学和生态工业园区建设历史上，日本是特别需要介绍的一个国家。在第二次世界大战之后，日本经历了一段长达 20 年的经济粗放式高速增长阶段(1950—1970 年前后)。在此阶段，日本发生了"富山事件""四日事件""米糠油事件"等多起震惊全球的"环境公害事件"，导致成千上万人患上呼吸系统疾病、骨痛病甚至人类和家禽中毒等。这种不可持续的经济增长方式迫使日本工业和整个日本社会不得不改变传统生产方式。日本政府认识到将动植物间的共生理念运用到工业企业领域，发展工业生态化是实现可持续发展的有效途径之一，并开始在全国上下推行了各种各样的工业生态发展项目。这些项目按照规模大小可以分为生态工业园、生态城镇和生态工业群落。

一、生态工业园

在此部分主要介绍藤泽生态工业园和 Kokubo 生态工业园。这两个生态工业园是两种不同的发展模式：藤泽生态工业园有核心企业——净水厂、污水处理厂和发电厂，Kokubo 生态工业园则没有重工业企业和核心企业，主要由轻工业企业组成；藤泽生态工业园是由高新技术带动园区改造，Kokubo 生态工业园则主要是由企业、政府和大学组成的产学研联盟带动园区改造；藤泽生态工业园是完全由核心企业 EBARA 公司投资改造，Kokubo 生态工业园则主要由相互独立、平等的企业自发形成。

(一)藤泽生态工业园

日本 EBARA 公司成立于 1912 年，该公司生产高科技工业机器、精密电子产品和环保设备。其产品范围包括精密泵、涡轮机、真空机、空调设备、污水和固体废物处理系统以及各种洗涤设备。为了满足环境工程公司由末端治理技术向减少废物和降解废物方面转换的要求，EBARA 公司决定把零排放作为其主要经营目标之一。作为零排放的发起者之一,该公司开始实施一项计划,即把其所在的 35 万平方米的藤泽工业园区变成一个完全意义上的生态工业园,此生态工业园将证明把零排放概念引入其产品和技术是可能的。

1. 目标任务

这个项目完全由 EBARA 公司提供资金,EBARA 公司有意识要提高其环境绩效,同时提升竞争地位。该公司把园区内 700 户居民、商业设施和一个工业制造区集成为一个零排放的自身可持续的生态工业园。它将把区内现有的所有可持续的要素都结合起来,包括居民、工业、零售业、农业、公共服务与基础设施、研究与开发、运动与娱乐和自然区域。

园区零排放目标,通过应用公司开发的各种废物转化新技术实现。园区内的基础设施将保证所有的工厂、住户、零售商店和农业区完全循环利用废物,在内部废物循环利用的基础上建立一个闭合的经济系统。这一过程的核心企业是净水厂、污水处理厂和发电厂。

2. 技术和基础设施

以下所列的是园区内采用的主要技术及其在系统内的作用。

流化床气化燃烧和处理系统把工业和民用废物、农业废物、污水和塑料转化为具有商业价值的气体,如氨气、甲烷和氢气,燃烧过程还为发电厂供热。

烟道气处理系统去除并回收气体中的氮气和二氧化硫,而这两者可用于农业化肥。

在屋顶使用的太阳能光电池系统和风能涡轮发电机可用于发电和加热水。

从废水中提取固体废物并将其集中处理,余下的中水可用于冲洗厕所,灌溉草坪、花园和绿地。淤泥经过处理成为农业上使用的混合肥料。

污水加热交换泵利用污水的储存能力用于降温和加热。

新型的燃料电池技术把废物气化,燃烧产生的甲烷和氢气通过化学反应转化为电能。

直接供水系统由一系列的屋顶集水处和储存箱构成。各种可供使用的水储存于公共自然区域。

房屋用高效绝缘建筑材料建成,每个房屋单元安装真空污水处理系统,以减少水消耗。

与传统的工业园区系统相比，这个项目使用的技术估计可降低能源消耗40%,水消耗30%,废物排放减少95%,二氧化碳排放减少30%。

3. 主要启示

藤泽生态工业园表明了技术在发展生态工业项目中的重要作用。这个项目是管理者以零排放为目标,通过展示其有效性来推广其环境技术的结果。值得注意的是,藤泽项目是十分独特的,其场所由一个公司拥有和管理。因此副产品的交换发生于所有由 EBARA 公司拥有的企业之间。由于这个原因,这个项目可明显作为在一个公司内多个子公司之间创建生态工业共生系统的典型。

藤泽项目证明了在进一步进行环境可持续实践的同时，发起人可以得到综合效益。在项目为 EBARA 公司推广相应技术和设备的同时,公司的形象也得到提升,经济目标得以间接实现,因此,此项目对改进管理和环境是很有好处的。

（二）Kokubo 生态工业园

Kokubo 生态工业园是一个占地约 60.7 公顷，由 23 个相互独立的企业和约 5500 名员工构成的工业区。其园区企业主要由电子生产商和零部件制造商构成,包括横川电子、松下、富士通和先锋。日本工业废物的管理属于辖区政府的责任,由于这个项目位于山梨县辖区,那里没有工业废物处理设施,所以,最初所有园区产生的废物不得不运送到其他辖区处理，既增加了企业负担又进一步增添了能源消耗。

Kokubo 生态工业园区自 1975 年创立以来，逐渐成为一个生态工业园,采用各种废物再利用措施。Kokubo 生态工业园发展的独特性在于该项目完全是由园区内形成联盟的企业倡议发展而成的。该联盟是由园区内的企业、山梨县大学和山梨县政府共同发起的产学研合作联盟，最初建立只是为了解决与园区管理和企业社团一般性事务相关的问题。Kokubo 生态工业园是工业企业通过减少废物措施寻求经济优势而自发建立的生态工业园的典型。

1. 项目评价

1994 年,联盟的成员把结合环境元素进行生产的观点引入园区时生态工业园概念开始成形。不久之后,该联盟成立了一个研究组,重点研究工业废物处理。首先,他们分析了园区内企业将产生何种废物,然后讨论了能够降低成本和处理环境问题的循环利用、副产品使用的潜在机会。大家一致认为,纸是所有企业共同的、最大的废物产品,作为项目的第一步,整个园区建立了废纸收集和循环利用系统。集中收集和分类的废纸在附近的一个公司里循环再生,园区企业从这家公司大批购买再生纸。他们希望通过成为该纸厂的主要客户来保证该纸厂的生产实现规模经济,使得对他们自己和再生纸厂双方而言都是最经济的。

1996年,联盟在园区内开发了利用园区内的废木片和塑料为发电厂提供燃料的计划,发电厂的煤灰卖给了附近的水泥厂。园区每年要产生4300立方米的这样的可燃性废物,而且每年要花费超过30万美元处理这些废物。而购买燃烧这些废物的设备需要150万美元,按照当时日本的政策,当地政府对购买该设备还有相应资金资助,因此,不到五年即可收回投资。

另外,园区还开展了利用每天2500人次的自助餐厅的食物副产品进行堆肥的计划。他们把发酵制得的堆肥卖给了附近的农民,再从这些农民手里购买食物。此外,园区还在寻求如何再利用其使用过的各种油、酸和淤泥。园区管理的目标是成为包含工业共生的所有成分的零排放园区。

2. 主要启示

Kokubo生态工业园的独特性在于其完全的自我发展和自我管理,政府在园区的发展中没有起直接作用。它是由园区内的工业企业受降低成本和提高环境绩效驱动而发起成立的。从Kokubo生态工业园的发展可以得出以下结论。首先,Kokubo生态工业园项目表明日本的政策导向、资金激励和法规约束能让产生明显经济优势的生态工业不断发展。其次,该项目突出了联盟的重要作用。联盟中有一个代表性的机构能够实现企业的利益、政府的要求和最新的理论与技术成果相碰撞、统一,因而其申请政府资助更加容易。这个联盟有一个单独的机构和全职的理事负责园区内的生态工业活动,这是一个组织成功的关键因素之一。另一重要因素是他们发现了节约成本的真正利益,即使节约只占企业运行成本的很小一部分,但对于每一个企业来说仍然明显有切实的收益。

需注意的是,Kokubo生态工业园区的大多数企业是从事轻工业行业的公司,如电器生产企业。该园区没有核心的大型企业,如发电厂或炼油厂。Kokubo

生态工业园表明,即使缺少像其他生态工业园区布置的典型的核心企业,工业区仍可以发展生态工业项目。

Kokubo 生态工业园突出了在推动项目发展中环境、经济和政治因素所起的相互作用,该项目是把对环境的关注转化为行动,通过管理程序获得经济优势。此外,成本优势主要来自不断强调资源和地区环境以及严格的环境规则。

二、生态城镇

正如前面所说的,20 世纪 90 年代日本正面临着严重的废物管理问题,废物处理设施和垃圾堆放场地几乎耗尽。废弃物收集运输、分解分类、资源化等产业传统上被认为是"静脉产业",而且相应市场还没有被开发。为了解决这些问题,1997 年日本由国际贸易与工业省(MITI)发起生态城项目并提供资助。

(一)项目内容

该项目的主要目标是鼓励工业社区发展和建立相应的环境安全社区系统。该项目的发起源于废物管理危机。通过发展环保产业,该计划试图使所在社区和产业界共同进行废物管理,从而促进当地企业和社区的可持续发展。中央政府为那些希望建立生态城,通过各种循环利用和工业共生努力来促进区域内零排放的地方政府提供技术和资金支持。一旦地方政府提交发展计划书并经 MITI 批准,就有资格获得中央政府资助,用以开展促进和鼓励生态安全的工业活动。

地方政府可以使用 MITI 资金来发展和实施区域的全面计划,吸引那些积极推动循环利用和减少废物及能源使用的公司, 还吸引那些发展环境技术的企业,包括配套建设相应的研究和发展设施。此项目最独特的是只要该生态城内的企业所提供的技术有助于促进区域零排放,就可以得到资助。由于可以推动地区经济的发展, 这种公共—私人合作关系被认为是该计划成功的一个重要因素。项目成本的 50%由政府基金资助,包括计划执行和相关管理活动的成本和技术成本,如循环利用设备和新环境技术。

在这种安排下,中央政府、地方政府、企业、居民都将获益,如表 4-1 所示。

目前,日本获批的生态城项目都根据自身特点和优势发展,各具特色,例如一些生态城引入了生态工业园或区域内副产品交换, 而另一些着重于循环

表 4-1　生态城各方获益情况

获益方	获益情况
中央政府	减轻了收集废物、处理废物、自然资源耗竭和自理环境破坏的负担,促进了高科技环境产业的发展
地方政府	通过吸引更多先进企业落户当地,促进经济发展和就业率提升
企　业	可以得到政府的扶持资金,同时有助于改善与政府的公共关系
居　民	获得良好的生态环境,提高健康和安全水平

再利用技术。下面主要介绍川崎生态城项目。

（二）案例介绍

川崎市是日本最老、最大的一个工业区所在地。建立于 1902 年的川崎沿海工业区在约 101.2 公顷的土地上拥有超过 50 家重工业企业,其中最大的企业是由炼油、钢铁制造、发电和化工生产企业构成。川崎市邻近首都东京,人口 120 万人(1997 年)。

20 世纪 70 年代该市的工业区域被认为是日本污染最严重的地区之一。1982 年,那些患哮喘病和其他呼吸道疾病的居民对当地政府和工业企业提起诉讼。严重的环境问题以及某些工业的重组和国有化导致几个工厂的倒闭和当地经济的停滞。为了解决这一状况,川崎市政府决定推行环境友好项目,以恢复该市的经济发展。

这一项目是建立在从人们的日常生活到工业运行的所有活动都与环境相协调的概念基础上,而生态城项目是主要组成部分之一。市政府和当地企业采取了大量措施,把该地区发展成一个环境友好的工业区。措施包括在企业间建立循环再利用和物料再使用的设施,限制排放、严格执行根除污染的法规,提供和推行后勤支持和协调物料交换,开展研究和开发以及共同教育。

川崎市的优势在于它有非常完备的基础设施,包括港口、铁路、运河和能源供应设施,这些对资源型企业是必不可少的。此外,该地区有高度集中的在日本处于领导地位的大型工厂和数量众多的资源循环再利用的中小型企业,以及各种环境相关设施。由于有这些高度一体化的基础设施和工业企业,川崎市可以建设一个有相当竞争力的资源循环再利用系统。

1. 项目运作计划

促进工业企业的运行和生态环境友好,保障生态安全:建立起一个模范带头作用的零排放工厂,实现生产设备的污水零排放和废物的零产出;建立安全的运输体系统;建设和示范模范工厂的运作。

推动建立零排放、环境友好、生态安全社区的计划:设立环境目标;计划和发展零排放工业园;修建绿化带和推动制造设备的革新;提倡使用环境友好的机动车辆;在社区范围内收集和再循环纸、玻璃瓶、铁罐和聚酯瓶,以及其他可再循环使用的商品。

推行研究与开发计划以促进可持续发展:建立热能联产系统以利用企业和工厂产生的余热,研究循环再利用系统并使其商品化,促进与环境相关技术的联合研究与开发。

建立信息系统:创建一个便于使用的有关环境技术信息的数据库;根据环境保护情况评估地区取得的成绩;积累有关川崎生态城环境方面的内部信息;向生态外部社区发布信息;建立一个生态城信息中心,在这里可以进行与环境相关的各种交流和培训,以及收集和发布环境相关信息。

2. 项目情况

根据上述计划,作为日本最大的钢铁制造厂NKK发明了一种使用民用垃圾废物替代煤炭做燃料的新型气炉。该系统作为生态城的一部分,得到了MITI的资助,并且每年可回收利用4万吨的废塑料。川崎市零排放工业园的主要设施位于一个钢厂的旧址,与日本环境公司(JEC)合作,有七家企业首批搬进工业园;工业园作为资源回收社区的中心,工业园内的各企业不仅可以降低排放,而且可以有效利用园区内其他企业的排放物或回收各种废物,使其成为可利用的资源。各企业还可以通过合作来优化能源的使用,以提高能源利用效率。

3. 主要启示

到2014年1月1日止,川崎市总产值52000亿日元,主要产业以钢铁、精密机械、石油化工为主。可以说,川崎处处是企业,处处是工厂,但就是没有污染,这里街道整洁,碧海蓝天,草木葱茏,完全是一座海滨花园城市。全市告别了煤的使用,二氧化硫的排放量为 0。川崎有全日本 1% 的人口、80% 的企业都在临海工业带,炼油、电机、化学、钢铁、运输机械合占工业产值的 80%,温室气体排放量却只有全国总量的 2.2%。川崎市生态城项目无疑是全日本最成功的项目之一,值得我们参考借鉴。

首先,生态城项目中企业是主体,政府也扮演了极其重要的角色,是政府与地方企业合作努力的结果。川崎市规划的"零排放工业园区""零废弃物工业园区"等都得到国家在政策和资金方面的支持,例如日本中央政府和川崎市政府大约提供了 250 亿日元的补助。市政府分析了区域内的副产品生产、使用、物流,将该区域内原有的工厂迁走,再以"零排放"的目标召集那些可以促进闭合物流循环和能帮助实现最优副产品交换且有意愿的重工业企业迁入,重新建设利于环保和循环再利用的基础设施和厂房。现在那里聚集了造纸、钢铁、锻造加工等十多家工厂。[1]

其次,以经济效益为首要目标。川崎鼓励工业通过生态工业途径提高能源利用效率和循环再利用,但不鼓励它们冒险进行一些不能立即收到经济回报的新投资或新项目。即使企业和政府认识到环境相关产业可能提供的商机,但是经济效益仍然是首要考虑的因素,企业能够生存、获得利润是最重要的前提。

最后,川崎市的生态城项目大体分为三个层次:一是企业自己的生态化,即实现清洁生产;二是企业间副产品的交换,即新建川崎零排放工业园区;三是生态城信息公开化,即以生态城会馆为基地,建立非营利机构"川崎沿海地区重建联络中心"和"工业与环境建设联络中心",促进规划和合作。

三、工业群落

"群落"是从生物学中的"生物群落"而来。生物群落是指在一定的自然区域内,相互之间具有直接或间接关系的各种生物的总和;或者说,在同一时间内聚集在一定区域中各种生物种群的集合。比如,在一片农田中,既有作物、杂草等植物,也有昆虫、鸟鼠等动物,还有细菌、真菌等微生物。这些生物共同生活,彼此之间有着紧密联系,这样就组成了一个群落。群落里的成员之间既相

---

[1] 劳爱乐、耿勇:《工业生态学和生态工业园》,化学工业出版社,2003,第 290—298 页。

互利用、相互依存,又相互制约。①

在自然界中,生物以群落形式生活在一起。那么,在工业生产领域的各个企业之间除了产业集群模式外,能否也形成相互利用的"工业群落"呢? 在20世纪90年代,日本已经进行了这方面的实践。

顾名思义,"工业群落"是指更广泛的、寻求发展的"工业共生"概念的地理上彼此接近的企业组成的企业团体。工业群落包括物料、能源、水和副产品的物理交换。群落或共生可以发生于一个设施或工厂内、一个特定的生态工业园内的企业之间、非相邻的地方企业之间,或跨地区的"虚拟"组织的企业之间,就是我们在第三章提到的虚拟型工业共生网络模式。

在日本,"零排放"这一概念被经常使用,正如"零缺陷"即"全面质量管理"和"零库存"即"及时生产"概念一样被广泛接受。零排放研究所(ZERI组织)为零排放做如下定义:零排放正是所有用于生产最终产物的或可转化为其他工业或过程的有附加价值原料的工业输出。在这种意义上,工业重组成"群",每一工业的无用的副产品完全符合其他工业原料的要求,整个一体化过程不产生任何种类的废物。

日本大多数的零排放努力是尝试推动以零废物为最终目标的共生产业链。零排放可以经常在一个有核心工业的工业群落中发现。例如到1999年,日本有属于五家啤酒和酒类饮料生产集团的38个工厂已实现了零废物的目标。下面讨论的水泥行业的案例在工业群落和零排放方面都起到先锋示范作用。

(一)水泥工业的工业群落

日本水泥工业作为工业链的核心产业,为其他工业的发展提供了原材料,如造纸、墙板制造、化工、汽车制造、钢铁、有色金属冶炼和炼油业。例如,热电生产主要依靠由水泥工业提供的碳酸钙来处理工厂的废气,同时余下的碳酸钙残渣是石膏,可用于生产水泥。发电厂50%飞尘也可用作水泥的原料,同时为促进发电厂和水泥厂之间的副产品交换,还修建了相应的交通基础设施。

---

① 汪道胜:《工业化发展新构思——工业群落园模式》,《发明与创新》2008年第8期,第41—42页。

由于水泥的生产需把原料加热到 1450℃，在此过程中在不危害环境的情况下,有大量的废物料可以利用。全日本 25 家水泥厂以原料或能源燃料的形式消耗 2700 万吨的废物,相当于全国 6% 废物总量,其结果是日本的水泥工业在发达国家中生产每吨水泥所消耗的能源最少。

1. 太平洋水泥公司

太平洋水泥公司是日本最大的、历史最悠久的水泥生产商。该公司周围有 100 多种工业企业,在这些企业中,太平洋水泥公司接受其废物作为原料的有发电、化工、钢、有色金属、纸、汽车制造、民用废物和炼油企业。

这家公司在东京和千叶县建立了两个完全意义上的生态水泥厂。生态水泥厂使用民用废物焚化后产生的飞尘和污泥做初级原料。东京的工厂每年将使用 430 万人产生的废物生产出 16 万吨水泥,千叶县的工厂每年使用250 万人产生的废物生产出 10 万吨水泥。而且千叶县的工厂作为生态城的一部分,从 MITI 获得资助。

太平洋水泥公司一直积极追求的目标是不使用直接资源和直接燃料并最终成为零排放企业。该公司开发的一项新技术是把废塑料,包括聚氯乙烯(PVC)和其他工业废物变成原料和燃料;另一项技术是通过在水泥窑内的高温加热分解飞尘中的二噁英,通过湿法精炼技术提炼出重金属并循环利用于有色金属工业。

2. 主要启示

水泥工业虽然是日本发达的工业群落的核心行业,但仍有许多再循环的机会有待开发。这个行业的规模和能够灵活有效地利用如此众多工业废物的特点,表明它值得人们进一步思考如何继续挖掘其消耗废物的潜力①。

在自然界,生物群落有各种各样的人为或自然形成的类型,同样,工业群落也有许多的类型,上边提到的水泥厂、酿酒厂等只是其中之一。因此,政府最好能与当地龙头企业和科研部门通力合作,集体攻关,组成最佳的工业群落。

(二) 零排放项目的示范推广

酿造工业代表着另一类再循环利用副产品的工业群落。啤酒酿造企业是

---

① 劳爱乐、耿勇:《工业生态学和生态工业园》,化学工业出版社,2003,第 298—299 页。

第一个在其制造过程中采用零排放概念的，并且实施全面的计划来实现这一目标，许多酿造企业实现了酒瓶和容器的循环使用，降低二氧化碳排放和提高资源利用效率，这些企业对废物料进行分类，如麦芽饲料，多余的酵母淤泥和过滤的沉淀物，以及可以被其他工业再利用的副产品。到 1998 年日本的四个酒厂就将其旗下全部的 37 个国内工厂都变成零废物排放工厂。不仅在日本，而且在欧洲、亚洲的其他国家酿酒工业都已成功地实现了循环再利用自身废物。这种啤酒工业的先锋示范地位是因 ZERI 组织的一个示范项目的成功以及这个行业激烈的市场竞争而形成的。虽然这些项目许多是受不断增加的环境压力驱动的，但他们的良好前景在于酿造工业的副产品可以大量用于其他工业，其中最明显的有家畜饲料、制药和食品产品、复合肥料和堆肥。

零排放概念被商业和工业广泛接受，因此又出现了其他类型的零排放，主要是公共项目。典型的有新潟县的零排放港、宫城县的零排放公路项目、东京的零排放社区发展项目，以及其他城市和政府部门的项目。这些项目的共同之处在于它们都是工业群落的案例，并主要通过双边或多边交换的努力实现循环再利用和消除废物。他们的战略包括物流分析、改良资源使用和生产过程、替代可循环利用的物料和减少废物过程、进行严格的和全面的废物分离、引入新技术把废物处理成其他工业的原料。[①]

四、结论与启示

事实上，日本的生态工业项目尚处于摇篮之中。除少数几个项目，这类项目的重点只限于减少固体废物排放和开发相关的新技术，技术解决着重于硬件方面。目前日本每年花费约 40 亿美元把它现有的环境技术拓展到美国、欧洲和亚洲国家。然而，日本整个国家尚未真正系统化地追求大规模的工业共生系统。

日本生态工业项目的成功依赖于国家从环境管理技术视角向一个更全局化的工业生态观点转换。这种转换的前景是乐观的，在日本和世界其他国家通过或努力通过 ISO14001 认证的企业数量不断增多，就证明了企业越来越有兴

---

① 劳爱乐、耿勇：《工业生态学和生态工业园》，化学工业出版社，2003，第 299—300 页。

趣采用以过程为导向的改善环境绩效的途径。尽管最初发起的原因可能是迫于环境压力或是为了满足提升公司形象这样有限的目标，但也反映了公众和企业不断增长的对环境的关心程度。产业界和公众逐渐认识到这种途径为国家环境问题提供了真正的解决办法，同时为企业提供了竞争优势。而且，日本经验对其他国家尤其是亚洲国家也同样适用：

（1）地理和人口分布背景。日本国土面积小、人口稠密、资源贫乏的客观条件，倒逼日本成为全球生态工业项目发展最好的国家之一。同样的，大多数亚洲国家也人口密集，面临着自然资源和地理空间有限的问题，许多国家出现了废物管理问题，例如垃圾堆放场容量已经耗尽。

（2）经济因素。发展环境科技和环境产业已经成为日本经济发展的一个新增长极。根据合作环境市场组织的统计，日本生态产业市场在 2000 年达到4400 万美元，比 1993 年增长了 50%。2010 年日本环保产业市场规模已经达到422.9 亿英镑，到 2015 年达到 480.11 亿英镑，约增长了 14%。[①]通过末端治理技术的应用和对环境问题的分散控制，日本在已经实现了一定程度的污染控制和能源有效利用后，开始寻求一个更一体化的途径。日本环境部把生态工业项目和环境技术的实施看作日本经济萧条的一个突破，在寻求新市场和就业机会的同时，这种商业突破能增强日本经济在世界市场上的竞争力。像日本一样，其他亚洲国家也正在进入或准备进入工业化后期阶段，正在努力转变经济发展方式。这些国家工业生态项目能为经济发展提供新契机。

（3）意识转变。快速工业化及随后的环境污染和恶化是整个亚洲可持续发展面临的严峻挑战。环境问题的日益严重以及人们对环境问题的日益关注，可以促进产业界参加生态工业项目。

（4）政府的作用。政府在提高公众的环境意识水平和促进经济可持续发展方面扮演了重要的角色。例如，日本政府对川崎生态城项目的直接资助不仅快速推动了川崎生态工业的发展，而且在全国起到了很好的示范作用，使零排放和生态工业园的概念逐渐深入人心，促进其他工业园区的生态化改造。

---

① 《2017 年日本环保产业基本情况统计及前景趋势分析预测》，https://www.chyxx.com/industry/201612/473192.html，访问日期：2021 年 12 月 4 日。

以上因素都预示着亚洲国家发展生态工业项目的巨大需要和潜力，以及现实可行性。事实上，在 21 世纪初，泰国、中国、印度和菲律宾生态工业园项目已经开始发展。

第五章　生态工业园区规划

经过了前三章的理论探索和第四章的实践借鉴后,从本章开始到第七章,进入生态工业园区实际操作阶段,分别论述生态工业园区的规划、建设、招商和运营。在本章,我们将介绍生态工业园区整体规划方案,从方案的规划思想开始到方案的最终完成为止,包括世界各地各种的案例,使以后生态工业园区建设有章可循。当然,本章所涉及的规划方案不可能囊括所有类型,也与投资建设方的资金状况、不同种类技术人员的沟通状况和环境绩效期望值有关系。

一、规划总体思想

生态工业园区规划总体思想是以共生理念和工业生态学为核心,把生态工业园和其周边的环境看作是自然生态系统的一部分,坚持从全局、从长远发展视角来规划生态工业园区,从根本上消除工业发展与环境保护的矛盾。

(一)成立或招聘一体化的规划组

随着社会分工的逐渐细化和专业化要求的提高,目前社会上的各种规划职业人员趋向于相对独立地工作,互相之间缺乏沟通。但当生态工业园区要开始考虑资金预算、能源问题和建筑节能问题时,就需要成立或者招标一个包含建筑师、结构工程师、风景规划师、能源专家、施工团队、银行员工等在内的联合规划组或者规划公司,成立时间越早越好,最好是在选址之前就能成立规划组。因为选址的过程就会涉及当地未来几年甚至十几年的城市规划、产业布局、工业结构,以及当地的水文、土壤、文物保护等方面的内容,就可以广泛集中所有规划人员的意见和建议,共同讨论。另外,规划组成员要注意园区规划与政府部门规划相协调一致的问题,不仅要充分了解地方政府对生态工业园区规划的要求,还要对园区所在地的经济、社会、环境、人口等要素有一个大致了解,做到园区规划与当地建设、交通、水利、产业等部门规划相衔接。

在规划过程中,通常采用专家研讨会的形式进行讨论,鼓励不同学科背景的项目组成员广泛交流,并且视情况请社区代表、政府代表等相关人员列席参加。例如荷兰阿姆斯特丹的 NMB 银行总部大楼的规划,就是不同学科的规划人员共同参加到规划过程中,这些规划人员共同工作了三年,整个工程开始于1983 年,结束于 1987 年。整个建筑能源系统的投资由于考虑节能因素增加了70 万美元,但每年由于节能而带来的效益就达到 140 万美元。可见,在项目之初就成立一体化的规划组是很有必要的。

(二) 规划理念

规划组成员在规划生态工业园区时要始终秉持这样一些理念:

(1)把生态工业园和其周边的环境看作是自然生态系统的一部分。设计师们之所以要把工业看成是镶嵌在大自然生态系统里的一个小的生态系统,是因为工业园本身就是一个新陈代谢体,它从其他生态系统中获取材料和能源,如燃料、木材、各种矿物质、农产品等,又把产于该工业园的产品输送给消费者,并把伴随产生的各种副产品返回到自然界。但是与纯粹的自然生态系统不同的是,工业园内部的燃料和能源流动是通过机械或电子形式实现,要想使其和自然界协调共存,就要求我们时时刻刻都应该用生态系统的思维。不过,需要指出的是,设计师们也应该避免处处都使用"园区没有废物"的思想,因为这并不现实。设计师们应遵照的是如何把对各种资源的有效管理融入规划之中,比如把模拟自然界的有效的污水处理系统和水循环系统集合在一起,就可以大大提高水的使用效率,节约水资源。

(2)从时间和空间的角度,即从近期到远期、从局部到全局的角度来协调规划相关行动,坚持近期目标服从并服务于远期目标,局部利益要服从并服务于全局利益,做到"一张蓝图绘到底"。例如,在建设污水处理厂时,不仅要考虑建设成本和所采用的技术,还需要考虑以下问题:

污水的运行问题。众所周知,我们建设污水处理厂不是最终目的,我们的目的是保护水环境、保护水资源。因此,如何把污水处理厂运行好就是解决从短期到长期的问题,一些城市虽然建了污水处理厂,却不关心污水处理厂的运行,也不积极解决污水处理厂的运行经费短缺问题,导致污水处理厂干脆没有能力运行或没有能力开足马力运行。

污泥的处理问题。污泥是污水处理的副产品,有相当大的产量。污泥含有水分和固体物质,主要是所截留的悬浮物及经过处理后的胶体物质和溶解物质所转化而来的产物。污泥聚集了污水中的污染物,还含有大量细菌和寄生虫卵,所以必须经过适当处理,防止二次污染,这就要求我们不能只从狭义的局部利益出发,要从全局视角考虑问题。但是,一些地区的污水处理厂在建设之初没有考虑污泥的处理问题,导致现在大量未经稳定处理的污泥成为城市污水处理厂的沉重负担和环境的极大威胁。可见,这就是在建设污水处理厂时,没有从长远、从全局考虑导致的后果。

(3)环境保护与企业发展是对立统一的关系,但长期来看是统一关系。传统的观念认为,企业由于环保压力而引进新的技术或设备,会对企业的利润产生负面影响,势必影响企业的发展。而根据调查显示,传统的观念是短视的,企业积极响应环保政策、主动开展环保活动不但能减少企业的外部成本,甚至还能使企业在长远获得比投资环保技术更多的利润,环境保护与企业发展可以实现"双赢"的局面,二者不是对立关系,而是统一关系。以日本丰田公司为例,丰田公司为了适应美国日益严格的环境保护法规,积极投入经费,研究和开发汽车节能技术,于2006年推出了省油节能的混合动力车PRIUS。这种车使用汽油和电池双燃料,在汽车低速行驶过程中,发动机使用电池驱动,在汽车高速行驶时使用燃油驱动,这样就减少了汽车在低速行驶过程中过多耗费燃油,同时排放出大量尾气的情况。丰田新推出的这款混合动力车一经上市便取得了很好的销售业绩。2007年丰田混合动力型汽车PRIUS销量占美国所有混合动力型汽车销量的78%。这样绝对的优势无疑奠定了丰田汽车公司在混合动力车销售方面的霸主地位,并获得了丰厚的经济效益。

(4)规划方案与规划服务的关系。规划的终点不是只提供规划方案或者建成生态工业园区,还要延伸到生态工业园区的后续服务中。很多工业园区的规划组只是在园区开工前或者园区建设时发挥作用,随着园区的建成投产,合同却自动到期了,认为规划工作已经结束了,后续的工业园区如何运行已经与规划组没有关系了。而本书认为的生态工业园区规划是"从摇篮到坟墓"的规划,为生态工业园区提供"建设前—建设中—建设后"全过程的服务,这样就不存在当园区企业运行后出现规划瑕疵时、运行没有实现前期预期时而产生责任纠纷或者找不到问题所在。这样,规划组领导层同提供其他服务的企业一样,必然会以优秀的服务维护自己的品质与信誉。如前所述,真正的服务经济要求对产品的全部使用期限实行质量保证,维护产品的良好运行状态,规划组的服务也要保证生态园区在全部使用期限内维护良好运行状态。

(三)规划主要流程

根据生态工业园设计理念的分析,总结出规划生态工业园总体步骤流程:

第一步,根据关键种理论,确定园区核心产业和重点产业,选择关键种企业,构建企业共生体。如图 5-1 所示,首先,研究国家或全球产业趋势,看清哪些产业属于全球朝阳产业,哪些产业属于夕阳产业,哪些产业属于政府限制产业,画出重点发展的全部产业范围,即园区意向产业。其次,洞悉园区所在区域的经济发展战略、区域产业基础和拥有的产业资源,对画出的园区意向产业范围进行缩小、聚焦。再次,研究全球行业市场发展情况,掌握产业存在的市场潜力和市场风险,同时分析技术发展趋势,看意向产业的技术是否存在替代转型的风险。最后,根据三方面的研究分析情况,寻找交集,聚焦某个或某几个产业,将其确定为园区的重点产业,并将其中最具发展潜力且最适合的产业确定为核心产业。

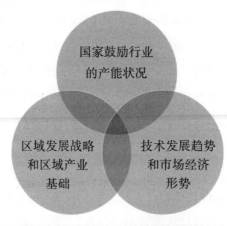

图 5-1　园区核心产业定位图①

①　闫立忠:《产业园区/产业地产规划、招商、运营实战》,中华工商联合出版社,2015,第 52 页。

第二步,根据食物链和食物网理论,针对核心产业和重点产业,确定上下游企业,分析上下游企业的构成与关系,构建园区主要生态产业链。

第三步,根据生态位理论,对园区进行特色定位。具体是根据园区所在区域的自然环境、社会环境、经济环境和科技环境,建立园区与园区、园区与区域、园区与自然界相互之间的地域生态位势、空间生态位势、功能生态位势,形成生态工业园的比较优势,对园区进行特色定位。这样有利于系统的稳定,有利于吸纳可盈利的企业驻留,并使这些企业在全球或地区等同层面扩大潜在的或已有的市场份额,提高生态工业园及园区内企业的对外竞争能力。

第四步,根据生态系统多样性理论,完善生态工业系统,引入相关多元产业门类,包括园区内组成成员的多样性、产品类型、产品结构的多样性等,提高园区竞争力。

第五步,根据生态系统耐受性理论,在不超过园区承载限度的前提下,保证园区持续友好发展。生态系统如同生命体一样,有自我维持和自我调节能力。如果某生态因子或经济因子的变化,或经济系统作用于生态系统,且没有超过生态系统的耐受限度,便会在各因子的相互反馈调节下再次得到平衡,保证其正常运转;相反,如果某生态因子或经济因子超过其生态系统的耐受限度,系统就会失控。生态工业园区作为经济、生态和社会协调发展的实践形式,在规划之初,就要考虑产业结构的合理性、产品结构的合理性,园区内企业数量、规模的合理性,要充分考虑物质、能量流动的数量、质量和方向,保证每个企业有足够的资源下,保持生态系统的动态平衡。

案例:智慧山科技文化创意产业基地是天津高新区的一个文化创意产业聚集区,2010 年建设之初,通过对宏观经济技术环境、区域产业基础与资源的综合分析,将产业定位于以技术为基础、以文化为内容的新兴文化产业,包括 3D 影视、动漫、手机游戏、网络新媒体、数字内容研发制作,以及创意设计等,并将相关产业定位为软件与服务外包、科技服务业等。由于前期规划符合中国文化大发展、大繁荣的产业政策,在园区后期的建设经营过程中,智慧山获得了国家关于文化与科技融合发展政策的大力支持,并充分享受地方产业资源的丰富给养,可谓集"天时、地利、人和"于一体,迅速成为天津领先的文化创意园区。

(四)编制生态工业园区规划方案

在成立了规划组和了解了相关规划理念的情况下，就可以编制生态工业园区的规划方案了,具体包括园区选址、园区底层构造规划和园区管理模式等方面。其中园区底层构造规划在本章后面几节会作为重点内容详细介绍,园区管理模式也会在第七章详细介绍,所以本节只做简单铺垫,旨在明确设计师们在规划生态工业园区时的规划内容。

1. 园区选址

生态工业园区根据经济、社会、环境、法律法规等因素选定某个区域后,具体的选址可以有两种选择，分别是未开发过的土地和已经开发过的土地。那么,这两种土地类型各有什么优缺点,该如何做出选择呢? 本书认为应尽量使用已经开发过的土地。

这里所指的已开发土地包括已经运行的工业园、已经废弃的工厂或大型的公共用地。选择这种类型土地可以避免城市的不断扩张和占用大量的农业用地,而且,这种类型的土地一般已经铺设了水网、电网和路网,附近也有公共交通和其他生活设施,具有较好的基础条件。但是,一般情况下,这种类型的土地和地下水大多受到不同程度的污染,在建设生态工业园区时需要先治污,对土地进行改良,对污水需要净化。例如,美国明尼苏达州为了利用这类土地,创建了许多不具有法律强制力的自愿项目来鼓励企业清理和再开发这样的废弃用地,并且专门成立了一个非政府机构——土地再循环中心,来理清政府和企业相关责任,吸引企业投资。这一措施为清理和再使用该州的超过 200 个受到污染的土地打开了大门,这其中包括许多工业用地。政府为了鼓励使用已经开发的土地,会为企业提供减免税等优惠政策,或者根据企业需要改良的土地面积给予资金扶持。

未开发过的土地也称为绿地。如果没有可以利用的合适的已经开发过的土地，那么只能选择未开发过的土地。这类型土地给了规划组最大的规划空间,但是,也要求规划组具有更超前的规划理念、更周密的规划计划、更高标准的规划要求。同时,在对生态工业园区选址时,要注意与周边环境协调起来,如果周边环境是一片农田,则可以考虑农业生态工业园区,如果周边资源型企业较多,则可以考虑资源加工型生态工业园区等。这样,既可以吸引相关企业投资,又可以减少对周边环境的破坏。

2.园区底层构造规划

生态工业园区底层构造是支撑园区运行最基本的基础设施单元,包括自然系统、建筑系统、交通系统、水系统、能源系统、固体废弃物处理系统和信息网络化系统,对这些基本单元规划要做到以共生的视角将生态学原理运用到工业园区底层构造,实现工业与环境的共生、人与建筑的共生。

自然系统:自然系统要求园区要尊重自然的地方性、保护和节约自然成本、自然的自我维护能力和对自然的保留。首先,健康的自然系统可以吸收和散发热量,为我们提供清新的空气,提升我们工作和生活品质。其次,自然不是为人类表演的舞台提供装饰性背景,不是为人类改善生活空间,而是人类生命的源泉,人和自然的关系是和谐共生的关系。所以生态工业园区内的自然系统必须考虑当地的植物、气候等自然条件,充分尊重和利用这些自然条件,实现人与自然和谐共生。有的工业园区地处北方,四季鲜明,属于温带气候,可是却摒弃温带植物,引进了热带植物,为了提高这些植物的存活率,不得不人为提高空间湿度、温度,再次造成能源浪费。

建筑系统:过去的工业园区只是生产、加工、仓储的场所,是粗放式的开发模式,土地浪费严重,对资源环境破坏大,甚至完全忽略建筑节能、生态景观等要素。而生态工业园区从生态学的视角进行建筑技术选择:一方面使建筑技术的内涵更加广泛,包括建筑结构、构造、材料、电气、给排水、暖通、热工、光学、声学、计算机辅助设计与模拟、施工、维修、再利用等;另一方面要求建筑师必须通过利用绿色、节能、智能等先进技术,创造健康舒适的物理环境(声环境、光环境、热环境、空气环境)。

交通系统:高效、方便而合理的道路交通系统是生态工业园区发挥正常功效的基础,园区内的各项功能是通过道路交通系统而构成的一个相互协调、有机联系的整体。生态工业园区的交通大致可分为客运交通和货运交通两种。对于客运交通,其对策是建立完善的公共交通系统和步行系统,鼓励采用步行或骑行等出行方式,这将创造新的生活方式。对于货运交通,其对策是控制交通需求量,提高集约化程度,通过降低交通量和尽可能缩短至目的地距离而降低能耗和污染。生态工业园区的道路规划不能仅考虑交通容量、设计速度、通行能力、路面结构等,还要考虑它影响地区内的自然景观、生物和社会的变化过程等因素,要实现方便、安全、绿色、节地等目标。

能源系统:能源集成不仅要求园区内各企业寻求各自的能源使用实现效率最大化,而且园区要实现总能源的优化利用,最大限度地使用可再生资源(包括太阳能、风能、生物质能等)。在某些情况下,园区总能源消耗量甚至可能减少50%。一种途径是能源的梯级利用。根据能量品位逐级利用,提高能源利用效率。在园区内根据不同行业、产品、工艺的用能质量需求,规划和设计能源梯级利用流程,可使能源在产业链中得到充分利用。另一种途径是热电联产。在园区中,应因地制宜地利用工业锅炉或改造中低压凝汽机组为热电联产,向园区和社区供热、供电,从而起到节约能源、改善环境、提高供热质量的作用,同时节约成本,提高经济效益。

水系统:水系统集成是物质集成的特例。水系统的目标是节水,应考虑水的多用途使用策略。传统上,将水的质量水平分成饮用水和废水。近年来,在一些企业、宾馆、学校、小区也出现了"中水"(相当于工业上的循环水)回用概念。生态工业示范园区中,可以将水细分成更多的等级,例如超纯水(用于半导体芯片制造)、去离子水(用于生物或制药工艺)、饮用水(用于厨房、餐厅、喷水池)、清洗水(用于清洗车辆、建筑物)和灌溉水(用于草坪、灌木、树木等景观园艺)等。由于下一级使用的水质要求较低,因而可以采用上一级使用后的出水。例如目前许多企业采用的水循环利用系统,即"清水—第一次清循环水—第二次浊循环水"的循环过程以及蒸汽冷凝回用、间接冷却水循环利用、封闭水循环等技术,都可以在生态工业园区中跨企业采用。水处理设施可作为生态工业示范园区的一部分,并且在经济上自负盈亏。

固体废弃物处理系统:在传统的工业园里,各种材料是由各个公司自行管理的,而在生态工业园区,是"资源—产品—废弃物和中间产品—资源"的闭环模式,在物质流中没有废弃物这一概念,只有资源的概念。但是在生态工业园区运行过程中没有一点固体废弃物只是一种理想模式,是不现实的。我们能做到的是鼓励企业工艺改造,清洁生产,减少固体废弃物,利用信息平台将固体废弃物在园区内资源化利用,对园区内无法利用的废弃物的来源、种类、规模、危害性、储存场地进行核查、登记和鉴别,通过固体废弃物外包服务,在更大范围内再次利用。

二、自然系统的规划

没有一个自然系统可以脱离外部环境而独立运行，生态工业园内的生态支持系统同样不能与外部的自然生态切割分开，这样才能使园区的生态支持系统更稳定。

（一）自然环境系统设计

要设计生态工业园区的自然景观，因地制宜非常重要。它不仅可以节约园区的建设成本和运行成本，而且可以使园区具有鲜明的地方特色，避免"千孔一面"，所以在设计之前，要对园区地址进行实地调研，了解其自然条件：

第一，适度利用小气候。我们的设计形式应以场所中现有的阳光、地形、水、风向、风力、温度、湿度、降雨、土壤等自然条件作为依据。这些带有气候特征的自然因素可以为工业园基础设施、景观规划、园区建筑的朝向和外形设计提供有价值的参考消息。好的景观规划设计能通过在合适的地点种植常青树或在关键地点建设湿地等办法帮助解决风力对建筑的影响和排泄雨水不及时等问题。

第二，保护和恢复生态完整性。自然系统设计中要考虑保护当地水域、湿地、植被等生态系统的完整性。在过去的工业发展中，很多地区水体面积被不断填埋、缩减，由此带来诸如雨季内涝严重、洪水风险提高等一系列问题，如果现场区域的生态环境由于过去的开发已经受到破坏的话，设计人员就要考虑如何能够通过设计尽可能恢复原有的生态环境。

第三，合理选择植被。当地的各种土生树种、灌木、花草等是构成当地气候条件、水文特征、地形特征和生态特征的重要因素。它们也是现场景观规划的重要组成部分。这些植被能够通过起到遮阳或挡风作用，帮助改善当地的小气候并提高园区的能源效率。例如，足够的树木可以有助于冷却整个园区、灌木可以吸收汽车尾气、足够品种的植物可以帮助过滤各种污染物等。还有些比如刺槐、香椿、毛白杨、银杏、紫丁香、侧柏等植被的枝叶即使明火燃烧也不会产生火焰，这种类型的树种可以用来组成隔离绿化带，既可以大大减缓火灾蔓延的速度，又可以隔离明火的扩散扩张。可以根据不同的园区种类有重点地选择一些植被,比如钢铁类的园区植树主要是防尘和减少硫化物的影响;化工类企业周围可以种植隔离带以吸收有害气体、防火抗灾;轻工业棉纺类企业的绿化主要是为了调节湿度和温度;精密仪器类企业周围最重要的是不留裸露地面,以达到滞尘防尘的目的;有的企业需要植被来减少噪音等。

(二)空间格局的规划

生态工业园区自然支持系统脱离不了区域的大环境,其空间格局的规划可以借用景观生态学的概念分为两部分:嵌块和廊道。

嵌块是指与周围环境在外貌或性质上不同,但又具有一定内部均质性的空间部分。其大小、类型、形状、边界、位置、数目、动态以及内部均质程度对生物多样性的保护都有特定的生态学意义。一般园区的嵌块由游园、水域、广场等构成。

廊道是具有通道或屏障功能的线状或带状的景观要素,是联系嵌块的重要桥梁和纽带。廊道在很大程度上影响着嵌块之间的连通性,也在很大程度上影响着嵌块间的物种的交流与交换。廊道又分为主廊道和次廊道。主廊道一般是以原生自然环境为主,例如连续的山体、河流、林带等;次廊道与嵌块都是与人工环境的综合,例如公路隔离带、滨水河岸植被带等,可以利用次廊道与嵌块的结合,根据四季变换、植物搭配,合理安排景观功能组合,构建多样性、多层次的景观空间,可以打造员工休憩、休闲、活动等公共场所。

总之,廊道与嵌块通过点、线、面的有机结合,在园区各园林绿地嵌块之间以及园区以外的自然环境之间,尤其在影响生物群体的重要地段和关键点修建绿色廊道和"栖息地",形成绿色生态网络,减少"岛屿状"的孤立状态,增加敞开空间和各生态斑块的连接度和连通性,保证城市自身生态过程的整体性和连续性,减少园区生物生存、迁移和分布的阻力面,给生物提供更多的栖息地和更大生态空间,实现当地自然环境与园区景观的协调、园区工业与自然生态的协调、人们生产与生活的协调。

三、建筑系统的规划

对生态工业园区的建筑进行规划时首先要对生态工业园区进行合理的功能分区,然后再对具体的建筑进行规划。近年来,已经有很多系统化的方法和工具帮助建筑设计师们提高建筑的品质和形象，以下部分介绍的是在规划一座建筑和其附属的生产系统时需要考虑的一些可持续性的建筑技术的选择。

（一）建筑的功能分区

生态工业园区的建筑根据不同的功能可以分为：生产加工区、产业服务区、仓储物流区、公建用地、生活区和公共服务区等。建筑系统的规划就是将不同区域进行科学合理的分区，使其成为经济、高效、和谐的整体。

生产加工区负责满足企业从原料加工到成品装配所需，由各主要厂房及仓库组成，是整个工业园区重要的组成部分。为了便于企业日常生产管理，在园区通常会划分部分辅助办公区。这种为个别企业服务的辅助区，通过设置独立的空间区域满足厂房生产区的简单功能要求，但不适用于企业办公、接待和展览等多种功能的要求。

产业服务区是工业园区为入驻企业提供与生产服务相应的配套设施区域场所，例如商务办公、会议洽谈、媒体咨询、研发销售等功能性空间范围，通称为产业服务区。它一般位于工业园区中心或者主要交通要道，是整个工业园区的重点和视点区域。

仓储物流区是为企业提供仓储功能，方便原料、半成品、成品流转和存放的厂区库房。它向企业的管理者提供相关的仓储物品的状态、条件以及处理情况等信息。它一般设置在工业园区的交通环道附近，方便物料转移输入和输出，要避免对生产区和生活区的影响。

公建用地是生态工业园区生产和生活都离不开的部分，主要包括变电站、污水处理厂、垃圾处理站、无线通信基站等。它们的设置要根据园区的需要，另外，在对公建用地进行布局的时候，要选择影响最小而且又最方便服务对象的位置。

生活和公共服务区是为整个工业园区人员提供一个完整的社会活动区域，它的功能配套设置受到园区的规划布局和周围的环境因素影响。如果是位于城区中央的工业园区，可依靠园区周边城市的生活配套设置，实现园区内外社会服务互通，从而节约园区土地与建设资金。当工业园区设置在城郊或者新区，城市生活基础设施对于园区的服务半径会相应缩小。为了满足工业园区长期平稳的发展，在进行工业园区整体规划设计上要按照"产城一体、产城融合"

的设计理念,结合生产功能性质,配置相应的生活服务配套设施,如餐饮、零售、文化娱乐、教育、医疗、行政管理和社区服务等基础服务设施,将产业功能、城市功能和生态功能融为一体。

其中生产区和生活区是园区建筑系统的主要部分,其他可以穿插其间,所以,园区最主要的是处理好生活区和生产区之间的关系。为保证职工上下班的便捷和居住环境的舒适与安宁,生活区和生产区以及其他工作地点之间,应有便捷的交通联系;排放废水和废弃的工厂应布置在生活区的下风向和河流的下游地带;产生噪声的工厂、铁路列车编组站、飞机场应尽量远离生活区;生活区与生产区之间应布置适当的防护地带;要尽量避免生活区被铁路分隔;专为生产企业服务的材料、成品仓库应布置在生产区内;而危险品仓库、对环境有污染的仓库、堆场则应与其他仓库、生活区、生产区隔离开来。

需要注意的是:要根据产业园区的具体情况合理规划各功能区比例:一是产业园区类型,是生产基地型还是科技研发型,是创新创业型还是流通贸易型等;二是主导产业的选择,大型装备、电子元器件、生物医药等不同的产业在研发办公、厂房需求、物流需要、员工人数方面都有很大的不同,这将直接影响到生产用地、居住用地的配比比例;三是地理区位的影响,城市中心、外层城区,抑或是城市外围,不同的区域位置对园区的功能划分比例、建筑形态、生态环境的要求都会不同。

(二)建筑技术的选择

建筑不仅是结构、构造、材料和工艺的选择,而且是针对技术方针、原则和政策的选择。建筑系统规划要根据不同产业的功能需求和技术特点选择技术领先策略、追随领先策略、满足特定需求策略[①]。

1. 节地——倡导复合模式

建筑复合模式以产业功能逻辑为前提,发展密集型、整体式的工业建筑,既发挥紧密布局、高效便捷的优势,又利用自然生态条件,实现建筑空间与产业机能的复合,改变了过去粗放的、机械的单一性质用地管理模式,变得更加

---

① 杨开荣、李桂文:《生态学视野中的工业园区建筑技术选择》,《低温建筑技术》2008 年第 6 期,第 33—34 页。

精细、灵活,充分体现了以需求为导向的原则,符合生态工业园区土地集约化利用总体思想,实现了组织效率、生产质量、环境舒适度高度统一。在工业建筑中建筑复合模式的应用已从大型联合厂房发展为生产办公建筑复合体。以宝马公司设计的中心大楼为例,该中心大楼就像一个中心节点,将已投产的三幢十几万平方米的厂房连在一起。这栋近4万平方米的新建筑包括办公室、餐厅、礼堂和质量控制试验室,将管理和生产合成一个整体,通过建筑和其间发生的活动有机整合。可见,倡导工业建筑复合模式,有利于兼顾生产工艺和人文环境,提高工业建筑灵活性、通用性、预见性。

2. 节能——技术的精准化整合

建筑节能主要是针对建筑物的设计过程和设备的能效控制,可分为建筑物自身的节能和设备系统的节能。前者是根据建筑功能要求和当地气候,在工业园区总体和单体设计中,合理地确定建筑组群构成、朝向、平面形状、外观体形、间距、竖向标高及建筑外环境,选用节能建材、保证建筑外维护结构的合理热工特性,有利于施工和维护,减少材料、能量损耗,达到理想的节能效果。后者则是从减少资源能耗、动力输送系统的能耗及生产系统的运行管理等方面进行考虑的。工业建筑的节能要有全寿命观念,从建筑的耐久性、灵活性、易于维护性、适于居住性和易拆毁再利用性等多个角度来考虑,以减少不必要的维护改造费用或造成改变用途时的隐患。应针对工业园区的行业特点进行建筑技术的精准化整合,不仅关注个别环节,还应统筹安排各环节的节能措施,保证建筑物整体的能源利用率最高。比如通过柔性化设计可以在不破坏原有的建筑结构、不打扰正常生产办公的情况下更换耐久性较差的建筑材料,既便于维护又节约资源。再比如钢结构建筑比钢筋混凝土建筑更容易回收其中的钢材,结构和设备的模块化设计也使再循环这些材料和元件成为可能。

案例:福特汽车荣格中心(Rouge Center)的迪尔伯恩卡车厂综合式厂房,强调安全和健康的工作环境,从生态学视角重新思考大规模生产设施环境友好型。将总装车间的屋顶变成了一个4公顷多的庭园。这种生态屋顶不仅减小了暴雨径流,具有隔热、造氧的作用,还使屋顶本身的寿命延长一倍以上。厂房内以人工照明和屋面天窗确保充足的光线。在主要工作区域上空设置夹层走道和工作室等。外部环境用大量草本植物、大范围雨水管理系统、利用植物清洁土壤的试车场等,恢复景观的自然属性。

3.减量、循环、再利用——拓展通用性建筑技术

生产工艺从流线、运输方式等方面影响着工业建筑。科技发展、市场供求,使产品更多样,工艺周期更短。园区内企业生态产业链集聚,也要经受市场竞争,所以工业园区及其建筑要经历更新改造、代谢发展。从生态学“全寿命周期”理论出发,选择通用性、标准化技术,将有利于延长建筑及构配件的使用期限。

通用性包括建筑物和构配件的通用性。首先,工业建筑不再局限于具体生产工艺,除考虑基本使用特征,选用可变参数,使几个生产部门有共同使用的可能,因而具有应变能力和通用性。其次,建筑构配件是性能和尺寸可互换的通用构配件,便于易损构配件更换或拆除后重复利用。本书建议推广通用、耐用建筑设计,包括以最少种类构件构成的、适应现代生活变化的标准主体结构体系、通用厂房定型标准系列等;提高工业建筑标准设计水平,在补充、配套现有钢筋混凝土单层厂房体系基础上,设计轻钢结构、大柱网复合模式工业建筑;开发使用高强度、大跨度、预应力预制混凝土标准构件,改进和完善工业建筑构配件的标准化、定型化和多样化。

四、交通的规划

交通系统是生态工业园区的命脉,要满足货物运输和人们出行的需要。便达的交通设施是生态工业园成功运行的关键,通过提高集约化程度,达到降低能耗和污染的目的。交通系统规划的主要任务就是:根据园区分区、企业活动及行为规律分析园区的运输特性,有序地组织各种人流、车流、客货交通,合理布置各级道路、停车场和候车亭等相关设施,实现周边道路交通与内部道路交通相协调、地面公交与轨道交通相协调、动态交通与静态交通相协调、机动车交通与非机动车交通相协调、车流交通与人流交通相协调。

(一)货物运输方式分析

根据园区企业对外所运物料的特点及性质的不同, 运输方式也会有所不同(见表5-1)。比如有些物料是固体的、液体的,还有气体的;有成件的,还有散碎的;有安全的,还有易燃易爆的等。要根据物料的特点选择与之相适应的

运输方式。例如,大量货物可采用轨道运输,但少量的就不经济了;散碎的物料可以选择胶带运输,大块的货物则不适宜;气体和液体的货物可以选择管道运输,而固体货物则不适宜等。而不同的运输方式又对场地要求不同,比如轨道运输对场地坡度就有一定限制,要求场地平坦;通过汽车运输则对坡度要求就小一些,因此,运输工具的选址要统筹考虑企业间运输与园区的总平面布局,以免造成运输方式选择不当或物料不必要的中转。

表 5-1　不同运输方式的经济特性

运输方式	运输成本	运输适用性
水运	运量大、企业运输成本低、系统投资大	适于长距离、大宗、运输时间相对较长的货物
铁路	运量大、企业运输成本低、园区初期投资大、连续性和安全性强	适于长距离、大宗、运输时间相对较长的货物
公路	运输组织灵活、适应性强、投资规模小、时效性好、运输成本较高	适于短距离、小宗货运、可实现门到门服务
航空	速度快、运输成本高、风险大、基础设施投资大	适于长距离、小宗、时间要求紧的高附加值货物
管道	运输量大、污染小、运输成本低、初期投资大	适于液体或气体的运输

通过表 5-1 各种运输方式比较,铁路运输以其低成本、运量大、安全性强、受气候变化影响小等诸多优点而深受园区企业的欢迎,同时它还可以减少对运输能源的需求和大气排放。因此,如果可以,应该设计通达园区的铁路线路,并相应配套短途运输系统,以使货物可以无缝衔接。如果可以的话,还可以考虑利用铁路运载园区员工,既保证员工可以准时通勤,又减少了员工通勤费用。

另外,水运也可以承载大级别、大吨位的货物,而且运输成本低,对能源的需求和大气排放也远小于公路交通,因此,濒临海岸或河岸的生态工业园区也可以利用水上交通,通过修建符合当地物流需求的码头来保障物资流通。

作为气体和液体首选的管道运输具有运量大、连续性强、稳定可靠、损耗小、运营费用低、占地面积小等优点,但是在布局管道运输时要和园区总体布局统一考虑,尽量顺直,减少转弯次数,若必须转弯时,转角也不宜过大。布置管道时应避免过长的水平管道,以防被输送的物料在管道内因流速低而逐步沉积,影响输送效果,可以采取水平、垂直组合的布置形式,或者倾斜的布置形式。

（二）员工运输方式分析

园区内员工的通勤问题和人员办公时的交通需求也是导致对能源的大量需求和大量废气排放的主要原因之一。园区规划设计组通过与当地公共交通部门的沟通、协调与合作,可以建立有效的园区交通系统。

第一,在气候条件和通勤距离允许的情况下,应鼓励员工步行或骑车上下班。这尤其适用于人口稠密的地区,工业园区与居民区的距离通常比较近,这也可以进一步促进"产城融合"。这种步行或骑车的交通方式要遵循以人为本的原则,提倡"人车分离式"和"步行者优先空间",既可以满足车辆顺畅通行,又可以保障行人安全。

第二,员工也可以选择乘坐公共交通工具。这可以减少企业自养大型通勤车辆的成本,并减少对本地的大气排放,增加本地公共交通系统效率。并且在适当的地点设计具有遮雨棚的候车亭,以规范乘客的上下车问题,避免交通堵塞。

第三,灵活调度交通需求。一方面,园区管理部门可以为园区企业提供交通综合信息服务,如鼓励几个企业共享办公车辆,通过信息中心进行调度等。园区管理部门还可以鼓励、协调园区内企业设计不同的上下班时间或者换班时间,以避免交通高峰期产生的交通阻塞和降低交通低潮期的车辆空载率。另一方面,园区管理部门还可以提供一些公共服务以帮助减少员工的交通需求,比如建立幼儿园,提供内部食堂、健身房和简单医疗等。

第四,停车场的设计要根据园区企业规模、人员等因素,合理规划,避免未来发展可能遇到瓶颈。如果规划的私家车停车位过多,则造成不必要的投资和浪费,如果规划的停车位过少,则会出现乱停、乱放、违章停车等现象,进而降低实际路网容量,容易引发交通事故,妨碍正常的道路交通。规划停车场时也要注意"人车分流",当驾驶员离开车就转变为行人,因此,要针对人和车设计不同的出入口。停车场可以引入"智能化管理系统",对车辆出入、停车位的引导、停车收费等进行全面智能化管理控制,比如对没有固定车位的临时车辆采用车位引导系统指示牌,快速将车停入空位,可以减少"车找位"的窘况,降低车辆能源消耗和减少废气排放。另外,在地上停车场的周围还应该尽量种植适于当地生长的植被,帮助固定水土、吸附汽车尾气、净化空气等。

(三)道路的规划

道路的规划是指园区内公路道路的规划,按照交通功能可分为主干道、次干道和支路等。

主干道:应为连接园区各主要分区的干路,宜采用机动车和非机动车分隔形式,如三幅路或四幅路,主干路两侧不应设置吸引大量车流、人流的公共建筑物的进出口。

次干路:应与主干路结合组成道路网,起集散交通的作用,兼有服务功能,允许两侧布置吸引人流的公共建筑,并应设立停车场。

支路:应为次干路与街坊路的连接线,解决局部地区交通,以服务功能为主。部分主要支路可用以补充干道网的不足,也可以作为自行车和行人专用道。

需要注意的是公路要避免与铁路线的交叉,特别是避免与运输繁忙的铁路的交叉。要合理分散货流和人流,避免主要货流与主要人流的合流和交叉,当货流及人流不多时,可兼顾货流与人流。总之,道路布置应能满足货流与人流的运输需求,同时还要使货流通畅、运距短捷,人流方便,确保安全。

五、能源基础设施的规划

在设计生态工业园的能源基础设施时,要实现最优化整体能源使用。实践表明,与传统的工业园区相比,生态工业园有效的能源基础设施设计,可以帮助整个园区能源消耗减少 50%。最优化使用能源就是追求能源利用效率的最大化和效能的最优化。要提高能源利用率就必须改变传统的能源生产利用形态,加大对能源的整合优化利用空间,有效提高资源的综合利用效率。其中,能源梯级使用技术和能源共享技术都能帮助园区提高能源使用效率。

(一)能源梯级利用

能源梯级利用包括按质用能和逐级多次利用两个方面:①按质用能就是尽可能不使高质能源去做低质能源可完成的工作;在一定要用高温热源来加

热时，也尽可能减少传热温差；在只有高温热源，又只需要低温加热的场合下，则应先用高温热源发电，再利用发电装置的低温余热加热，如热电联产。②逐级多次利用就是高质能源的能量不一定要在一个设备或过程中全部用完，因为在使用高质能源的过程中，能源的温度是逐渐下降的(即能质下降)，而每种设备在消耗能源时，总有一个最经济合理的使用温度范围。这样，当高质能源在一个装置中已降至经济适用范围以外时，即可转至另一个能够经济使用这种较低能质的装置中去使用，使总的能源利用率达到最高水平。比如，为办公区和生产区供热，就不应该使用高质量(超过815.6℃)的能源，而使用工业加工过程的副产品—低质量能源(65.6℃—148.9℃)就足够满足要求了。

虽然能源梯级利用是针对发电和供热企业提出的，但可以广泛地扩展到制冷、深冷、化工、冶金等各种工业过程，必要时可用热泵来提高热源的温度品位后再利用。不同的企业对能量的等级要求是不一样的，可以根据各用能企业的能级需求的高低构成能量的梯级利用关系，高能级热源经上一级企业使用后降为低能级热源，供给需求低的企业使用。能量的梯级利用能够有效地满足各单位的用能需要，而不增加能源消耗，极大地提高能源利用率。

(二)能源互联网

传统的能源共享指的是多家企业通过建设能源传输装置共同使用能源，从而减少独自寻求能源供应的成本。例如，集中供热系统可以有效地解决园区企业的供热问题，避免各企业独自建设供热系统，提高工作效率，减少企业维护供热设施的负担，并通过规模效益减少有害气体排放。

而美国能源经济学家杰里米·里夫金在他的《第三次工业革命》中指出：人类共经历了三次能源领域的重大变革，第一次变革是以人类可以利用木材、秸秆等柴薪能源进行生产和生活，开启人类文明；第二次变革是以18世纪蒸汽机的发明和19世纪煤炭、石油等化石能源的大规模使用为主要标志，使人类进入工业文明时代；第三次变革是正发生于当下的新能源革命，是指在信息、通信技术、新材料技术、互联网技术等通用技术的突破和大规模应用基础上，人类利用风能、太阳能等可再生能源逐步取代化石能源的革命。杰里米·里夫金提出新一轮能源革命是能源生产、消费及储能方式的根本变革。其特征主要体现在以下几个方面：第一，是与知识经济、循环经济和低碳经济密切相关的低碳能源革命;第二,逐渐由传统化石能源结构体系向可再生且可持续的新能源体系转变;第三,将引发能源生产、分配、消费及储存方式等方面的革命性变化;第四,是在经济全球化和应对全球气候变化的背景下出现的。而这四个特征都将通过能源互联网来体现,即将互联网技术与可再生能源相结合,在能源开采、配送和利用上,从传统的集中式变为智能化的分布式,形成能源共享网络。

目前,能源互联网的发展模式主要有美国的集中式超级大电网、欧洲与日本的分散合作式两种主导模式。虽然各国的发展模式不同,但是生态工业园区是其主要应用方向之一。工业园区能源互联网是指工业园区内实现以可再生能源、新能源、化石能源等多种能源资源的互补、高效、绿色利用,以发电、发热、制冷为主要目的,通过(生产)源、(传输)网、(存储)储、(消费)荷有机协同,构建综合协调控制系统、集成应用多种绿色低碳新能源和信息通信等技术构成的园区开放智慧的综合能源系统。生态工业园区的能源互联网都具有开放、平等、互动、共享和分布式特点。

开放。能源互联网是建立在目前已有的电网、热网和天然气网络基础之上的,要求电网、热网和天然气网更加开放,使得终端分布式可再生能源可以随时接入能源互联网中,而且不再受到限制。此外,微电网也在不断发展,微电网在能源互联网的基层架构会大大提高能源终端的稳定性,也可以提高可再生能源的消纳能力,从而使各能源的网络能够全面开放。能源互联网是各网的开放融合,能够统筹调节能源的使用量,提高能源使用效率。

平等。传统的能源体系是自上而下单向流动的等级结构,能源的流动有着上下级之分。能源互联网的能源体系结构是可以多向流动的扁平化结构,这与传统的能源结构有着本质的不同。能源互联网的终端既是能源的消费者,也是能源的生产者,先进的技术使能源市场的活跃度与竞争力大大提升,使能源消费者与能源供给者具有平等的地位。

互动。能源互联网是一个集能源的生产、消费、输配、存储等于一体的综合性的能源发展网络,并且生产、消费、输配、存储等环节是交互发展的,能源的供给者与能源的消费者之间能够实时互动,进而减少能源在运输环节的能量损失,提高能源的使用效率。此外,能源互联网一方面能够运用大数据技术预测用户的能源消耗量,并运用储能技术削峰填谷,实现能源网络内部的供需平衡,达到能源网络的系统最优配置;另一方面,能源互联网能够运用及时、清晰显示能源系统运行状态、市场价格信息、自身消费状况,各个参与者进行交流互动,实现个性化要求,购买增值服务反馈,又能体验即时实时响应等。

共享。能源互联网的能源供应者与能源消费者之间能够共享网络平台的数据,通过区块链技术能够打破供需双方的信息不对称,充分利用网络内的能源,优化能源的配置,以较低的成本满足用户的需求。能源互联网的这一特征与当前用车市场的创新服务类似,滴滴租车等在不增加汽车总量的基础上通过信息的交互与共享,合理利用闲置资源。能源互联网通过信息流和能源流的多向流动,实现能源共享,促进高效能源高效利用和系统资源的优化配置。

分布式。可再生能源与传统能源最大的不同就是其具有极强的分散性,可再生能源的收集、存储不易,能源互联网能够克服可再生能源的分散性、间歇性与波动性等不易收集、存储的困难,能够最大效率地就地收集、就地存储可再生能源,使单个规模较小、分布范围较广的能源供应点成为一个个分布节点,从而使能源互联网具备分布式的特征①。

(三)案例:中国从化明珠工业园

中国从化明珠工业园设立于 2002 年,总面积 51 平方千米,核心规划面积 12.37 平方千米,过去是传统的工业园区,近年来逐渐向生态工业园区转变,该园区重点发展汽车及零部件、高端装备制造、生物医药、新能源、新材料、精细化工、家用电器、现代物流八大产业。

过去,该园区的工业企业主要采用自备锅炉分散供热,共有锅炉用户 26 家,锅炉总台数 50 台,总容量 233.2 吨/小时。现有热用户最大蒸汽需求为 28.7 吨/小时,潜在热用户最大蒸汽需求为 64 吨/小时,用热压力约为 0.6 兆—0.8 兆帕,用热温度 200℃以下。根据热负荷调研结果,明珠工业园区设计热负荷最大为 83.3 吨/小时,平均热负荷为 62.5 吨/小时,最小热负荷为 41.7 吨/小时,用电负荷为 97.46 万千瓦。针对该园区的用能需求和预测,先后推进了分布式天然气能源站、分布式光伏发电站、污水源热泵区域供冷示范项目、

① 杨锦春:《能源互联网:资源配置与产业优化研究》,上海社会科学院,2019,第 34 页。

电动汽车智能充电设施建设项目、多层级微电网示范项目等多能互补的项目，从源头上提高了整个工业园区的能源利用效率和可再生能源接入比例①。

天然气分布式能源站项目。结合园区用能需求，按照"以热定电"的原则，建设了2台40兆瓦级多轴"一拖一"燃气—蒸汽联合循环热电联产机组，为园区提供电力和蒸汽。当园区热负荷较低时，可调整抽凝机组的供汽量；当热负荷较高时，可启动调峰蒸汽锅炉，提高机组利用率。经测算，分布式能源站综合能源利用效率达到73.3%，热电比为62.19%。

152兆瓦的分布式光伏发电站项目。明珠工业园所在的广州市属于太阳能资源丰富地区，全年日照时数达1700—1800小时，太阳辐射总量为858兆焦耳/平方米，适宜建设太阳能分布式光伏发电系统。除了有较好的太阳能光伏资源条件外，明珠工业园的用户用电负荷较高而且比较稳定，分布式光伏发电可就近消纳。而且，园区工业用户工业电价较高，分布式光伏发电由于电价较低可直接用于工业用户，并提高分布式光伏项目的经济性。

污水源热泵区域供冷示范项目。广州市污水温度基本保持在17℃—29℃，该温度在夏季低于空气温度，且波动范围远远小于空气的波动，污水还具有流量稳定等特点，是很好的空调冷源。依托明珠工业园区一家日处理规模为6万吨的污水处理厂，建设利用污水温差能的供能站向周边建筑物集中供冷供热。根据广州市气候条件，城市污水源制冷可利用温差约5℃，污水源热泵机组制冷能效比（COP）可达到5左右，建筑冷负荷按100瓦/平方米计算，则一家6万吨的污水处理厂按污水总量的50%用于热泵机组的冷热源，可供140万平方米的建筑制冷制热。

电动汽车智能充电设施建设项目。新建私人乘用电动汽车自用充电桩450个，新建分散式公共充电桩150个，新建公交专用快速充电站2座、出租车专用充电站2座、物流车专用充电站2座、城市公共充电站4座、城际超快速充电站2座。

多层级微电网示范项目。依托园区内的光伏发电、分布式能源站，在园区

---

① 王美、陈凯：《基于多能互补的工业园区综合能源规划设计》，《广东科技》2019年第6期，第65—67页。

内建设微电网变电站、储能装置、能量管理系统、中央控制系统等微电网设施，实现网内经济优化调度、配电网联合调度、自动电压无功控制、交换功率预测等功能。

六、水资源梯级利用的规划

水资源是生态工业园区中最重要的资源之一，模拟自然生态系统，园区内的水资源用户也可以建立水资源利用系统的"食物链"和"食物网"，形成共生网络。

（一）水资源梯级利用体系

传统的工业园区用水方式为：取水—用水—污水处理—排放，这种方式存在工业用水量大、用水效率低、废水排放量大等诸多弊端。而生态工业园区由于企业的多样性和对水质要求的不同，存在较大的共生关系，完全可以模拟自然生态系统建立生态工业园区内水资源利用系统的"食物链"和"食物网"，形成共生网络，实现水资源利用的闭路循环模式：取水—用水—园区内企业进行废水交换再利用—废水梯级利用—废水处理—废水再利用。主要的原则就是按照水质不同逐级利用水资源，以最大限度提高水的利用和效率，争取做到生态工业园区废水"零排放"，即实现水资源闭环利用。

和能源一样，水资源也有不同的种类。传统上，我们认为水只有两种，即饮用水和废水，但实际上，生态工业园区的水资源还有许多中间层次，包括：超纯水（用于半导体芯片制造）、去离子水（用于生物或制药工艺）、饮用水（用于厨房、餐厅、喷水池）、清洗水（用于清洗车辆、建筑物）和灌溉水（用于灌溉草坪、灌木等景观园艺）等。很显然，不同种类的水可用于不同的目的。我们完全可以将上一级使用后的出水用于下一级，比如可以用半导体行业产生的废水来冲刷地板或清洗卡车，靠近海岸的生态工业园也可以用海水作为发电厂、化工厂、炼油厂或造纸厂等需要的冷却水。因此，为了更好地对水资源进行再循环和再利用，设计组需要考虑设计复杂的供水系统，使不同种类的水进入不同的管道之中，以满足各自不同目的的需求。这需要在设计工业园时尽量缩短各企业间的距离，以减少相应的基础设施投资。如图5-2所示：

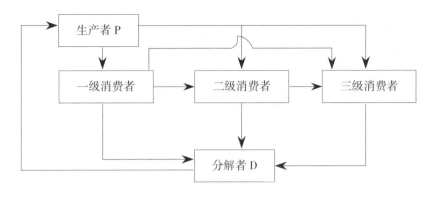

图 5-2　生态工业园区水资源梯级利用示意图

(二)水资源管网建设

雨污分流系统的建设：雨污分流是一种排水体制，是指将雨水和污水分开，各用一条管道输送，进行排放或后续处理的排污方式，雨水可以通过雨水管网直接排到河道，污水需要通过污水管网收集后送到污水处理厂，水质达标后再排到河道里，这样可以防止河道被污染。生态工业园区建设雨污分流系统，可以将雨水和污水通过管道进行分类。收集的雨水一是可以就近排放，减轻污水处理厂运行压力；二是可以进行再生处理。例如，雨水可以进行过滤和沉淀成为中水，实现园区内水资源的循环再生，这对水资源相对匮乏的中西部地区生态工业园区，尤其具有重要意义。近几年，中国很多工业园区进行了雨污分流管网改造，极大地改善了园区及下游地区的环境，同时，也解决了很多地区一下雨就内涝的问题。

中水(再生水)回收系统建设：中水，又称再生水，是指污水经过二级处理或深度处理后，可形成品位更高的再生水，可在一定程度上替代新鲜水，用于生活和工业生产，与海水淡化、跨流域调水相比，再生水具有明显的成本优势。生态工业园区内建设集中的再生水回收管网，一是可节约企业的运行成本，二是污水再生利用有助于改善生态环境，降低对新鲜水的需求，实现水生态的良性循环[①]。但是，一般的工业园区是所有企业污水都集中在污水处理厂进行中

---

① 温宗国、胡赟、罗恩华等：《工业园区循环化改造方法、路径及应用》，中国环境出版集团，2018，第 113—114 页。

水回收,这就造成污水处理厂的污水成分复杂,水质不稳定,污水处理难度大,比如农药废水—高浓度含盐有机废水、生物化工废水—高浓度有机废水,这些废水如果想达标排放需要很高成本和技术,而一般的处理很难达标排放,甚至不能作为中水水源使用。因此,生态工业园区要鼓励企业清洁生产,污水在排入污水处理厂之前先进行分类处理回收。

（三）案例:泰国的闭环水系统

位于泰国首都曼谷东南部的东海岸工业园就使用了一套闭环水循环系统。这套系统在设计初期就已经提出了,大大节约了后期改造成本,虽然一次性投资较大,但可以通过对水的循环使用迅速收回投资,更重要的是有效保护了当地水资源。

该工业园的日耗水量为 36000 立方米,主要来自当地的水库,该水库的库容靠雨水维持。该工业园内的企业必须安装污水处理设备,根据企业自身需要,对本企业排放的污水进行分类处理,以保证达标排放。由于企业自身排放的污水成分较为简单,这样处理更具有针对性,减轻了园区污水处理回用的负担。然后,这些废水再排入当地的一个容积为 60 万立方米的池塘进行深度处理回用,这样,园区内的中水利用率更高。在线监测表明经过处理的水达到了二级水质标准。园区企业还被要求在污水处理的早期阶段分离残留的重金属。

池塘的水被送到污水处理厂进行最后处理,然后经过处理的水进入单独的管道系统,用于园区植被的灌溉和部分企业的冷却过程。同时还建了一个独立的雨水收集系统,并将和再循环水系统汇合,共同用于灌溉和冷却。

在上述的池塘里,还放养了 30 万尾鱼和大量鸭子。这些鱼是附近一个鳄鱼场的食料,而在冬季,这个池塘也成了鸟类的栖息地。

园内的工程师正在测试一种新的水处理方法,即在池塘水面种植一些热带鲜花。这些鲜花和一些细菌可以使水体充分暴露在空气中,加快废水的曝氧过程,从而节省传统的利用机械设备来进行这一过程的能源成本,而鲜花还可以在市场上销售。

另外,园区内的福特—本田工厂还发展了内部的水循环系统,并把循环水用于浇灌该工厂的植被和内部的清洗。

七、固体废物处置的规划

生态工业园区完全没有固体废物仅存在于理想状态，绝大部分生态工业园区均会伴随产生固体废弃物。因此，规划固体废物的处置和贮存是规划生态工业园区的必要内容之一。生态工业园区固体废物处置的规划目标应该是提高一般工业固体废物的资源化利用水平。不能资源化利用的部分全部集中规范化贮存，危险物全部安全处理，防范固体废物污染环境，并建立园区固体废物全过程监管体系。本部分讨论的固体废物不包括被企业自身循环利用的副产品，也不包括企业之间形成的循环利用的副产品，而是指园区企业及企业之间不能再利用的工业废弃物的处置规划。

（一）一般工业固体废物处置

首先，要引导企业从源头减量。鼓励工业固体废物产生量大的企业加强清洁生产工艺改造，或在园区内开展综合利用处置，有效减少工业固体废物源头产生量。鼓励危险废物年产量较大的企业自建利用处置设施并资源化利用。例如康美包（苏州）有限公司是苏州生态工业园区的一家生产食品包装的外资企业，为各种液体食品及其他非食品产品提供各类包装。2017 年企业投资上千万元购入处理设施，在每台印刷机上都安装了废气收集和传输系统，再经过高温焚烧、氧化统一处理，使得废气化学需氧量（VOC）含量大幅下降，比欧洲排放标准还要低一半。

其次，开展园区固体废物产生情况核查。园区管理部门要制定相应的政策规定，包括工业固体废物申报登记制度、固体废物污染防治主体责任制度等，并按年度开展工业固体废物产生情况核查工作。核查内容包括：固体废物实际产生量、种类、主要污染物成分、危害性、利用处置方式可行性、企业贮存能力及贮存规范性等，核查结果要输入在园区的智能环境监测管理系统，报送属地生态环境部门，并作为企业申报登记、危险废物管理计划备案等工业固体废物管理的支撑。各级生态环境部门在事后监管中若发现核查报告内容不实或核查结果有误的，要督促企业重新开展核查。

再次，推进固体废物收集、运输、处置专业化。园区要对固体废物规划专门的仓储设施和处置基础设施，用以囤积堆放并进行无害化处理和综合处置，形成收、运、处一体化的服务模式和专业化的服务队伍。或者,园区也可以通过园区外第三方企业收集固体废物,对园区内固体废物统一处置。

案例:苏州生态工业园区废物再利用

苏州工业园区拥有"污水厂—污泥干化厂—热电厂—集中供热制冷中心"的循环型基础设施产业共生体系。2018年,苏州工业园区收运餐厨垃圾3799.97吨,最高日收运量已达152.95吨;全区域实现雨污分流,生活污水处理率达到100%。与这些数字相对应的,是园区构建的环境基础设施循环产业链,采用"产业协同、循环利用"的模式,实现集污水处理、污泥处置、有机废弃物处理、沼气利用、有机肥生产等多环节的资源再生利用。

早在规划建设环境基础设施的时候,苏州工业园区就将污水处理厂、污泥处置厂、餐厨垃圾处理厂和热电厂规划在一起,为设施之间构成循环系统、协同建设创造空间条件,构建以"污水处理—污泥处置/餐厨及园林绿化垃圾处理—热电联产/沼气利用"为核心的循环产业链。

污泥厂利用热电厂的余热蒸汽干化污泥,干化后的污泥用于热电厂掺烧发电,产生的蒸汽冷凝水回热电厂作为锅炉补给水循环利用,焚烧后的灰渣作为建筑辅材;同时污水处理厂的中水通过管道输送给干化厂和热电厂,作为冷却水使用;餐厨垃圾厌氧发酵使用的热源来自热电厂;餐厨垃圾厌氧发酵后的沼渣进入污泥干化厂干化或堆肥处理;沼液预处理后进入污水处理厂;污水处理厂的中水用于餐厨垃圾处理;厌氧发酵产生的沼气经提纯达到国家二类气标准后接入燃气管网。

通过这样的产业链,各环境基础设施有机互联,互为能量和原料提供者,最大限度地实现物质减量、循环和能源梯级利用,努力实现环境效益、经济效益和社会效益的统一。

苏州工业园区已建成污水处理厂2座,日处理能力达35万吨;污泥干化处置项目于2011年投产,处置量为500吨/天,每天24小时持续稳定运行,做到日产日清;2019年又建成餐厨垃圾及园林绿化垃圾处理项目,一期工程规模为500吨/天。

(二)危险废物处置

有毒化学品、重金属、电池和被污染的材料等危险废物具有腐蚀性、毒性、易燃性、易爆性、反应性和感染性等特点,如果不能妥善管理和处置这些物质,就会严重危害土壤、水域和大气等生态环境,甚至危害到动植物的生命安全。生态工业园区在规划之时就要根据园区内企业情况预判该园区的主要污染物,并规划好相应的处置措施。

目前,对危险废物的定义和范围界定各国还略有差别,其中,美国的界定最严格,把每一类、每一种危险废物的定义划分得很细致、操作性很强,而且把危险废物与常规的废物产生的混杂物质,来自危险废物在处理、保存或处理过程(比如焚烧飞灰等)和被相关物质污染的土壤、地下水等都称作危险废物,并且建立了全球最健全的固体废物管控制度,包括贮存、处理、处置三方面。其中,贮存是指将危险废物临时置于特定设施或者场所;处理是指可以更改物质的属性及构成,废物可以进行回收再使用或者是减量的程序;处置是指物质的属性不会发生改变的程序,常见的方式如填埋等。

1.园区的管理措施

危险废物来源广泛,种类繁多,成分复杂,企业需根据危废的不同成分选择不同的预处理方法,综合利用物理、化学、生物方法对污染物进行处理。如果处置企业设备效率低下、运作不稳定或风险控制经验不足都可能造成危险废物的二次污染。因此,园区要指导产废企业进行危险废物种类识别、收集、贮存和利用处理及归类处置方法。但是作为园区管理部门,不应该主动向企业推荐各种毒物处理技术,因为随着新材料、新技术的发展,这个领域的发展也是日新月异,很有可能所推荐的技术已经落后或者成本较高,行之有效的方法是帮助企业聘请环境工程师和专家,与产废企业及园区内相关上下游企业的工程技术人员一起探讨可行的处理处置办法。园区还可以激励危险废物年产量大的企业自行安装废物利用处置设备,并建立在线监测和远程视频监控体系。另外,园区也可以引进专业的危险废物综合利用企业,扶持该类型企业的发展,提高危险废物利用处置能力,推动其向规模化发展,重点开展危险废物综合使用处置技术研制和成熟技术的引进,提高资源化成效。

其中,需要特别关注的是医疗废物的管理与处置。各个国家对于医疗废物的处理主要是卫生填埋法、高温焚烧法、高压蒸汽灭菌法、热解法、化学消毒法和微波消毒处理法,归纳起来就是经过严格消毒后被焚烧或填埋。但是,这些处理处置方式建设成本和运行成本较高，而且消毒和焚烧过程还会产生二噁英等剧毒物质及其他有害气体。而一个成功的案例是美国的 Triumvirate Environmental 公司把医药废弃物转变成为塑料建材，并计划将其经过验证的工艺推广到全美各地。该公司在美国宾夕法尼亚州珍妮特建造了一家工厂，用于回收塑料含量高的医药废弃物，并加工成为塑料建材，以 Best Plus 品牌销售出去。该公司将含有可供再利用的高品质塑料进行灭菌、粉碎、复合和挤出，加工成为可以上色的塑料建材。在不到两年时间里，珍妮特工厂的销售额从零增至如今每月大约 60 万美元。随着该厂运作模式获得成功，Triumvirate 公司还计划在美国再建造五座同类设施①。

2. 积极探索危险废物的豁免制度

危险废物的豁免制度是降低危险废物总体环境风险的有效手段，是对危险废物管理程序的优化，目的是为了促进固体危险废物管理从"末端管理"向"过程管理"转变，调动企业自觉履行保护环境的积极性，强化企业主体责任。政府要积极探索哪些环节或条件下的危险废物可以豁免：

混合条件下的豁免。如果某一危险废物具有反应性、腐蚀性、易燃性的特征，但是与其他某种物质在特定条件下混合后就不再具有危险特征的，那么这种危险废物就可以在这种条件下豁免，不再属于危险废物。比如金属镉是提炼金属锌过程中不可避免的副产品，具有毒性。在工业活动中会大量提炼锌，但是镉的主要适用范围只有四种：塑料中的色素、镍镉电池、其他金属材料中的表面涂层以及聚氯乙烯中的稳定剂，因此，在锌精炼过程中产生的镉就供大于求了，就属于危险废物。但是，镉可以用作建筑窗户涂层的聚氯乙烯中的稳定剂，在这种状态下，镉非常稳定，无论作为建筑材料，还是深埋土壤里都不会有危险，因而就可以作为一般固定废物处置了，就适合于豁免。

低风险豁免。比如含危险废物的空容器能否在贮存、运输环节实行危废管理，在交予原供应商回收利用的情况下实行豁免处理，这样，也可以提高含危险废物空容器的回收效率。

---

①《美国是如何处理医疗废弃塑料的？》，https://www.sohu.com/a/190035423_8037932017 -09-05，访问日期：2021 年 12 月 15 日。

废物产生源个体豁免。对于特性危险废物而言,只要危险特性去除并满足土地处置的要求,企业就可以提出豁免申请。这样有利于提升企业加强废物处理技术的研究动力,改善生产工艺,减少或去除危险废物产生。

(三)智能环境监测管理系统

固体废物智能环境监测管理系统是基于先进的物联网技术,利用 RFID、GPS、GIS、GPRS 和视频监控等技术手段实现固体废物从产生、申报、审批、运输、处置、销毁全生命周期监管,构建各产废企业、运输企业、处置企业电商化平台信息填报模式,形成固体废物闭环式监控体系。同时系统具备数据统计和逻辑分析功能,对接园区其他数据平台,利用大数据为各个部门和企业提供便捷高效的可监控、可预警、可追溯、可共享的信息化管理平台,实现各责任部门对生态工业园区固体废物的全过程监管。虽然我们在本章第八部分会单独介绍园区信息化网络的规划,但是由于固体废物处置的重要性、特殊性和共性,我们在此部分专门详细做一阐述,类似的,在以后的章节中,也会有单独再介绍信息网络建设的内容。

1. 系统架构

固体废物综合监管系统由五大平台构成,从图 5-3 可见,分别为数据共享平台、业务管理平台、综合监控平台、决策支持平台和信息发布平台。

2. 平台特点

一废一档:固废来源、种类、产生量、运输量、处置量等相关信息,形成电子档案。

移动办公:开发园区固废 App 软件,通过移动终端实时掌控固废产生、贮存、转移、处置等动态信息。

预警监控:根据大数据采集分析数据,实现自动比对、自动监测多种实际场景发生的异常状况。

实时监控:在固废的产生场所、贮存场所、处置场所、园区和厂区出入口等安装视频监控。

信息交换:园区管理部门提供最新的法律法规、标准、技术规范及相关文件、园区固体废物交易信息等。

应急处理:当出现偷排、偷倒、泄露、渗透等事件,可及时调取系统内的历

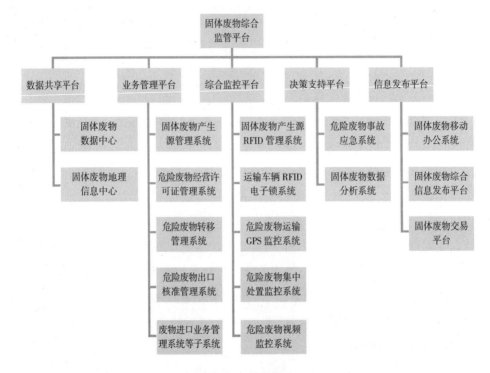

图 5-3　固体废物综合监管系统功能框图

史及实时数据进行相关性分析,并根据情况提出相关解决预案以供参考。

统计分析:运用大数据对固废产生、处置和贮存情况进行多维度统计分析。

短信确认:通过短信来确认管理平台的登记信息及转运信息,并可提供现场打印件进行签字确认。

八、信息化网络的规划

如今,信息技术、信息产业发展日新月异,生态工业园区更需要信息化的助力,需要大数据等先进的信息技术保驾护航。生态工业园区网络以园区管理者、企业及员工为服务主体,以信息资源的整合与开发利用为主线,充分融合现代信息技术以及管理与服务理念,建立基础设施完备、运营管理高效、公共服务适用和宣传互动丰富的大数据管理与服务支撑平台(见图 5-4),助推生态工业园区健康平稳运行。生态工业园区网络不仅仅是信息技术的应用,更注重线上线下相结合,与生态工业园区、园区主导产业以及园区企业的融合,是生态工业园区的重要组成部分。

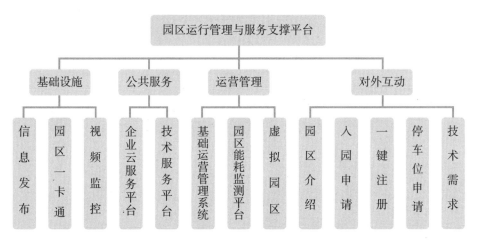

图5-4　生态工业园区网络管理与服务平台

(一)生态工业园区网络的定位

生态工业园区网络的总体设计要区别于传统"孤岛"式信息网站,要能够解决生态工业园区信息数据从"简单堆砌"到"有机融合"的提升,要成为生态工业园区信息化的核心灵魂。

生态工业园区网络的实现目标就是帮助生态工业园区成为信息工业园区、创新工业园区、互联工业园区、高效工业园区,帮助园区管理者提高管理水平、丰富服务内涵、提升品牌价值,帮助园区企业降低运营成本、拓宽信息来源、简化和便捷办事流程、专注核心业务、提升创新能力,帮助园区员工营造轻松的工作环境、方便的生活环境。因此,基于生态工业园区网络建设目标,要充分考虑园区智慧化建设的一体化融合:一方面,大数据直接为生态工业园区管委会服务,提供各种管理与运行服务;另一方面,大数据将园区内企业各个方面的专长资源整合推广,加强各企业之间的信息互通性和人员的协作能力。

生态工业园区网络管理与服务平台要遵循"整体性、创新性、生态性、个性化、特色化"的设计原则。即整体性要整体工程一体化规划,提供平台统一管理,具有扩展性和灵活性;创新性要结合生态工业园区主题,成为工业化与信息化深度融合的示范;生态性就是要注重节能减排、绿色环保,与园区周边环境友好结合；个性化是针对不同用户群体，提供适合的大数据服务，以用户体验为中心；特色化就是强调园区的主题特色，能体现出与其他工业园区的区别，树立生态园区形象。

（二）生态工业园区网络的规划

虽然不同性质的生态工业园区在其功能定位、产业范围和管理诉求等方面存在差异，使得各类园区信息化管理的内容各有侧重（后面章节将分别介绍），但总体而言，各类生态园区主体大致均由园区管委会、企业和居民三大类构成，在园区信息化管理方面仍然存在很多共性，比如中国上海国脉互联信息咨询有限公司总经理、首席研究员卢杰民先生认为生态工业园区要将传统的管理和应用移植到网络化、数字化的环境中，帮助园区管委会、企业、公众、社会组织等快速、高效、安全地解决各项事务，协调各种关系。

1. 管委会信息化规划

借助新一代信息基础设施，加快办公自动化、招商服务、应急安防、综合物业、交通管理、园区安全、能源管理等重点领域的信息系统集成应用，提倡以园区管理云的方式统一接入各类应用系统和集中业务管理平台，实现园区运营管理的联动感知、智能决策和协同响应。从"平面管理"向"立体管理"转变，有效提升园区运营管理的精细化、智能化、标准化和动态化水平，使园区运营更加顺畅。

智慧办公。以园区各主体需求为导向，基于园区各类数据库，建设全面、稳定、快速响应和移动互联的园区协同办公平台，满足平台用户的融合通信、协同办公、辅助决策、知识共享、移动办公、办公日常资源管理等需求。

智慧招商。全面梳理与分析入园、投资、发展等环节的基本情况，以企业为中心，整合和共享招商相关的业务资源，智能匹配客户需求，实时跟踪招商流程，准确统计招商数据，构建集基础资源管理、商机管理、项目管理、合同管理、报表统计等功能于一体的智慧招商平台，实现招商业务的规范化、科学化。

智能物业。采用先进的信息技术，包括物联网技术、融合企业资源计划（ERP）和客户关系管理（CRM）等管理理念，建设全面感知、可靠传输、智能处理的智能物业管理系统，涵盖设施管理、服务管理、物资管理、人员管理、收费管理、设备管理、保安和消防管理等功能模块，突出客户服务的主动性，强化事件跟踪和预警,降低物业管理成本,改造传统物业管理模式,提高物业管理智能化水平和物业服务能力。

园区指挥中心。建设集中式的园区指挥中心,基于园区公共服务平台数据,以可视化的方式展示园区的人员分布、道路状况、电力负荷等,实现园区的可视化管理;综合语音、数据和视频等多媒体调度手段,对园区内部所有人员和可控可管设施进行调度指挥;建立园区应急指挥业务系统,承接园区应急管理工作的各项业务,支撑突发公共事件的应急运作流程,具有监测防控、预测预警、智慧协调、模拟演练等主要功能模块,实时监控园区运行状态,保证园区日常运营,及时发现潜在事件。

智能安防。利用智能视频分析技术,建设涵盖视频监控、周界安防、防盗报警、门禁管理、智能巡更等功能模块的智能安防系统。所有安防信息集中到园区的安防数据中心,同时发送至园区指挥中心和应急联系人,与园区指挥中心信息平台连接,实现安防、门禁、停车场、电梯、消防等多个系统的联动操作。

智能交通。集成道路监控系统、集成通信系统、智能传感器系统等,形成一体化的交通监控和管理平台,具有交通信息综合管理、交通事务综合管理、交通管理辅助决策和应急交通事件快速反应等功能,采用GIS、可视化、大数据等技术,实时掌握道路交通信息,智能处理交通数据,提供出行建议、停车服务、叫车服务和交通疏导等,提高道路通行效率和交通设施的利用率,改善员工及访客体验。

节能减排。以用户的节能需求和循环经济为导向,运用各种智慧技术、先进设备和新工艺,建立园区能源管理、副产品以及固体废弃物的信息化系统(见图5-5),实现园区能源管理、园区副产品和固体废弃物的数字化、信息化和智能化。对园区内的重点风险源、污染源进行检测监控,实现水质、大气、噪声等环境监测信息的数据化采集和处理,向园区企业和居民提供各种环境信息和环境预警;建设园区资源信息平台,为企业提供工业固体废物等相关再生资源的供求信息发布与在线交易服务,及时发布线下交易和集合采购服务信息,开展线上与线下供需对接活动,支持资源的在线电子交易,促进园区可循环资源的信息发布和共享,从而促进低碳、可持续园区发展模式形成,提高园区节能减排和环保能力。[①]

图 5-5　节能监控系统

人才培训和服务。人才培训与服务信息化建设是为企业提供人才培训和专业人才服务的技术支撑平台,见图 5-6。

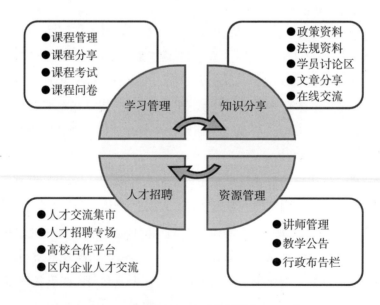

图 5-6　人才培训平台

---

① 卢杰民、程豪:《智慧园区愿景、规划与行动指南》,电子工业出版社,2014,第 116—117 页。

1. 企业信息化规划

园区企业可以依托园区的信息化设施，自建或引入各类公共服务信息平台，包括电子商务、物流服务、金融服务、技术服务、认证服务、培训服务、法律服务、人力资源、管理咨询等，促进园区内外共性技术、专业服务等资源的汇聚整合，加强产业集群、产业链企业间的协作。

虚拟办公室。基于园区自建的公共云服务平台或基于公有云的软件即服务模式(SaaS)，搭建标准化虚拟办公室，为入驻企业提供标准化办公空间以及基于云计算系统的办公能力；并建设信息化通用办公环境，按需分配融合通信、办公终端、虚拟桌面、业务软件等服务，实现企业"拎包入住"和员工随时随地轻松办公。

平台化服务。围绕企业服务器、办公系统、应用软件等信息化需求，以云计算公共服务平台的方式提供基础架构、服务平台和软件服务。

电子商务。实现商务门户、主机存储、商业软件、电子支付、移动商务等电子商务环节的集成应用，为企业提供综合性的电子商务服务，帮助园区内企业更快捷、更安全、更低成本地使用网络资源，提高企业的运营和管理效率，促进企业发展。

区域物流。针对园区内的企业与商户，从园区整体层面布局共同配送体系，依托区域物流公共信息平台和第三方物流企业，为企业提供整体的一站式、合理化、高效化的物流派送服务。

推广活动与跟踪。借助园区的招商和推广平台，促进园区企业进行各类宣传、推广、促销等市场营销活动，并为活动效果后续的跟踪、服务等提供支持。

其他服务。以公共信息平台为载体，促进园区内外设计研发、管理咨询、人力服务、检验检测、培训与创业、认证认可等服务资源的集聚，为企业提供专业化的第三方服务①。

2. 居民生活信息化规划

构建以信息技术应用为支撑的园区员工生活服务体系，提供各类生活服

---

① 卢杰民、程豪:《智慧园区愿景、规划与行动指南》，电子工业出版社，2014，第117—119页。

务信息资讯,为员工营造便捷、舒适、高效、安全的工作生活环境。

园区一卡通。基于标准化智能卡,集成相关生活、工作服务应用,具有身份识别和消费功能的园区一卡通。该卡可以实现园区门禁、员工考勤、停车通行、图书借阅归还等的"一卡通"访问管理,实现消费、购物、停车、计费等的一卡通支付服务,有效提升员工工作与生活的便利度和舒适度。

园区卫生信息平台。利用物联网、云计算等新一代信息技术,建设面向服务的区域协同卫生信息平台,以企业服务总线为核心,以医疗卫生行业规范为标准,以信息委托为依托,建设包括公共卫生应急智慧和智能决策系统、卫生监督管理系统、医疗卫生用品追溯系统、智能化电子病历。通过区域卫生信息平台的建设,园区居民可以享受异地报销、实时结算、自助体检、健康档案查询等服务,医疗卫生机构与部门可以开展移动办公、远程会诊、用药安全提醒等。

完善生活服务信息化体系。开设网上社区,实现班车、餐饮、公益活动、社区活动等生活服务的信息发布、方案讨论、活动展示和建言反馈;建设园区企业员工福利网,提供健身、体检、娱乐、心理援助、文化消费、拓展运动等综合福利服务,不断完善园区生活信息化体系,满足员工休闲性消费、科技性消费、文化性消费等需求,为园区居民构建亲民、便民的数字化生活环境①。

---

① 卢杰民、程豪:《智慧园区愿景、规划与行动指南》,电子工业出版社,2014,第120页。

第六章　生态工业园区建设

在本章,我们将介绍生态工业园区建设的细节问题。生态工业园区建设的主旨遵循"3R"理念,因此,为了尽可能建立能源、水和材料等副产品(废弃物)在不同企业间的交换利用网络,生态工业园区建设应该按照不同的产业类型集聚发展。因此,本章将按照不同主题分别介绍农业生态园区、化工生态园区、高新技术生态园区和综合性静脉产业生态园区的建设思路和内容,以期在提高企业利润的基础上,实现园区内企业共生发展,减少工业对生态环境的破坏。

一、农业生态工业园

传统农业即"石油农业",严重依赖不可再生资源,土地侵蚀、水质恶化、农作物产量下降,这都与可持续发展基本原理相违背。建立农业生态工业园对实现可持续发展具有重要的战略意义。下面就农业生态工业园建设思路、建设内容、建设模式和信息化建设进行阐述,并提供中国黑龙江现代农业示范区案例。

(一)农业发展模式的演进

综合世界农业发展的历史,农业发展模式大体经历了三个重要而明显的发展阶段:

第一,原始农业阶段。原始农业阶段是人类改造自然的开始,人类依靠自然生产力进行农业生产,从人类开始进行植物种植、动物繁殖就进入了原始农业时代。原始农业生产中,人类刀耕火种的生产方式虽然会引起局部的农业生态环境破坏问题,但基本上处于生态环境自我修复的能力范围之内,所施加的影响基本上不会逾越自然生态环境的自我调节能力范围。

第二,传统农业阶段。传统农业是人类以简单农具和简单人畜力进行农业生产的时代。随着铁制农具与畜力的普及,以及人类对农作物生长规律、畜禽繁殖规律的深入认识及简单种植养殖技术的积累,人类对自然生态环境的开发能力大幅度提升,在农业生产中有效利用自然生产力的能力提高。由于仍然处于刀耕火种的进化使用阶段, 植物的增长方面主要使用天然畜禽粪便和简单的自然肥力(草木灰等),没有现代化学工业的支持,因此,传统农业阶段的农业投入还主要是借助有机质的自然循环规律完成, 自然生态系统受到的外力作用较小,畜力铁器的出现对于自然生态系统的影响和改变能力也相对有限。一些人口密集地区可能会进行过于密集的农业耕作活动,造成的局部性生态问题也不足以影响整个生态平衡。总体而言,在传统农业阶段,人类对自然生态规律还是给予了尽可能多的尊重, 农业生产规律与自然生态规律矛盾不突出。

第三,工业农业阶段。20 世纪 50 年代以来,由于化学工业的大力发展以及机械工业的长足进步,农业在越来越廉价的生产要素(石油、机械、农药、化肥等)代替越来越昂贵的生产要素(人力、畜力和土地等)的发展趋势下,进入工业农业阶段。该阶段农业耗用大量以石油为主的能源和原料,具有高产、高效、省力、省时、不施粪肥、经济效益大等特点,因此也称为"石油农业"。以美国为例,1920 年到 1990 年, 美国的拖拉机数增加了 18 倍, 农用卡车增加了 24 倍,谷物联合收割机增加了 165 倍,玉米收获机增加了 67 倍。1970 年农用化学品的使用量是 1930 年的 11.5 倍。1990 年化肥的使用量为 1946 年的 6.1 倍。与此同时,美国农业的投入结构也发生了很大的变化。1920 年农业投入中劳动力、土地、资金三者之间的比例为 50:18:32,这一比例到 1990 年变为 19:24:57,即农业投入从以劳动力为主转变为以资金为主。农业的工业化,使美国的农业生产力水平有了大幅度的提高。从 1930 年到 1990 年,美国的小麦单产提高了 1.45 倍,棉花单产提高了 2.57 倍,土豆单产提高了 3.48 倍,玉米单产提高了 5.12 倍。1950—1975 年美国农业劳动生产率提高了 2.4 倍;每个农业劳动力所能供养的人数,1910 年为 7.1 人,1989 年增加到 98.8 人。60 年代末的世界粮食首脑会议甚至确立了"石油农业"是农业现代化的必由之路,并把它作为此后 20 年改变全球粮食供应紧张、消灭饥饿的主要措施。此后,从发达国家到发展中国家,"石油农业"迅速成为全球农业发展的主要模式。

这种以大量消耗能源(机械、化肥、农药)为特征的工业化农业,尽管在提高农业生产率方面发挥了积极作用,但是严重破坏了生态平衡,造成大量环境

污染,变得越来越不可持续,主要表现在以下几个方面:

第一,土壤侵蚀严重。

大量化肥的使用使得土壤板结问题和碱化问题日益严重,而且,据美国科学院研究,只有30%的化肥被微生物利用,其余的70%都进入地下水成为致害因素。大型机械的粗暴使用对于土壤耕层的破坏也是巨大的。美国每公顷农田的土壤侵蚀量估计为每年27吨,这样严重的土壤侵蚀已造成至少1/3的表土流失,使农田生产力显著降低。大量农药和除草剂的使用造成害虫的抗药性逐渐增强,农药使用量逐年增加。例如,美国1979年农药使用量较1966年增加了6.5倍。

第二,给人类健康埋下隐患。

越来越多的农药和化肥的使用,不仅造成农作物营养缺失,更会给人类健康埋下隐患。实验证明,农药被一些生物摄取或通过其他的方式吸入后累积于体内,造成农药的高浓度贮存,再通过食物链转移至另一生物,经过食物链的逐级富集后,进入食物链顶端的人类体内的农药残留量成千倍甚至上万倍地增加,从而严重影响人体健康。

第三,造成严重的环境污染。

大量未被农作物吸收的农业化肥会通过土壤进入河流或者地下水,过多的氮、磷等营养物质进入水体,造成水体过多的富营养化,水域中的浮游植物大量繁殖,大量消耗溶解氧气,导致鱼类大批死亡,严重破坏水体中的动植物生态链。例如,1971年春夏季节,在美国佛罗里达州中西部沿岸水域发生过一次短裸甲藻赤潮,使1500平方公里海域内的生物全部灭绝。2007年中国江苏太湖爆发的严重蓝藻污染,就是由于水源地附近蓝藻大量堆积,厌氧分解过程中产生了大量的 NH_3、硫醇、硫醚以及硫化氢等异味物质,造成无锡全城自来水污染,生活用水和饮用水严重短缺,超市、商店里的桶装水被抢购一空。

第四,生态农业阶段。

石油农业因其难以为继的超高投入、越来越低的整体效益以及日益严重的能源紧张局面和产生的生态环境问题,20世纪70年代后,美国、日本、欧洲等一些国家和地区开始对“石油农业”深入思考,掀起了以保护农业生态环境为主的各种替代农业思潮,重新提高对自然生产力和自然生态规律的再认识程度，法国、德国、荷兰等西欧发达国家也相继开展了有机农业运动，并于1972年在法国成立了国际有机农业运动联盟。英国在1975年国际生物农业会议上，肯定了有机农业的优点，使有机农业在英国得到了广泛的接受和发展。日本生态农业的提出，始于20世纪70年代，其重点是减少农田盐碱化和农业面源（农药、化肥）污染，提高农产品品质安全。日本生产者与消费者联合组成的守护大地、四叶草联盟等产销组织，影响了日本三四代人。菲律宾是东南亚地区开展生态农业建设起步较早、发展较快的国家之一，玛雅农场是一个具有世界影响的典型，1980年，在玛雅农场召开了国际会议，与会者对该生态农场给予高度评价。

20世纪90年代后，特别是进入21世纪以来，实施可持续发展战略得到全球的共同响应，可持续农业的地位也得以确立，生态农业作为可持续农业发展的一种实践模式和一支重要力量，进入了一个蓬勃发展的新时期，无论是在规模、速度，还是在水平上都有了质的飞跃。如奥地利于1995年即实施了支持有机农业发展特别项目，国家提供了专门资金鼓励和帮助农场主向有机农业转变。法国也于1997年制定并实施了"有机农业发展中期计划"。日本农林水产省已推出"环保型农业"发展计划，2000年4月份推出了有机农业标准，于2001年4月正式执行。发展中国家也已开始对绿色食品生产的研究和探索。一些国家为了加速发展生态农业，对进行生态农业系统转换的农场主提供资金资助。例如美国一些州政府就是这样做的：艾奥瓦州规定，只有生态农场才有资格获得"环境质量激励项目"；明尼苏达州规定，有机农场用于资格认定的费用，州政府可补助2/3。这一时期，全球生态农业发生了质的变化，即由单一、分散、自发的民间活动转向政府自觉倡导的全球性生产运动。各国大都制定了专门的政策鼓励生态农业的发展。生态农业的发展在这时期引起了各国的广泛关注，无论是发展中国家，还是发达国家都认为生态农业是农业可持续发展的重要途径。由此农业便进入了生态农业发展新阶段。

（二）农业生态园建设思路

生态农业是按照生态学原理和经济学原理，运用现代科学技术成果和现代管理手段，以及传统农业的有效经验建立起来的，能获得较高的经济效益、生态效益和社会效益的现代化高效农业。它要求把发展粮食与多种经济作物生产,发展大田种植与林、牧、副、渔业,发展大农业与第二、三产业结合起来,利用传统农业精华和现代科技成果,通过人工设计生态工程、协调发展与环境、资源利用与保护之间的矛盾,形成生态与经济两个良性循环,经济、生态、社会三大效益的统一。农业生态园区由于食品加工处理过程中使用大量的生物量、能源和水,因此企业之间副产品相互交换利用的机会更多,更容易形成共生网络。

（三）园区建设内容

工业领域的清洁生产实施较早,无论从理论还是实践上讲,都取得了较为丰硕的成果。但是农业领域的清洁生产还处于起步阶段,还属于较新的课题。本质上讲,农业领域的生产行为对农业环境、自然环境和人身健康的影响都不亚于工业污染,甚至在某些方面会超过工业。农业生产本身的污染,从性质上看是"源头性"污染问题,只要有农业生产行为便会有产业污染,其治理和监测难度较大。而农业领域的清洁生产则是解决面源污染的有效途径,是农业生态园区建设的主要内容。

根据《中华人民共和国清洁生产促进法》第二十二条指出:"农业生产者应当科学地使用化肥、农药、农用薄膜和饲料添加剂,改进种植和养殖技术,实现农产品的优质、无害和农业生产废物的资源化,防止农业环境污染。禁止将有毒、有害废物用作肥料或者用于造田。"这一界定成为当前中国法律体系中唯一给出的农业清洁生产的基本原则、方法、过程和内容。针对这一描述,农业清洁生产主要包括两个领域:种植业和养殖业,但鉴于现今农副产品加工业的发达,应该包含加工业。总体上看,农业清洁生产主要由三个环节构成:一是清洁投入,指生产原料本身对环境和产品不会产生污染;二是清洁的生产过程,指采用先进农业技术降低或者尽可能避免投入物污染环境及农产品,同时采用正确的废弃物处理方法以实现生态环境和农产品的清洁;三是清洁的产出,主要指产后农产品加工生产和产后服务环节的清洁化,就是通过使用环境友好型投入品,利用节水、节肥、节药、节地、节能以及资源综合利用等农业生产技术,在农业生产的全过程,使用清洁化的农艺措施,减少农业污染的产生,降低农业生产及其产品和服务过程对环境和人类可能造成的风险。农业清洁生产是动态性的,随着社会经济的发展和科学技术的进步,需要适时地提出更高的目标,达到更高的水平①。

要构建农业清洁生产模式,需要结合本地区农业资源条件、经济条件、自然条件,解决好实施清洁生产的条件限制,从输入系统、生产系统和输出系统三个方面进行清洁控制,实现农业经济、农村社会和农业生态的共生共荣。

1. 输入系统的清洁生产

输入系统的运行包括物质、能量和信息的输入。物质输入主要是增加高效低毒低残留的农药(包括有机农药和生物农药)、有机生物肥、可降解农膜、环保型轻型农业机械设备、喷灌滴灌技术等;能量输入主要是尽可能采用风能、太阳能、生物质能等可再生能源,减少使用化石等不可再生能源;信息输入包括农业资源、农业技术、国内外农产品市场等经济信息、土壤成分和湿润度情况、气象资料、病虫害情况等自然信息的数字农业支持系统。

2. 生产系统的清洁生产

农业清洁生产系统包括有机蔬菜种植区、有机粮食作物种植区、优质禽畜养殖区、粮食加工区、饲料加工区、蔬菜加工区、果品加工区、奶蛋肉加工区等几个部分,种植业的粮田、菜田、果园为农产品加工业提供原料,粮食加工业为养殖业提供饲料,农产品加工业和养殖业的废弃物通过厌氧消化转变为沼气能源、沼渣肥。

3. 输出系统的清洁生产

输出系统的清洁生产也包括物质、能量和信息三部分。物质输出要求通过园区内的共生网络实现"减量化、再循环、再利用、再创新",将废弃物的数量和危害程度降到最低水平并进行无害化处理,例如农用地膜的再次回收使用、土壤的无害化处理等;能量输出系统以沼气、沼渣肥的形式再次循环,返回能量输入系统;信息输出系统会对各类信息进行数据分析、处理和反馈,为进一步改善园区运行提供依据〔在下文"(五)园区信息化建设"中会详细介绍〕。

(四)园区建设模式

农业生态园区建设强调发挥农业生态系统的整体功能,以大农业为出发点,使农、林、牧、副、渔各业和农业、工业、服务业综合发展,并按照"整体、循

① 伍国勇:《农业生态化发展路径研究》,西南大学,2014,第115页。

环、共生"的原则,相互支持,相得益彰,提高产品竞争力,提升生态效益。目前,有五种比较成熟的农业生态园区模式在不同地区推行:

1.种养殖和沼气池配套的共生模式

这种模式是最常见、最基本的园区模式,就是在一定面积的土地上种植农作物,同时建立适度规模的家畜养殖场并建沼气池(图6-1)。农作物秸秆和家畜排泄物进入沼气池产生沼气,向农户提供生活能源,沼气池出料口通向农田或建设蔬菜棚,有机物经过发酵成为高效肥料。在这种模式中,农作物的果实、秸秆和家畜排泄物都得到循环利用,输出各种优质农产品,还提供清洁能源,综合效益非常可观。

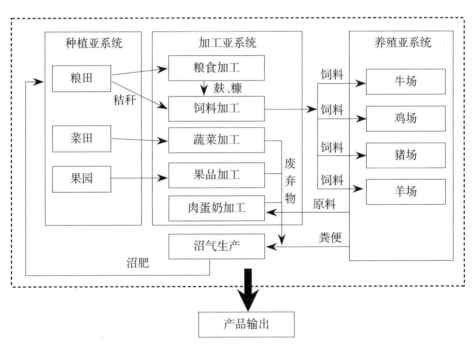

图6-1　农业生态园区清洁生产过程

2."稻田—水产、水禽—水塘"共生模式

稻田、水产禽类、水塘组成一个有机循环系统。做法是在稻田中,根据水稻的生长种植期,分别放养一定数量可以同期成长、同期收获的鱼、虾、蟹、河蚌或者水禽,例如鸭子。同时,在稻田一侧利用已有或者新挖水塘,作为稻田无水或者缺水时期的水源补充,维持水产、水禽的正常生长。稻田给水产、水禽提供了良好的生长环境,有充足的活动空间和食物,水产、水禽采集稻田水域内的杂草、昆虫,为水稻生长发育、防护病虫害提供一道天然屏障,其分泌物、排泄物可以作为稻田有机肥料,为有机水稻生产提供良好的肥力保障,其活动对于松软土壤更是有一定作用。这种模式不仅充分利用了自然资源,而且形成了共生系统,获得了经济、生态双赢。

3. 以养鱼为中心的共生模式

例如,桑基鱼塘、蔗基鱼塘、果基鱼塘及花基鱼塘等。桑基鱼塘以桑为基础,桑叶养蚕—蚕沙、蚕蛹喂鱼—塘泥肥基,形成一个良性循环。蔗基鱼塘,嫩蔗叶可以喂鱼,塘泥肥蔗。果基鱼塘的果品可以是香蕉、柑橘、芒果、荔枝等。而花基鱼塘主要是茉莉、白兰、菊花、兰花等与鱼塘结合,以塘泥培育花,但其水陆相互作用优越性远不如其他基塘类型。

4. "林地—土鸡"的共生模式

这种模式在山区比较适用。山上种植经济林、果树或其他经济作物,同时培育香菇、木耳,放养鸡等家禽或养殖其他牲畜,输出木材、水果、香菇、木耳,以及畜、禽、蛋等产品,输入饲料和一些农用生产资料,资源可以得到综合利用和循环利用。

5. 种养观游一体化的共生模式

这种模式在以上模式的基础上增加了观光、休闲、旅游的功能。随着城市居民回归大自然的意愿渐强,宁静绿色的森林环境或者色彩斑斓的田园风光都成为都市人群释放压力、休闲度假、科普教育的好去处,为城郊农业生态园区提供了巨大的客源市场,有力地促进了农业观光园这种综合园区模式的发展。

(五)园区信息化建设

信息化与生态农业的深度融合已经成为农业生态园区建设的重要环节,围绕农业生产信息化、农业经营信息化、农业管理信息化、农业服务信息化为主要建设内容,搭建以"农业物联网""农产品质量安全追溯"为核心的综合农业信息化管理平台。生态园区信息建设要实现科学育种、远程控制、精细管理、智能感知、电子商务、食品溯源六大目标。

生产管理——通过光照、温度、湿度等无线传感器实施采集生产现场的数据参数和图像信息;远程控制浇灌、喷淋滴灌、卷帘、风机、二氧化碳气肥机等设施,保障农作物或养殖业环境适宜;还可以根据作物长势或病虫害情况,由专家给予远程技术指导。

现场管理——利用有限或无线技术实施监控现场、厂区周围安装警报装置等。

销售管理——利用电子商务平台消除传统商务活动中信息传递与交流的时空障碍。

溯源管理——利用 RFID、二维码、读写器等实现监控产地环境、产后贮藏加工、物流运输、供应链可追溯等。

工作管理——利用移动互联技术,使日常工作信息化、随身化、高效化。

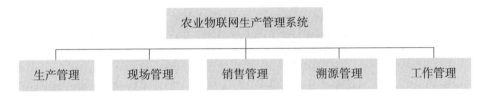

图 6-2　农业生态工业园区信息化建设结构图

1. 生产管理和现场管理

生产管理和现场管理往往是紧密相关的,所以在一起介绍。通过安装在农业生产现场的物联网数据采集装置和高清摄像装置,实现生产信息的智能采集、生产数据的无线传输、生产管理的远程监控,使农作物在适宜的环境中生长,提高产品的整齐度、确保生产种植的标准化、精准化,达到农产品生态、安全、优质、高效的目的。农业物联网在种植大棚、大田种植、花卉苗木、禽畜养殖、水产养殖、冷链物流、农产品追溯等领域都可以应用。如图 6-3、图 6-4、图 6-5 所示。

2. 溯源管理

实现了物联网的生产管理和现场管理后, 就可以实现产品质量安全追溯管理,包括:通过追溯系统后台,对流通领域内产品、车辆、温度信息的采集和确认,实现透明管理;通过便携式终端,对物流过程中所有信息采集和确认,避免纠纷;流通过程中,发现环境温度超标、超时,系统后台会及时发出警告;后台自动生成各种报表,供用户分析管理;消费者可以查看产品的"身份证"和

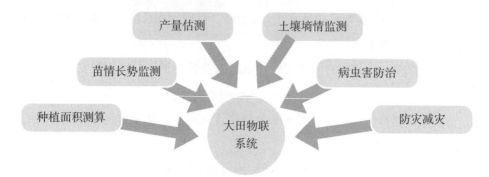

产量估测
土壤墒情监测
苗情长势监测
病虫害防治
种植面积测算
大田物联系统
防灾减灾

图 6–3　大田物联网示例

环境信息分析处理（对采集信息进行分析，通过模拟算法，给出养殖建议）
远程控制（远程控制括粪机、投喂机、通风机等）
养殖场环境信息采集（包括温度、湿度、粉尘、有害气体等）
生产指导信息发布（为养殖户提供养殖和农资信息、市场信息等服务）
畜禽养殖物联网

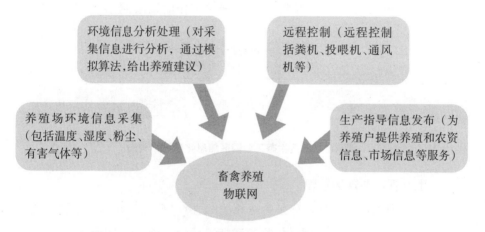

图 6–4　畜禽养殖物联网示例

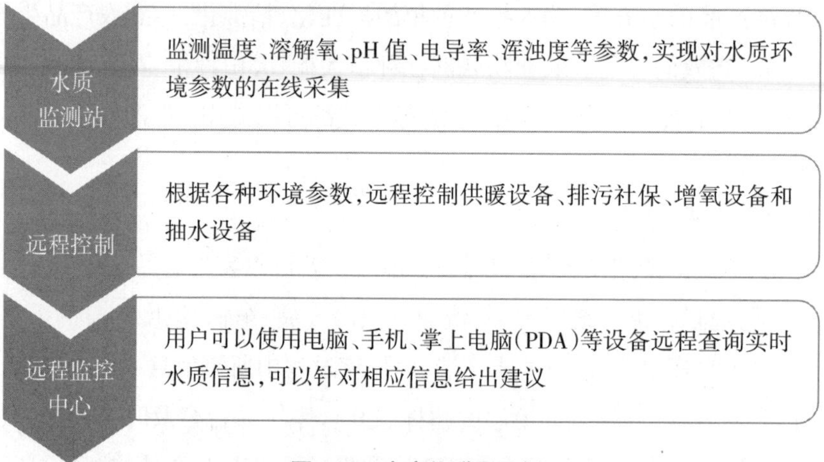

水质监测站
监测温度、溶解氧、pH 值、电导率、浑浊度等参数，实现对水质环境参数的在线采集
远程控制
根据各种环境参数，远程控制供暖设备、排污社保、增氧设备和抽水设备
远程监控中心
用户可以使用电脑、手机、掌上电脑（PDA）等设备远程查询实时水质信息，可以针对相应信息给出建议

图 6–5　水产物联网示例

"履历表",生产和运输时间、过程一目了然。

3. 销售管理

销售管理的信息化建设主要是通过O2O电子商务平台构建一条"资讯—购买—体验—评价—售后服务"的服务流程。对于企业来讲,可以精准锁定用户群体继而持续深入进行"客情维护",扩大产品销售范围,缩短产品储存时间和流通时间,提升园区企业品牌竞争力。对于消费者来讲,O2O提供了丰富、全面、及时的商家信息,能够快捷筛选并订购全程可监控、可追溯产品,更可以通过产品评价提升自己的话语权,享受更好的服务。

(六)案例:中国黑龙江现代农业示范区

黑龙江现代农业示范区总面积8410亩(约560.67公顷),由黑龙江农业科学院和哈尔滨市政府共同建设,园区从规划之初就秉承循环经济和可持续发展理念,分为"一轴、一心、八区"的建设布局,即"一个景观轴""一个综合服务中心"和"农业科技创新区、国际合作交流区、农业生态试验区、循环农业示范区、水资源高效利用区、农业新成果展示区、优质农产品加工区、农业观光旅游区"八个功能区,辐射带动周边200平方公里的现代农业生产区。目前,该区基本实现了产业循环、能量循环和物质循环的循环经济发展目标。

1. 示范区及周边产业的共生模式①

示范区产业循环包括种植业子系统、养殖业子系统、加工业子系统、旅游业子系统和分解者子系统五部分。

种植业子系统生产出原料产品,并通过提供秸秆、饲料、农产品原材料和初级农产品等形式向其他子系统输入物质和能量,进入其他系统的产业链。

养殖业子系统在获得种植业子系统提供的饲料后,以"蛋、肉、奶"等畜产品形式和畜禽粪便的形式分别向加工业子系统、旅游业子系统以及分解者子系统输出物质,实现能量转移,产业转换。示范区年出栏猪2000头,可以消耗示范区生产的玉米300—450吨,消耗示范区内的农业生产过程中产生的作物秸秆450吨以上,转化为猪肉、羊奶,以及作为有机肥及沼气原料畜禽粪便。

---

① 白春明等:《以循环经济为本规划现代农业园区——以哈尔滨市现代农业示范区规划方案为例》,《多学科在现代农业建设中交叉运用技术研讨会论文集》,2011,第50—53页。

加工业子系统是以种植业和养殖业产生的初级原料为基础,进行分级、筛选、初级加工、深加工及包装运输等一系列程序,生产出易运输、方便携带、储存时间长的产品。这些加工品将通过物流运输、批发零售、电子商务形式送到消费者手中,完成产品流通。而且,示范区的初级农产品经过园内加工车间的加工包装进入旅游业子系统,即农产品展销中心和游客中心。

分解者子系统接收来自其他系统的有机废弃物、畜禽粪便等,通过沼气工程、粪污固液分离技术产生沼气、沼液、沼渣以及有机养分,为种植业子系统和旅游业子系统提供原料和能量。

另外,示范区还与区外产业形成良性互动,开展节庆、体验活动,为婚纱摄影、绘画写生等行业提供服务,为市民提供休闲垂钓、观光旅游服务。目前,该示范区以"冰城夏都"为名片,推出一系列旅游产品,被中国文化旅游部门评为AAA级旅游景区,年接待量达到100万人左右。

2. 示范区物质系统的共生模式[①]

示范区作为一个独立系统,按照共生理念,同样可以实现部分物质的循环利用,实现示范区内部废弃物的零排放。本部分主要介绍秸秆高效综合利用和水资源高效综合利用两项内容。

秸秆高效综合利用。如图 6-6 所示,示范区将区内及周边部分作物秸秆进行收集循环利用,既可以减少示范区内废弃物污染,增加农民的收入,又可以最大限度地利用农田作物产生的物质资源。具体包括农资生产、工业加工、过腹还田和清洁能源四种方式。例如,利用二氧化碳气肥技术平均可增产 50% 以上,比常规模式减少农药用量 70% 左右,化肥减少 50% 以上。秸秆粉碎后还可用于工业制板,青贮氧化后用于畜牧养殖,粪便可通过沼气池产生沼气、沼渣和沼液,用于清洁能源。

水资源高效循环利用。示范区的水资源高效循环利用模式主要包括雨水收集循环利用系统、人工湿地水体自然净化系统、水产用水高效综合利用系统和"水产—大田灌溉"循环系统四部分。

---

① 白春明等:《以循环经济为本规划现代农业园区——以哈尔滨市现代农业示范区规划方案为例》,《多学科在现代农业建设中交叉运用技术研讨会论文集》,2011,第50—53 页。

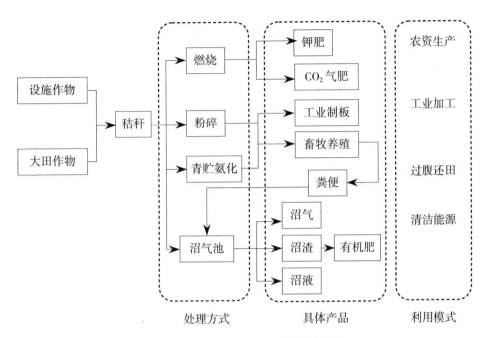

图 6-6　秸秆高效综合利用循环模式图

雨水收集循环利用系统是利用雨污分离系统和雨水收集系统把天然降水收集起来,进行植物灌溉、水产养殖等生产活动。示范区年平均降水量 523 毫米,降水主要集中在 6—9 月份,通过地面径流和雨水收集管道可以收集到 10%—20% 的降水,约 10 万立方米,收集后将雨水引入现代水产养殖示范区的湖内,然后进入示范区植物灌溉系统,实现雨水的充分利用。

人工湿地水体自然净化系统是利用现代水产养殖示范区内人工湿地的净化功能,对示范区内的水体进行循环净化的工程体系。该系统首先吸收经过初级处理的现代畜牧养殖示范区及生活污水,然后依次通过人工工程湿地、人工景观湿地、荷花湖,利用工程手段对水体循环净化。同时,该系统会在动力装置的作用下对荷花湖、鱼翔湖和绿岛湖内的水体进行循环净化,以防水体富营养化,为示范区保持良好环境提供保障。人工工程湿地占地 4 亩(约 0.27 公顷),可以满足示范区参观旅游人数高峰和养殖高峰时的生活生产污水的净化,日处理量在 500—1000 吨,排放水体出水指标可以达到国家《污水综合排放标准》二级标准,实现示范区水体自然净化。

水产用水高效综合利用系统是根据不同鱼类养殖用水标准不同,对水产养殖用水进行重复利用,以降低运营成本。比如名优鱼类孵化繁育车间每天会更换 200 吨经过加温的水,该养殖用水在势能的作用下依次经过名优鱼类繁育展示区、名优鱼类标准化养殖区,最后进入寒地鱼类养殖的绿岛湖,形成养殖用水小循环,每年可节省 7.3 万吨水。

"水产—大田灌溉"循环系统是指在现代水产养殖示范区和粮经作物栽培示范区、现代设施园艺示范区间进行水体综合利用,保证大田灌溉和水产用水的均衡。在粮经作物栽培示范区的稻田立体种养示范园集中用水时,可以部分从现代水产养殖示范区的三个湖内扬水灌溉,在稻田放水季节,进入人工湿地水体自然净化系统。通过稻田生产湿地、人工工程湿地和人工景观湿地的净化作用,水体重新回到水产养殖区。水资源通过"现代畜牧养殖示范区→污水处理中心→人工工程湿地→人工景观湿地→荷花湖→鱼翔湖→绿岛湖→湖塘水源热泵→农田灌溉水循环系统→人工工程湿地→人工景观湿地→荷花湖",利用率高达 250% 以上。

3. 示范区能量系统的共生模式[①]

能量系统的共生是指在示范区内最大限度地利用清洁能源和可再生能源,实现能量流动过程尽可能减少废气、废液和固体废弃物的产生。

太阳能的利用。示范区内利用太阳能,可以通过光热转换、光电转换装置,有效降低园区用热、用电费用。例如,示范区每套太阳能照明系统每小时可产生和储存电能 0.3 千瓦时,按哈尔滨市冬夏季差别,每日光照时间平均按 7 小时计,则日发电量 2.1 千瓦时,150 套太阳能照明设备年可节电 11.5 万千瓦时,每年可节约资金 6.78 万元。

风能的利用。示范区内将示范利用两种形式的风能利用模式,风力发电主要在现代设施园艺示范区日光温室部分使用,进行电能收集利用;风能动力主要在现代水产养殖示范区的风车景观提水装置部分使用,既保证景观效果,又具有实用价值。示范区在每个日光温室的前方安置了风力发电装置,共计 50套,根据风力大小及电能需要量的变化及时通过控制装置来实现对风力发电

---

① 白春明等:《以循环经济为本规划现代农业园区——以哈尔滨市现代农业示范区规划方案为例》,《多学科在现代农业建设中交叉运用技术研讨会论文集》,2011,第 50—53 页。

机组的启动、调节(转速、电压、频率)、停机、故障保护(超速、振动、过负荷等)以及对电能用户所接负荷的接通、调整及断开等操作。每台风力发电设备每小时可发电 0.35 千瓦时,示范区所在地地势开阔,风力资源充足,每日按 15 小时计算, 每天可发电 5.25 千瓦时;50 套风力发电设备年可发电 95812.5 千瓦时,年可节约资金 5.65 万元,足够示范区日光温室的日常照明、补光使用。

地热能的利用。示范区为了充分利用地热能,安装了地源热泵系统,是以大地土壤为冷热源进行能量采集, 通过传热介质在竖直管或水平管中流动与地下土壤、砂石等岩土体进行热交换的热泵系统。该系统的特点为能量采集不依赖地下水,传热介质在管内封闭,有很好的保护地下水的功能。但其能量采集部分需要较大的室外面积。地源热泵系统集成包含的主要设备有地源热泵(能量提升器)、循环水泵、地埋管等。备选设备:运行数据的有线、无线远程传输、记录和处理。规划中,现代水产养殖示范区部分提温设施会采用地源热泵系统,兼用太阳能和燃料供暖,以保证示范区在寒冷季节的供暖需求。

冬季储冰节能。利用该地区冬季的低温,在地面的金属管内装入液氨,借助液氨的物质形态转换,完成地下水与冷空气间的热量交换,用地下水储存冷量。冷量通过换热器取出,可保证建筑物夏季约 20% 的供冷。名优鱼类繁育展示区 2000 平方米的微能耗建筑,全年消耗电能为 36 千瓦时 / 平方米,是现行节能建筑能耗量的 1/3,年节约能耗 14 万千瓦时。

生物质能。鉴于地区冬季寒冷的特点,利用多种新能源复合技术,综合采用太阳能和温室保温或地源热泵技术,以解决冬季低温沼气产气率低的问题。冬天沼气设备增温也可以靠太阳能加热设备和温室保温设施进行双重保障,沼气用于示范区内游客生活使用。

二、化工生态工业园

化学工业门类众多,极其复杂,包括合金、络合物、矿物、混合物、聚合物、盐,以及 6300 多万个序列,是国际贸易体量最大、最密集的产品类型之一。传统的化工行业既是高能耗行业,也是公认的污染大户,对人类和环境的影响广泛而持久,且度量复杂。随着科学对化工产品认识的不断深入,化工产业与生态工业园的结合已是大势所趋, 化工生态工业园区成为各国发展化工产业的主要载体和空间。

（一）化工生态工业园发展演进

世界上最初的老工业园区都是化工企业由于经济效益的考量自发地实现产业聚集，并不考虑环境保护和资源节约，属于高耗能、高污染、高排放行业。世界上发生的影响较大的"公害事件"绝大多数是由化工行业尤其是化工企业聚集地区的严重污染造成的。到 20 世纪后期，国际上对环境保护的要求提上日程，美国、欧盟、日本的化工园区的发展进入可持续发展、绿色发展的环境层面。进入 21 世纪，生态工业的概念提出，化工园区的建设成为生态文明建设的一个环节，先进的工业园都向着生态工业园区发展。

1. 以经济效益为目的的化工园区

最初的老工业园区都是由于经济效益的考量而实现产业聚集，因为共享公用工程可以使投资下降；集中收集和处理废弃物可以使三废处理成本下降；联合多方式交通运输产品和人员，可以使公用设施投资下降，效率提高；现场空间利用更加紧凑合理，可以使土地成本下降等，使得入园企业的成本降低，竞争力提升。

首先，是产品产能的集中化。比如，美国 93% 的乙烯产能集中在墨西哥湾的以休斯敦为中心的得克萨斯州和路易斯安那州；日本乙烯产能占世界第四，产能主要集中在沿海的东京湾和冈山，东京湾千叶地区的乙烯产能占日本总产能的 60%；法国上诺曼底化工园区的炼油能力占法国的 1/3，拥有世界规模的石化联合企业和较好的基础设施，法国的润滑油、聚合物和弹性体均在此生产，不仅如此，园区还是法国第三大医药生产中心，聚集了众多医药生产商[①]。

其次，"一体化经营"提升竞争力。包括一体化物流运输网络和公用设施。以一体化的物流为例，物流运输网络包括管道、仓库、码头、铁路和公路等一体化的运输网络，不仅可以节约运输成本，而且可以最大限度地节约运输时间，保证产品和原材料的补充，为园区内的公司带去最大的经济效益。例如，建于 2003 年的德国路德维希化工园区内的包装成品物流中心，是欧洲最大的化学

---

① 杨友麟、刘裔安：《国外化工园区的发展现况和启示》，《现代化工》2020 年第 1 期，第 1—7 页。

包装成品物流配送中心,物流中心占地5万平方米,年处理货物量可达100万吨。该中心由仓储区和配送区两部分组成,仓储区占地3.3万平方米,库高25米,可以容纳11层货物,合计12.6万个储藏单元。巨大的仓库内完全自动化操作,所有化学品均实现标准化包装、分区存放,28个速度近2米/秒的传送平台,可以在不计其数的储存架中穿梭,使运输效率大大提高。每个托板上均通过条形码扫读进行辨识。在配送区内,错综复杂的输送带将装有包装好的化学品自动送至监测、打包捆扎等不同工序处,只有少量的装卸工将已经完成配送流程的货物运至指定的物流车停放口,等待装车放货。在该物流中心使用以前,巴斯夫公司在路德维希化工园区周边曾使用多达50个小型的货物存储基地,不仅分散、浪费提货时间,而且不便于管理。在使用该物流中心后,客户只要当天下午2点以前下订单,第二天便可以提到全部货物。

2. 兼顾环境与安全的化工园区

兼顾环境与安全的化工园区相比传统的化工园区进步了很多,已经具有了生态工业园区的雏形:

一方面是建立完整的生态工业网络。工业聚集是一把"双刃剑",在得到经济利益的同时,化工产业园区也造成集中的环境污染和安全事故叠加的风险,所以到20世纪90年代,化工产业园区的环境保护和污染治理就成为突出的问题。例如,美国恰塔努加生态工业园在田纳西州小城,曾经是一个以污染严重闻名全美的制造业中心。在该园区,以杜邦公司的尼龙线头回收为核心推行企业零排放改革,不仅减少了污染,还带动了环保产业的发展,在老工业区发展了新的产业空间,其突出特征是通过重新利用老工业企业的工业废弃物,减少污染和增进效益。而今,旧钢铁铸造车间已变成一个用太阳能处理废水的生态车间,而旁边是利用循环废水的肥皂厂,紧邻的是急需肥皂副产品做原料的另一家工厂,这样有可能建立起一个完整的生态工业网络。这种革新式技术改造对老工业区改造很有借鉴意义,并且更适应老工业企业密集的城市。改造型生态工业园最重要的是对现有企业进行技术改造,并实现废物和能量的交换。

另一方面是完善的应急响应体系。化工园区的特点是易燃易爆和高危化工原料、产品聚集,如何防止安全事故的发生成为最头痛的症结问题,这方面信息技术担任了主要支撑角色。首先需要在危险点部署一系列传感器和监视系统，这些实时信息要通过互联网传输到园区监控管理平台。此外，园区内各企业的关键开停车控制信息也需要连接到园区管理中心。这样园区管理中心不但日常可以监视到全区的安全状况，紧急时也可以启动应急响应系统来关停处于危险的装置。例如，德国的拜耳化学工业园，包含 53 家化工企业，可以制造 5000 多种化学产品。平时园区内各个企业均处于独立运行的状态，园区对企业不进行干扰。而当园区遇有紧急情况时，园区的管理会自动切换到信息系统的紧急处理机制模式，并由园区的总经理接管统一管理权，园区内所有机构包括园区内的所有企业和客户均只向其汇报，园区总经理有权要求某家企业停产或暂时关闭装置。当紧急状态过去后，园区又会将管理权交还给企业，回到日常的运营秩序之中。

3. 共生模式下的化工生态园区

随着对化工产品的认识不断加深，化工产品对人类健康和环境的不利影响日益显露出来，甚至某些或某类化学物质因其本身毒性很高或因其对全球环境的影响迫切需要绿色化工产品出现，于是一些先进的化工企业和化工园区或者转向化工管理与服务，或者转向废弃物回收、再循环利用。再加上各国对生态工业园区的广泛认识，各国政府、企业家和环保机构都意识到建立共生模式的化工生态工业园区的必要性和重要性。

共生模式的化工生态工业园区不仅限于是生产效率、安全的提升和废弃物的减少，更是按照生态工业园的原理，通过在企业内部、企业间建立共生产业链，在园区建设公用工程"岛"，实现水、电、热、气的集中供应，有效降低化工产品生产和使用过程中的污染，同时降低生产能耗，在清洁生产的基础上，实现循环经济、绿色经济、低碳经济、从末端治理到循环利用、从环境保护到生态文明的再造。

化工生态工业园区不仅具备成员之间的共生产业链条、能量和水的梯级利用、基础设施共享等一般生态工业园区的特点，还要具备以下特点：

发展绿色化工。防止废物的产生而不是产生后再来治理；合成方法应设计成能将所有的起始物质嵌入最终产物中；只要可能，反应中使用和生成的物质应对人类健康和环境无毒或毒性很小；设计的化学产品应在保护原有功效的同时尽量使其无毒或毒性很小；尽量不使用辅助性物质（如溶剂、分离试剂等），如果一定要用，也应使用无毒物质；能量消耗越小越好，应能为环境和经济方面的考虑所接受；只要技术上和经济上可行，使用的原材料应是能再生的；应尽量避免不必要的衍生过程（如基团的保护，物理与化学过程的临时性修改等）；设计化学产品时，应当考虑该物质完成自己的功能后，不再滞留于环境中，而可降解为无毒的产品；化学过程中使用的物质或物质形态，应考虑尽量减少实验事故的潜在危险，如气体释放、爆炸和着火等①。

注重信息化建设。利用新一代信息技术，将化工园区平安、消防、通信网络、信息发布、管网设备能源监控、停车管理、自动化办公等多个系统整合到一个统一的平台，实现各个系统的信息交互、信息共享、参数关联、联动互动，独立共生；同时根据运营实际情况进行参数积累、习惯性分析报表等，达到园区管理平台的智慧化，将园区内环保、平安、消防、物流等的在线监测、应急响应系统的信息数据有机串联起来，实现人、物、区域功能系统之间无缝连接与协同联动。这些措施能够提升园区环境监管和应急救援水平，从而促进园区安全和环保水平实现大幅提升。

园区内设立静脉企业。园区内产生的废弃物尽可能要自行消解处理，一方面集体收集和处理废弃物，使"三废"处理成本下降；另一方面园区内的生产企业—消费企业—分解企业（静脉企业）应该平衡发展。例如法国里昂的Salaise—Sablons EIP 一共 22 家企业，不到 1000 名员工，就包括两家静脉企业，而且这两家处理废物的企业员工占园区员工总数的 30% 左右。

（二）化工生态工业园建设内容

化工生态园区是一个包括自然、化学和社会的地域综合体，它是依据循环经济理论和工业生态学原理设计而成的一种新型工业组织形态，是生态工业的聚集场所。化工生态园区通过园区内企业之间副产品或废弃物的交换的实现，创造良好的生产环境，促进经济、环境相互协调发展，最终实现园区内污染"零排放"。化工生态园区是人与自然共生的综合复杂系统，能从根本上消除环

---

① 石磊：《化工园区生态化发展的国内外案例》，https://www. docin. com/p-1426871238. html，访问日期：2020 年 12 月 20 日。

境与发展之间的矛盾,有利于实现可持续发展①。

化工生态园区建设要遵循"科学、特色、适度、一体、准入、安全"六项原则。这六项原则是:第一,科学合理的规划园区,整体布局;第二,园区建设避免与其他园区产业同质化,要有自身的定位,寻找自身特色;第三,园区规模要根据自身条件和经济实力适度构建;第四,结合国际化工园区进行一体化建设,构建园区绿色化、智慧化、循环化发展模式;第五,确定化工产业能耗标准、排放标准、技术标准,严格执行审批制度;第六,安全问题是园区建设底线,要求生产安全、存储安全、运输安全、处置安全。

化工生态园区建设内容:

1. 选择入园企业

要建设化工生态园区,首先要把好入园企业这个第一关。要从源头上运用循环经济的理念,推行排放源消减、生产过程优化集成,就需要对企业的技术先进性、规模、是否符合整个园区的绿色化发展等进行评价。综合分析企业目前采用的生产技术与同行业相比,能否达到园区所要求能耗水平、排放水平,最好是技术的先进性上要超出建设时期的平均水平,要保证在相当长的一段时间内产品具有竞争力,另外采用先进的技术不仅能够减少废弃物的排放,还能影响产业链下一步的链接延伸,因此新项目所采取的技术对于构建生态园区具有决定性的作用;接下来对项目的规模进行评定,化工项目具有明显的规模优势,在规模较大的时候成本较低,同时单位产品对环境造成的负担相对也会下降,因此在结合园区内上下游规模情况的前提下入园的项目越大越好;另外,入园的项目还需要与园区现有产业形成配套,实现共生发展,入园的项目是否利用园区内其他企业的产物、副产物,或是废弃物资源化,若能则将有利于园区生产过程的优化集成,减少产品和原料的包装和运输,从而减少化学品的逸散以及运输所带来的环境影响,这也是评价新项目的一个重要方面。②

---

① 关婷:《中国绿色化工园区建设的途径研究》,东北大学,2011,第 5 页。

② 纪红兵、康德礼、刘利民等:《绿色化工园区规范化建设的研究》,《化工进展》2016 年第 2 期,第 642—646 页。

2. 建设先进的环保设施

受经济、技术条件限制,化工生态园区不可能完全实现零排放,因此需要建设相应的环保设施,以对园区排放废弃物以及逸散的化学品进行处理,使废弃物达到排放标准后再向环境排放。首先,需要测算实际的污染物排放量的大小进而确定环保设施的规模大小,保证环保设施的合理利用,并且环保设施的建设要先于排污企业装置;其次,要对进入环保设施的污染物组成进行实时的在线监控,对污染物实施"分子管理",有针对性地优化环保处理流程,例如在废水量波动较大时需要增加缓冲池,加设非正常操作状态下的大容积应急用处理池等,开发和引入环保处理新技术,低成本高质量地处理化工园区废弃物。

3. 建设先进的安全防护网络

需要明确的一个理念是,化工生态园区"安全"主要在于先进的工艺和严格的监管,而不是与居民区"距离"的远近。例如美国休斯敦 PX 项目距离城区仅有 1.2 公里,荷兰鹿特丹 PX 项目距离市区 8 公里,韩国釜山化工项目距离市中心 4 公里等。这些项目均实现了与周边社区的和谐共存,实现了安全生产,有力印证了"安全"重在工艺与监管,而不在于距离。建设先进的安全防护网络就是利用互联网、移动互联网以及物联网开发安全生产辅助系统,对园区内的生产情况进行实时、在线、形象化的表示,开发移动传感器终端,标识员工身份同时检测员工所在区域的空气参数,提醒可能存在的危险,提供相应的应急处理手段,保证员工生命安全。完善应急设施设备以及医疗急救设施设备,在园区中分布式配备消防站与医疗急救站,在地理空间位置上消防站和医疗救助站合二为一。做到一体化建设,一体化响应,实现真正意义上的联动。创建园区应急救援中心,对园区内的公共应急资源合理配备,做到优势资源互补,分布结构合理。配备专业的应急救援指挥平台以及移动应急救援指挥车,整合园区各个应急传感信号和信息,辅以领域专家,在发生事故时能够做出正确的响应和处置。以德国路德维希巴斯夫化工园区为例,该园区内巴斯夫公司共拥有 3 套光气反应器装置,光气总量 6.1 吨/小时,而平时厂区内约有 3 万人在作业,临近居民区的居民达 21 万人,其中最近的居民点不足 1.2 千米,巴斯夫总部办公楼仅距最近的光气生产装置不到 200 米,那么巴斯夫公司是如何保证安全的呢?答案是"本质安全"而非"距离安全",首先,巴斯夫对原有的聚氨酯工艺流程进行革新,新工艺中不再设置光气储存装置,从光气的生产到下游产品的使用直接采取管路连接,全流程实现自动化控制并且按需生产,从而减少了光气储存或长距离运输而产生的危险。其次,巴斯夫对于光气装置还采取了二级防控措施,一级措施是对反应装置、管线材质、监测设备的选用严格按照设计要求进行制备、安装,以保证生产过程不会发生光气泄露。一旦发生泄露,则立即启动二级防控措施,巴斯夫在光气装置外面又加了一层坚固的水泥安全壳,从而保证泄露出来的光气仍然可以控制在安全壳内,并立即启动相应的应急措施,在安全壳内对光气进行回收和喷淋处理,以保证即使发生事故从安全壳顶端泄露出来的光气量也可以达到欧盟规定的安全标准。最后,巴斯夫还建立了一套严谨的安全管理规程以及严格的人员选拔和培训方案,以保证装置日常操作的准确性和对相关事故的有效及时处理。

4.建设物联网

随着物联网的兴起和发展,智能化进入人们的生活。对于化工生态工业园区来说,智能化也是其不可或缺的一个重要部分,智能化将渗透到园区的生产、管理、环保、安全、应急、生活等各个方面。智能化的生产辅助系统将帮助生产人员对生产情况做出评估,并且根据生产计划做出下一步的操作建议,防止操作人员误操作带来的减产甚至事故的发生。智能化环保系统可以在线分析污水及排放废气中的污染物含量,通过专家系统确定废弃物处理方式,直接将废弃物送入相应的处理设施,降低因不合理处置而造成的污染以及花费的额外费用。智能安全、应急系统在无事故或无异常发生时监控整个园区,分析园区内的特征数据;对有可能会发生事故的装置进行预警,根据风险等级通知人员做好准备,发送撤离路线以及处理意见;在有事故发生的情况下,采用先进遥测仪器和设备了解事故的现状,分析提供科学的事故处理意见,指导应急工作,减少人员伤亡。[①]

案例:中国江苏响水化工园区爆炸

2019年3月21日,位于中国江苏响水化工园区的天嘉宜化工有限公司发

---

① 纪红兵、康德礼、刘利民:《绿色化工园区规范化建设的研究》,《化工进展》2016年第2期,第642—646页。

生大爆炸,导致 62 人死亡,28 人失踪,重伤 60 人,另有不同程度受伤的 640 余人,事故还造成二氧化硫、苯、甲苯、二甲苯、氯苯等有毒有害物质泄露,对大气和水造成污染,导致园区厂房受损、附近生活的村民被疏散撤离、学校和幼儿园停课。事故发生后,当地政府详细调查事故发生原因,但是,由于没有监控设施现场情况无法获知, 据一位长期从事安全环保的专家表示直接原因可能是生产过程中员工操作不当或者管道堵塞造成的。但是结合中华人民共和国应急管理部曾在 2018 年发布的对江苏天嘉宜化工公司安全调查结果分析,根本原因有三方面:

一是员工培训不到位。例如主要负责人未能通过安全知识和管理能力考核,仪表特殊作业人员仅有 1 人取得资格上岗证,操作员工不清楚装置可燃气体报警设置情况和报警后的应急处置措施。二是管理制度和操作规程不完善。例如缺少苯罐区操作规程和工艺技术指标,无巡回检查制度,对巡检没有具体要求,硝化装置设置连锁后未及时修订、变更操作规程,现场安全警示标识不足,部分安全警示标识模糊不清,现场无风向标。三是部分生产设备落后。比如部分二硝化釜的 DCS 和 SIS 压力变送器共用一个压力取压点,硝化车间可燃气体报警仪无现场光报警功能。

(三)石油天然气化工生态工业园建设

石油化工是化学工业最主要的组成部分之一, 是很多发展中国家的支柱产业部门之一。石油化工指以石油和天然气为原料,生成石油产品和石油化工产品的加工工业,主要包括各种燃料油(汽油、煤油、柴油等)和润滑油以及液化石油气、石油焦炭、石蜡、沥青等。生产这些产品的加工过程常被称为石油炼制,简称炼油。石油化工产品是对炼油过程提供的原料油进一步化学加工而获得的。生产石油化工产品的第一步是对原料油和气(如丙烷、汽油、柴油等)进行裂解,生成以乙烯、丙烯、丁二烯、苯、甲苯、二甲苯为代表的基本化工原料。第二步是以基本化工原料生产多种有机化工原料(约 200 种)及合成材料 (塑料、合成纤维、合成橡胶)。这两步产品的生产属于石油化工的范围。有机化工原料继续加工可制得更多品种的化工产品,习惯上不属于石油化工的范围。

石油化工产品与人们的生活密切相关,大到太空的飞船、天上的飞机、海上的轮船、陆地上的火车和汽车,小到我们日常使用的电脑、办公桌、牙刷、毛巾、食品包装容器、多彩多姿的服饰、各式各样的建材与装潢用品和变化多端的游乐器具等，都跟石油化工有着密切的关系。可以说，我们日常生活中的"衣、食、住、行"样样都离不开石化产品。正因为此，石油天然气化学工业园区（以下简称"石化工业园区"）是世界各国最主要的化学工业园区之一，石化生态工业园也是石化工业园区未来发展的主要方向。

1. 石化产业产品链构建（图 6-7）

乙烯是有机化工的基本原料，一是可用于合成乙醇、环氧乙烷、乙二醇、乙醛、乙酸、丙酸、丙醛及其衍生物等多种基本有机合成原料，经卤化可制氯代乙烯、氯代乙烷、溴代乙烷。经齐聚可制 α－烯烃，进而生产高级醇、烷基苯等。二是在合成材料方面大量用于生产聚乙烯、氯乙烯、聚氯乙烯、乙苯、苯乙烯及聚苯乙烯以及乙丙橡胶等。

丙烯可用于生产多种重要有机化工原料、合成树脂、合成橡胶及多种精细化学品等。其中用量最大的是生产聚丙烯，另外，丙烯可制丙烯腈、异丙醇、苯酚和丙酮、丁醇和辛醇、丙烯酸及其酯类以及制环氧丙烷和丙二醇、环氧氯丙烷和合成甘油等。

苯在工业上用途很广，主要有染料工业、用于农药生产及香料制作的原料等，又可作为溶剂和黏合剂用于造漆、喷漆、制药、制鞋及苯加工业、家具制造业等。苯经取代反应、加成反应、氧化反应等生成的一系列化合物可以作为制取塑料、橡胶、纤维、染料、去污剂、杀虫剂等的原料。其中大约有 10% 的苯用于制造苯系中间体的基本原料。苯与乙烯生成乙苯，乙苯可用来生苯乙烯。苯与丙烯生成异丙苯，异丙苯可以经异丙苯法来生产丙酮与制树脂和黏合剂的苯酚。苯还可以生成顺丁烯二酸酐，合成用于制作苯胺的硝基苯，合成用于农药的各种氯苯，合成用于生产洗涤剂和添加剂的各种烷基苯，以及合成氢醌、蒽醌等化工产品[1]（图 6-8）。

甲苯大量用作溶剂和高辛烷值汽油添加剂，也是有机化工的重要原料。甲苯可用于脱烷基制苯或歧化制二甲苯。甲苯可衍生一系列中间体，可进行得到

---

[1] 温宗国、胡贇、罗恩华等：《工业园区循环化改造方法、路径及应用》，中国环境出版集团，2018，第 82 页。

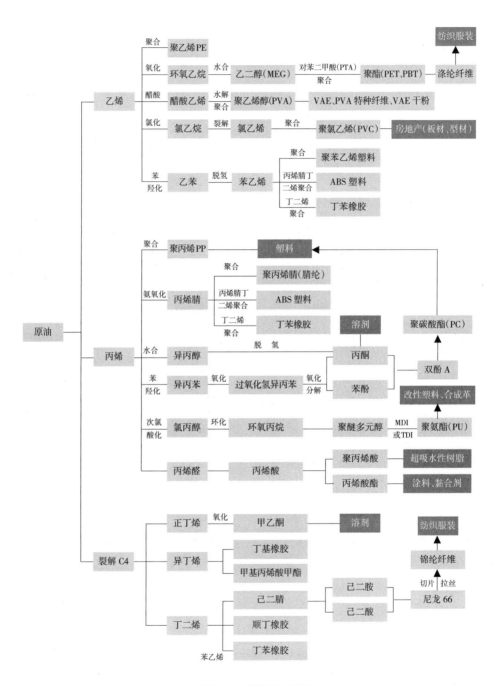

图 6-7 原油产业链条

资料来源:石化缘科技咨询。

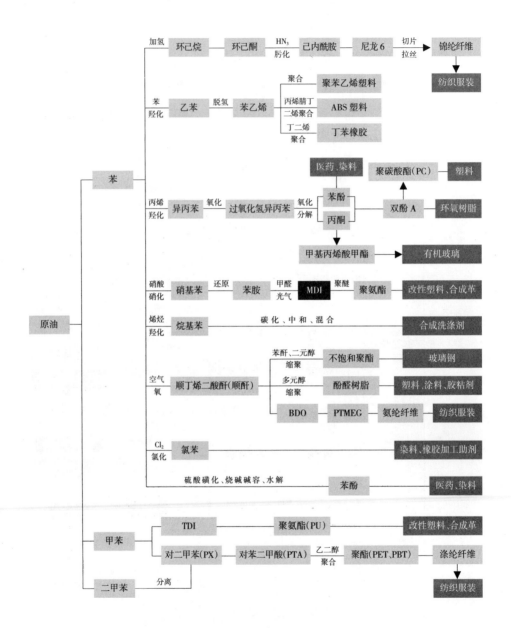

图 6-8　原油产业链条

资料来源:石化缘科技咨询。

侧链氯化得到一氯苄、二氯苄、三氯苄,包括它们的衍生物苯甲醇、苯甲醛和苯甲酰氯,还可制备甲苯的环氯化产物,甲苯硝化制得大量的中间体,广泛用于染料、医药、农药、火炸药、助剂、香料等精细化学品的生产,也用于合成材料工业[1]。

天然气作为重要的化工原料,充分利用其中的 CH_4 资源进行化工生产,多为资源延伸加工项目。其核心是 3 条产业链:天然气→乙炔;天然气→合成气→合成氨;天然气→合成气→甲醇,并以这三条主产业链为基础延伸下游的化工生产,如图 6-9 所示。

对于乙炔产品,一方面,可与盐化工副产氯气耦合,生产氯乙烯,并进一步生产 PVC 塑料。另一方面,乙炔作为原料可与甲醇→甲醛产业链耦合,生产1,4-丁二醇,并同步生产四氢呋喃和聚四氢呋喃。

合成氨是重要的化工基础原料,可与天然气化工的其他产品甲醇和氢氰酸耦合生产亚氨基二乙腈,进而生产重要农药草甘膦;也可生产下游的尿素→三聚氰胺→三聚氰胺泡棉产业链[2]。

天然气制甲醇是连接天然气化工与其他化工产业耦合的重要中间产品,甲醇产业链在石油化工产业链中已介绍,此处不赘述。

2. 副产品(废弃物)共生链构建

原油在开采过程中,主要副产裂解 C4 和液化石油气 LOG。C4 馏分主要为含四个碳原子的多种烷烃、烯烃、二烯烃和炔烃的混合物。C4 馏分是一种可燃气体,但通常是以液态储运,可作为燃料或经分离作基本有机化工原料。具有工业意义的 C4 烃主要组分有正丁烷、异丁烷、1-丁烯、异丁烯、1,3-丁二烯、C4炔烃等,其中以 1,3-丁二烯最为重要。

液化石油气(LPG)经过加工,可以分离出异丁烯、丙烷、正丁烷、异丁烷、丁烯等化工原料,并可生产树脂、橡胶、辛烷、戊醇等下游产品,如图 6-10 所示。

① 温宗国、胡贇、罗恩华等:《工业园区循环化改造方法、路径及应用》,中国环境出版集团,2018,第83—84页。

② 同上书,第87页。

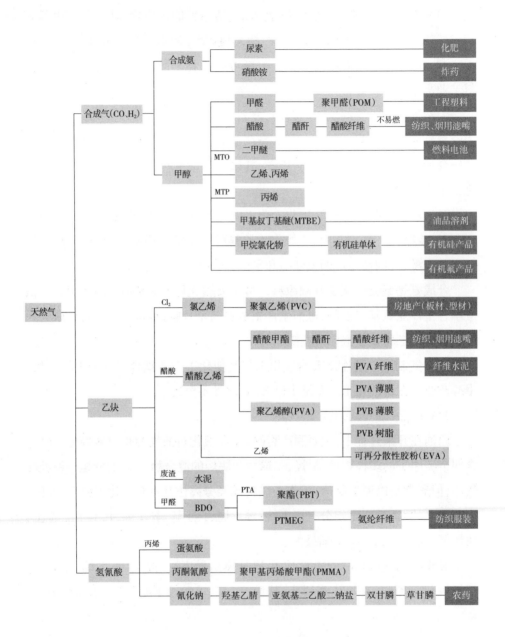

图 6-9　天然气产业链条

资料来源：石化缘科技咨询。

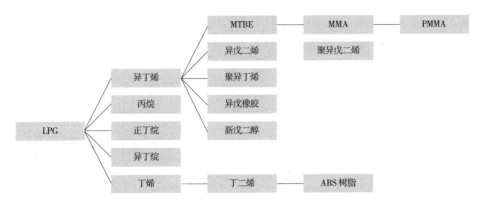

图 6-10 副产液化石油气(LPG)的核心下游产品链①

天然气化工产业主要有三类副产品:合成氨过程中副产的二氧化碳、乙炔生产过程副产的氢气和炭黑。中国长寿经济开发区就利用回收乙炔副产品炭黑用于轮胎生产,利用氢气和氮气生产合成氨。中国达州经济开发区利用合成氨的副产品二氧化碳作为原料生产纯碱,与园区的盐卤化工耦合,还将二氧化碳作为硫酸铵生产原料,与园区磷硫化工耦合。

(四)煤化工生态工业园建设

全球煤化工开始于 18 世纪后半叶,19 世纪形成了完整的煤化工体系。进入 20 世纪,许多以农林产品为原料的有机化学品多改为以煤为原料生产,煤化工成为化学工业的重要组成部分。第二次世界大战以后,石油化工发展迅速,很多化学品的生产又从以煤为原料转移到以石油、天然气为原料,从而削弱了煤化工在化学工业中的地位。进入 21 世纪后,随着全球石油市场的动荡和石油价格的攀升,煤炭作为储量巨大并且可能替代石油的资源重新受到越来越多的重视。煤化工的很多产品与石油化工是可以替代的,即石油化工也可以生产相同的产品,区别取决于煤炭价格和石油价格对比,如果石油资源紧缺,价格偏高,则煤化工是有利可图的,如果石油价格便宜,煤化工则相对不经济。

1.煤化工过程对环境的影响

煤化工过程中如果不能实现清洁生产、循环利用,则会排放大量的有毒有

---

① 温宗国、胡赟、罗恩华等:《工业园区循环化改造方法、路径及应用》,中国环境出版集团,2018,第 64 页。

害废气、废水和废渣,对生态环境的危害非常大。

煤化工过程中产生的废气主要来源于煤制焦和煤制气这两个过程。煤制焦、废气主要来自对煤炭的装煤、炼焦、化产回收过程。在装煤的阶段,煤炭原料在高温下与大气直接接触,会产生大量的烟尘、多种对人体有害的有机多环芳香烃类气体;在炼焦的阶段,废气主要来自煤炭原料在化学转变过程和未完全碳化煤炭中产生的挥发性气体,这些主要包括飞灰、焦油气和化学转化过程中煤炭与大气接触产生的二氧化碳、一氧化碳、二氧化硫、二氧化氮等气体,还有部分苯类物质、氰类化合物等。煤制气过程产生的废气主要来自煤气净化过程中的尾气、氨和硫、酚类物质回收塔排放出的废气,这些废气主要为一些碳氧化物、硫氧化物等气体,还有含有铅、砷等有害物质,对环境及人类健康的危害较大。绝大多数挥发性有机物(VOCs)对人体健康和环境危害较大,其危害主要有三个方面:刺激嗅觉器官引起人们的不愉快或厌恶,损害人体健康;对金属材料、设备和管道有一定的腐蚀性;对大气环境造成污染。

煤化工过程中产生的废水含有大量降低生物抵抗能力的有害有机物质,消耗水中的溶解氧,影响水生物的生存环境,造成水质污染。而且废水中还含有酚类化合物,人类的皮肤接触酚类化合物会出现过敏现象,严重时会危害生命健康,如果直接排放到河流、土壤,则会引起二次污染,持续时间更长。

煤化工过程中产生的固体废物具有数量大、种类多的特点,一般每生产 1 吨产品就要产生 1—3 吨固体废弃物,主要有炉渣、飞灰、滤饼、无机污泥等,相当一部分具有毒性、反应性和腐蚀性等特点。但是,目前对固体废弃物最主要的处理方式就是企业堆放在渣场,有的甚至没有做防渗透、防散扬、防流失等保护措施,不仅直接占用大量土地,还污染土壤、地下水,间接危害人体健康。

其实,煤化工过程中产生的废气、废水和废渣很多都是其他下游产品的原料,通过清洁生产技术实现循环再利用,延长煤化工产业链,提高产品附加值,实现较好的经济效益和环境效益。

2. 煤化工产品链构建

煤炭经过化学加工后形成化工产品,主要有两种途径:

一是传统的煤化工产业链,即煤炭经过煤焦化反应得到焦炭产品,可与园区已有的钢铁和电石产业配套,此外,煤焦化过程得到的沥青焦是生产预焙阳极的重要原料,可用于有电解铝配套产业园区,煤炭也可经过气化反应得到合成气,进而得到合成氨和甲醇。二是新型煤化工产业链,以生产洁净能源和可替代石油化工产品为主,通过煤制油、煤制甲醇、煤制二甲醚、煤制烯烃、煤制乙二醇等。

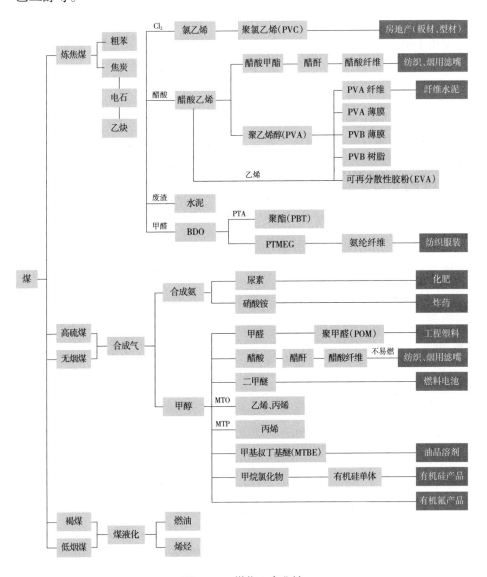

图 6-11　煤化工产业链

资料来源:石化缘科技咨询。

3. 煤炭直接利用过程中副产品(废弃物)共生链构建

煤炭直接利用过程的废弃物产生节点主要有两个:煤炭开采过程和煤炭发电过程。煤炭开采过程主要产生固体废物煤矸石和煤泥、气体副产品煤层气和液体废物矿井水、疏干水等。煤矸石可用于直接发电,生产煤矸石砖、高岭土、高档陶瓷等或用于水泥熟料;煤泥可回收生产再生精煤;煤层气可直接开采用于生产生活能源;矿井水和疏干水经过处理后可回用生产过程或园区绿化。

在煤发电过程中,主要产生的废物是粉煤灰和脱硫石膏,可用来制造加气混凝土砌砖、水泥、粉煤灰砖、保温墙体材料、玻璃微珠、超细环保纤维、陶粒、纸面石膏板等建材产品。煤矸石发电过程产生的粉煤灰等灰渣也可用于上述建材产品生产。

4. 煤化工副产品(废弃物)共生链构建

煤化工产业链上最重要的副产品产生节点发生在煤焦化过程,生产焦炭的同时得到焦炉煤气、煤焦油、粗苯、尾气、焦化渣等副产品。这些副产品的深加工可以得到下游重要的化工原料(表6-1)。其中,焦炉煤气可以制甲醇,从而与合成气制甲醇产业链耦合;粗苯加氢后得到苯、甲苯和二甲苯,并可以进一步生产下游产品;煤焦油加氢、蒸馏和精制后可以得到工业萘、洗油、清油、酚油、炭黑油、沥青等化工原料;尾气可以回收与发电;焦化渣可用

表6-1 煤焦化过程副产品利用路径

副产品	利用路径
焦炉煤气	焦炉煤气发电
	焦炉煤气→甲醇→芳烃
	焦炉煤气→甲醇→烯烃
	焦炉煤气→甲醇→甲醛→1,4-丁二醇
	焦炉煤气→片碱
	焦炉煤气→液化天然气
	焦炉煤气→甲醇→氢气提取→粗苯加氢
	兰炭→焦炉气→制氢

续表

副产品	利用路径
煤焦油	煤焦油加氢精制
	煤焦油→精蒽→蒽醌
	煤焦油→炭黑油→炭黑→尾气发电
	煤焦油→工业萘、工业沥青、酚油、轻油、蒽油
	煤焦油→酚油→提酚
	煤焦油→蒽油→蒽油加氢精制
	煤焦油→萘→萘系减水剂
	煤焦油→沥青→针状焦→石墨电极
粗苯	粗苯→苯、甲苯、二甲苯
	粗苯→精苯→环己酮→己内酰胺→尼龙 66
尾气	余热回收
焦化渣	水泥制备

于水泥制备[1]。

煤制下游化工产品的同时也会产生各种副产品,比如生产合成气时产生的 CO_2 尾气;合成氨过程产生的尾气;煤制甲醇过程产生的 CO_2 尾气、中压蒸汽、废甲醇等副产品、甲醇制烯烃过程中的 C4 副产品等均可进行再次回收利用。

(五)盐化工生态工业园建设

盐化工是指利用盐或盐卤资源,加工成氯酸钠、纯碱、氯化铵、烧碱、盐酸、氯气、氢气、金属纳,以及这些产品的进一步深加工和综合利用的过程。盐化工产业不仅提供了极为重要的"三酸两碱"中的烧碱、纯碱和盐酸,而且可向下游延伸生产聚氯乙烯(PVC)、甲烷氯化物、环氧丙烷、甲苯二异氰酸酯(TDI)和二苯甲烷二异氰酸酯(MDI)等多种重要的基础化工原料,以及众多的精细专用化学品,是带动其他行业发展的基础原材料。

---

[1] 温宗国、胡赟、罗恩华等:《工业园区循环化改造方法、路径及应用》,中国环境出版集团,2018,第 85 页。

1. 传统盐化工产业对生态环境的影响

随着世界经济的快速发展,各国对盐化工产品的需求增大,盐化工产业突飞猛进,尤其是中国,已经成为全球最大的原盐生产国和消费国,也是世界盐化工发展最快的国家。但是多年以来,盐化工企业规模小,工艺流程、设备使用都比较落后,资源利用率低,没有形成完整的产业链,更没有形成企业间共生的生态工业园区,产生的“三废”很多,对生态环境造成了巨大的危害和严重的浪费:

首先是盐田制盐的过程中,海水纳入、制卤等一系列工序的渗漏现象严重,并且渗透率高于50%,既增加了大量原料的使用,又对地下水水质加大影响。盐对于设备和构筑物也有腐蚀和磨损,原盐长时间的堆存易在盐堆的表面及堆底产生结块,特别是真空盐与洗盐的堆存结块更加严重。

盐矿的开采现在普遍采用的是盐矿钻井水采法,在其运输过程中的泄露是造成水污染和土壤污染的重要原因,不合理大面积的开采盐矿,会使地面沉陷而冒卤,使得地面建筑及各种设施遭到破坏,甚至造成生态灾难。

苦卤的利用率很低。原料中的卤水含有很多的可溶性无机盐,其中还包括大量的镁离子和钾离子等多种微量元素,这是提取无机盐的最理想的有机盐。每吨原盐会产生约1吨的苦卤,但是,苦卤的利用率极低,还不足10%,造成资源严重浪费。

在原盐加工过程中,发达国家选用较为优质盐或者洗涤盐作为原料,这样产生的盐泥很少,就可以作为钙素的添加剂,同时也可以作为钙镁肥料、水泥的生产原料等,但是中国很多企业所使用的原盐质量较差,产生的盐泥非常多,大多采用提取 $BaSO_4$ 后掩埋或直接倾倒、堆积的处理方式,没有得到彻底的无害化处理和利用。

2. 盐化工产业链构建

目前,已形成的盐化工产业链是以纯碱和氯碱为基础,下游产品不断延伸的盐化工格局。产业链基本是“卤→盐→两碱→精细化工”,其产品可谓是枝繁叶茂。在纯碱、烧碱、氯气、氢气等基础化学品的基础上,进一步深加工,就可获得制药、日化等化工中间体以及精细化工产品。例如,中国现拥有氯产品200余种,主要产品品种70多个。其中,无机氯产品主要有液氯、盐酸、氯化钡、氯磺酸、漂粉精、次氯酸钠、三氯化铁、三氯化铝等数十种品种;有机氯产品有 PVC、CPVC（氯化聚氯乙烯）、CPE（氯化聚乙烯），其他主导产品还有环氧化合物（环氧丙烷、环氧氯丙烷）、光气系列产品 TDI、HDI（六亚甲基二异氰酸酯）、MDI、聚碳酸酯、甲烷氯化物、含氯中间体（氯苯和硝基氯苯、氯乙酸、氯化苄、氯乙酰氯、氯化亚砜）等；还有近 100 种农药产品。盐化工产业发展趋势是：延长现有产业链，向高附加值精细化工产品方向寻求突破。盐化工下游产品链结构示意图见图 6-12[①]。

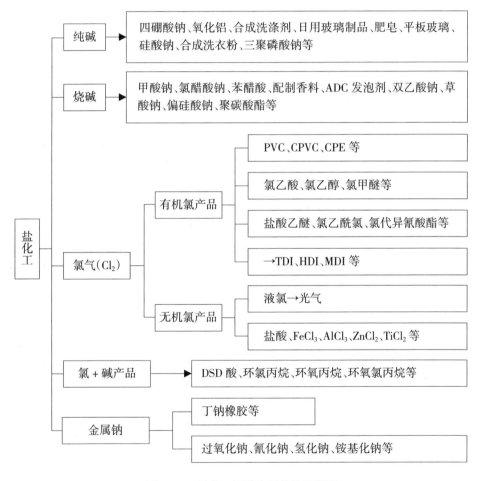

图 6-12 盐化工下游产品结构示意图

---

① 章斯洪、孙明明：《盐化工的发展及氯碱产品链研究》，《中国氯碱》2015 年第 4 期，第 1—5 页。

3. 盐化工副产品共生链构建

纯碱过程的副产品主要有氨、氯化铵、碳酸氢钠,烧碱过程的副产品主要有氢气、氯气和氯化氢,这六种副产品均是重要的化工原料。其中氢气、氯气等副产品通常可以和园区已有的化工产业链进行共生利用。例如,石化、煤化工、石灰石化工等均可与盐化工的副产品形成共生产业链。我们从中国部分不同的工业园区中发现,烧碱过程的副产品已经与有机化学、石化、农药、电石、硅化土、煤化工、氟化工、化工材料等多种产业形成共生链条,见表6-2 盐化工产业资源延伸加工和副产品共生情况。

表6-2   中国部分盐化工产业资源延伸加工和副产品共生情况[1]

园区	主产品	延伸加工产品	利用副产品	共生利用副产品的产业	核心产品
淮安经济技术开发区	纯碱、烧碱	硝酸、纤维素、乙醇、复合肥、玻璃	氢气、氯气	有机化学、磷化工、饲料化学、农药化学、化工材料	环氧树脂、聚氨酯、丁烯二醇、邻甲苯胺、农药、氯乙酸、甘氨酸、三氯化磷、光气
万州经济技术开发区	纯碱、烧碱	有机肥、单宁酸	氯气	磷硫化学、农药化学、硅化工	三氯化磷、五氯化磷、草甘膦、氯乙酸、甘氨酸、吡啶
湖南衡阳松木工业园	纯碱、烧碱	过碳酸钠、氢氧化钠阻燃剂	氢气、氯气	电石化工、氟化工	过氧化氢、PVC、钛白、甲烷氯化物、偏氯乙烯、氟化工下游产品
广西钦州港经济开发区	烧碱	—	氯气、氯化氢	石油化工、化工材料	MDI、TDI、PVC、氯化聚乙烯、氯化聚丙烯、聚氨酯
常熟经济开发区	烧碱	苯甲酸、铜箔	氢气、氯气	有机化工、化工材料	过氧化氢、甲烷氯化物、苯酚、酚醛树脂、阻燃剂、环氧树脂
曹妃甸工业区	纯碱	—	氢气、氯气	石油化工	PVC、芳烃、芳烃衍生物

[1] 温宗国、胡赟、罗恩华等:《工业园区循环化改造方法、路径及应用》,中国环境出版集团,2018,第92—93页。

园区	主产品	延伸加工产品	利用副产品	共生利用副产品的产业	核心产品
德令哈工业园	纯碱、烧碱	—	氯化氢	电石化工、硅化工	PVC、氯甲烷、有机硅、硅油、硅橡胶、硅树脂
东营经济技术开发区	烧碱	造纸	氢气、氯气、氯化氢	有机化学、硅化工、化工材料	三氯甲烷、四氯乙烯、有机硅单体、多晶硅、过氧化氢、环氧氯丙烷、环氧丙烷、苯胺、丙二胺
冀州经济开发区	烧碱	—	盐酸、氯气	化工材料、医药化工、农药化工、有机化工	PVC、氯丙醇、氯乙醇、氯丙烯、环氧丙烷、环氧乙烷、环氧树脂、聚氨酯、异氰酸酯、酰氯类医药中间体、农药中间体、甲烷氯化物
长寿经济开发区	烧碱、纯碱	过碳酸氢钠	氢气、氯气、氯化氢	有机化学	氯甲烷、钛白粉、MDI、粗苯精制、四氯乙烯
沧州领港经济技术开发区	烧碱	氰化钠、三聚氯氰	氢气、氯气	石油化工、有机	TDI、PVC、糠醇、过氧化氢、苯乙醇、间氨基苯磺酸

从中国各类型开发区发现,盐化工行业涌现出一批油化一体化、盐化一体化、煤盐化一体化、盐气化一体化的产业园区,未来,盐化工生态园区的主要形式就是实现一体化的化工园区,在园区内高起点规划、高质量入园,突出园区特色,充分发挥园区集约化、规模化、特色化、一体化的共生生态园区,形成比较优势。

（六）精细化工生态工业园建设

精细化工是当今化学工业中最具活力的新兴领域之一，是新材料的重要组成部分。国际通常是根据产品的用途分类，主要由医药、农药、兽药、染料、颜料、涂料、感光材料、磁性记录材料、印刷油墨、香精香料、化学试剂、催化剂、气雾剂、胶黏剂、表面活性剂、洗涤剂、工业清洗剂、饲料添加剂、食品添加剂、水处理剂、制冷剂、电镀添加剂、混凝土添加剂、选矿剂、沥青乳化剂、造纸化学

品、汽车化学品、皮革化学品、油田化学品、电子化学品、信息化学品、各类助剂
（如纺织助剂、印染助剂、塑料助剂、橡胶助剂、高分子聚合助剂、农药用助剂、油
品添加剂等）、工业民用防雾剂、功能性树脂、生物化工产品及各类中间体等。

如图6-13所示，精细化工的上游行业主要为石油化工、煤化工、盐化工、
磷化工等基础化工业，下游行业则包括医药、农畜业、纺织、日化、汽车、房地
产、家电等诸多生活终端消费行业。在精细化工的各领域中，医药占主导地位，
约占全球精细化工营业额的70%，农用化学品占15%左右，染料占5%，食品
添加剂占5%，其他占5%。

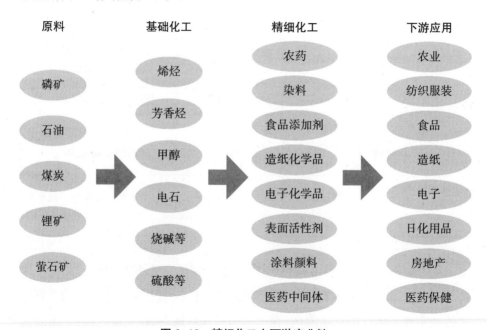

图6-13　精细化工上下游产业链

精细化工行业是技术密集型和资金密集型行业，是代表一个国家综合国
力和技术水平的重要标志。目前，世界精细化工生态园区发展最好的依次是美
国、德国和日本，其产品产量分别居于世界第一、二、三位。

1. 精细化工的特点

一是技术密集度高。精细化工行业具备较高的技术壁垒，要求企业具有较
强的新技术开发能力、技术升级能力和技术储备。企业核心技术及持续的研发
能力是保证其高速成长的源泉。传统型精细化工产品向高新型精细化工产品

转型的关键桥梁就是技术,所以说科技创新是精细化工行业的重要生产力。

二是多品种、小批量。从以上精细化工的范畴和分类中,可以看出精细化学品必然具有多品种的特点。一方面是由于精细化学品的应用面窄、专用性强,特别是专用性品种和特质配方的产品,往往是一种类型的产品可以有多种牌号。另外,同一化学物质组成的产品,通过不同的功能化处理赋予各种特性,使其具有明显的专用性,逐渐形成产品的多规格、系列化,更使产品品种日益剧增,如活性碳酸钙是轻质、重质碳酸钙经活化剂表面处理后的产物,在处理过程中,可应用的表面活性剂有十几种,经处理后形成的系列化产品,分别专用于橡胶、塑料、造纸、涂料、油墨等行业,形成数量众多的钙盐系列化产品,而且产品的更新速度快,用量又不是很大,必然导致精细化学品具有多品种、小批量的特点。这就要求生产厂家要不断地开发新品种、新剂型,提高开发新品种的创新能力和在国际上的竞争能力。因此,多品种不仅是化工生产的一个特征,也是评价精细化工综合水平的一个重要标志。

三是多采用综合生产流程和多功能生产装置。正是由于多品种、小批量且多数产品更新换代快的特点,就要求精细化工大多采用综合生产流程和多功能生产装置,这样,一套流程装置可以经常改变产品的品种和牌号,有相当大的适应性,使设备的潜力得以充分发挥,经济效益大大提高。

四是投资少、附加价值高、利润大。精细化学品一般产量都较少,装置规模也较小,很多是采用间歇生产方式,其装置通用性强,与连续化生产的大装置相比,具有投资小、见效快的特点。精细新产品上马投资主要在研制费用,生产设备改变很小,生产方式的改变及技术难度也不一定很大,但是,销售价格却比原品种有很大提高,其利润也很高,当然,附加价值也大。此外,商品性强、市场适应性强、寿命短、更新快、竞争性强、服务性强也是其特点。

2. 精细化工对环境的危害

从图 6-13 可见,精细化工的原材料和上游产品是煤化工、石油化工、盐化工、磷化工等基础化工产品再经过化学反应精制而成,所产生的副产品更多,如果这些副产品不能再次利用或无害化处置,将对生态环境造成的破坏更加突出。如表 6-3 所示,以生产 1 吨产品所产生的副产品计算,精细化工品所产生的副产品、废弃物数倍于其他基础化工品。

表 6-3　一些行业废弃物生成量

行业	生产 1 吨产品产生的废弃物
石油炼制	0—1 吨
基础化工原料	1—5 吨
精细化工品	5—50 吨
医药制品	25—100 吨

资料来源:苏砚溪,《精细化工的发展与环境保护》,《化工技术经济》2001 年第 6 期。

不可否认的是,精细化工对"三废"的治理技术难度更大,往往需要耗费相当大的资金和研发力量,有些企业出于经济效益的考虑,往往会偷排"三废"物质,对大气、水源和土地污染极大,造成化工园区与周边居民的激烈冲突。因此,我们需要在共生理念下,采用绿色生产技术,并且将副产品充分利用,既可以降低企业处理"三废"的成本,又可以实现生态和谐。但是,需要说明的是,由于精细化工的上游产品是石油化工、煤化工、盐化工等基础化工,精细化工的末端就是整个化工产业链的末端,所以我们不会建议专门建设精细化工生态园区,而是建议将精细化工产业链直接融入其他大型化工生态工业园区中,缩短原料运输距离,共享技术、信息、员工培训、公共废弃物处置设施等资源。因此,本书下面重点介绍绿色生产技术在精细化工行业的应用。

3. 绿色化工技术在精细化工行业的应用

绿色化工是将工业废料排放降到最低且对环境毫无污染的一种化学工艺。通过绿色化工的技术支持,化学工业的各类精细化机械设备能高效率地完成生产工作,进而充分利用化工原料,降低生产成本,确保在生产过程中不会再产生污染环境的隐患。同时,绿色化工技术在化工产品的生产过程中,要将对生态环境的保护和对员工身体健康的保障作为指标。目前,绿色化工技术在精细化工中的应用主要有纳米技术、微化工技术、绿色分离技术、生物化工技术、分子设计技术和超临界流体技术。

纳米技术从推出至今,仍是全球范围内的热门话题和尖端科技,主要原因就是纳米科技下的全新材料会在各方面都远超同类材料。如经过纳米科技处理的铜,比常规铜要坚硬 6 倍左右;经过纳米科技处理的铁,韧性要比常规铁提高 12 倍左右。随着纳米科技的不断发展,各种各样的纳米材料层出不穷,应用领域也在不断拓宽、拓深。例如,运用纳米科技将氧原子从氮氧化物分子结构中脱除的制作工艺制取纯液态氧,摆脱了传统依托深冷液化工艺高昂的费用和复杂的操作,极大地减少了生产成本[①]。

微化工技术。微化工技术主要是以传感技术为基础对小型执行器和操作装置进行化学分析以及微化工工艺的过程。技术应用的过程之中,传热控制技术与微型反应器的配合作用下,进行小批量易于控制的精细化学反应,对反应的控制能力有较大提升,同时也为反应的过程提供了更为精确的反应进程,主要用于制药等行业中。

绿色分离技术。在化工行业中,精细化工和传统化工生产的过程,相同点就在于分离技术的使用,分离技术的发展已经相对成熟。而现阶段绿色精细化工使用的主要技术为树脂吸附技术、膜分离技术和微波萃取技术。这三种分离技术的使用,在应用的范围上有所差别。树脂吸附技术的应用范围为药物制备的过程中,利用大孔树脂对药物中有效成分的吸附,达到让有效物质与杂质分离的目的,生产出成分合格的药物。对于粒子直径不同的物质的分离过程,通过半透膜分离技术进行分离相对来说比较的成熟,通过对各种渗透膜、超滤膜的详细设计,以满足更多制备过程的需求。进行绿色分离技术工作的过程是每一个化学反应制备过程中的必备环节,在分离效率和能力不断提升的过程中,有助于更为高效、无污染的工作。在对物质进行分离的过程中,也有助于物质的回收与循环利用[②]。

生物化工技术。生物化工技术囊括细胞工程、遗传工程及酶工程,是一项复杂且具有极大现实意义和价值的尖端科技。生物化工生产技术和生物化工催化技术是其亮点项目。生物化工生产技术是一种颠覆传统化工生产模式的新兴科技,开创了化工生产的全新生产思路和模式。如甘油发酵生产法可以取

① 张在根、李朝兵、李君:《绿色化工技术在精细化工中的应用研究》,《现代盐化工》2020 年第 2 期,第 36—37 页。

② 常思聪、蒋悦:《绿色化工技术在精细化工中的应用研究》,《化工管理》2019 年第 7 期,第 96—97 页。

代传统的提取法和化解法,极大地降低了化工原料的生产成本,提高了甘油的生产产量。甘油发酵法对生产设备的要求很低,生产原料来源也十分广泛且成本低廉,有着广阔的发展前景。可用于甘油生产的原料有酿酒酵母、耐高渗压酵母等,在生物化工科技的实际应用中将其合成。在信息技术和自动化技术的支持下,生物化工生产技术将有更快的发展速度。生物化工催化技术化工产品在生产时需要催化剂参与其中,生物化工催化技术就是将原本无机物的催化物换成各种酶。这些酶的来源十分广泛,有微生物、植物、动物等,其中,微生物是酶最主要的来源。其原因在于微生物的种类繁多、培养简单,最重要的一点是,从微生物中提取酶要比从植物和动物中提取简单,并且成本更低。以酶作为化工生产的催化剂存在回收困难、稳定性差、难以提纯等缺点。可以让孔隙材料作为酶的载体,如琼脂、纤维素等,通过物理吸附、生物结合等方式将其聚合在一起,实现以酶作为催化剂的实际应用目的[①]。

超临界流体技术的发展有 100 多年的历史,技术上相对成熟,但是在目前精细化工产品中应用较少。因此可以作为新技术在绿色精细化工方向进行探索,减少有害气体的产生,提升整体效率。

三、高新技术产业生态工业园

长期以来,电子信息、生物制药、新材料等高新技术产业因为其精密的仪器、干净的生产环境而被误认为是清洁的、无污染的。其实,高新技术产业给生态环境造成的污染非常大,具有隐蔽性、滞后性、协同性、累积性等特点,已经引起越来越多国家和环保人士的重视,他们纷纷就如何实现高新技术产业清洁生产、循环利用展开研究,并提出要在共生理念下对传统高新技术工业园区进行生态化改造和生态化建设。

（一）高新技术企业对生态环境的影响

当人们看到高科技企业整洁干净的生产线时,很难将其与环境污染联系起来,从而把高科技企业等同于生态型企业。事实上,如果我们深入高新技术企

---

① 张在根、李朝兵、李君:《绿色化工技术在精细化工中的应用研究》,《现代盐化工》2020 年第 2 期,第 36—37 页。

业的生产过程当中，就会理解那些看似洁净的制造过程可以通过与传统工业不同的、更隐蔽的方式对生态环境产生更为严重的影响，是污染的更高形式。

1. 能源消耗大

电子信息设备的制造需要消耗大量的能源。例如，一个台式计算机，制造中所需要的原材料和化学物质就达 700 多种，耗水 33000 升，电力 2315 瓦。虽然，随着电子信息技术的不断创新，信息设备的质量和体积变得越来越小，但是在消耗能源上并没有得到改善，反而对能源的需求急剧增加。例如制造微型处理机和微型电子储存器就需要庞大的空气调剂和净化系统装置。由于生产设备差别、技术性差别，各个国家电子信息制造业平均每万美元产值能源消耗不同，比如日本、美国电子信息制造业平均每万美元产值消耗能源约为 0.02 吨标准煤，而在电子信息产量最大的国家——中国，其能耗达到 0.05 吨标准煤。

2. 污染大

高新技术产业的生产设备相比传统工业而言，更具智能化、科技化，拥有整洁的厂房和流水生产线，运作效率高，很难联想到电子垃圾污染问题。实际上，高新技术产业的污染具有隐蔽性。第一，大气污染。以半导体产业为例，制造过程中所使用的化学品种类相当多，造成的污染主要包括溶剂污染、辐射污染和空气污染等，其中空气污染中挥发性有机物（VOCs）的危害尤甚，因为绝大部分 VOCs 属于有害性空气污染物（Hazardous Air Pollutants, HAPs），这些化学物质或溶剂在使用过程中的逸散成为主要的空气污染源，呈现污染物量少但种类繁多的特性。依据化学特性和影响范围不同，分为易燃性气体（如 SiH_4、H_4 等）、毒性气体（如 AsH_4、PH_3 等）、腐蚀性气体（如 HF、HCl 等）、温室效应气体（如 CF_4、NF_3 等）。在集成电路、光电、计算机及其外围通信等产业中，集成电路产业产生的空气污染问题最为严重，其次为光电产业，而其他产业对区域的空气品质影响程度相对较小[1]。第二，重金属污染。电子垃圾是人类面临的新问题，它们造成的环境危害并不亚于常规的垃圾。废旧家用电器中主要含有铅、镉、汞、六元铬、聚氯乙烯塑料、溴化阻燃剂等六种有害物质。一台电视机或电

---

[1] 王伟：《论高新技术产业开发区的生态化发展》，《中国人口·资源与环境》2003 年第 6 期，第 105—108 页。

脑显示器中的阴极射线管中平均含有 4—8 磅铅，如果铅进入土壤和水源，就会造成严重的环境污染，还会影响儿童的脑发育。印刷电路板上含有铅和镉，铅能伤害人的神经系统，而镉则积累在人的肾脏中，并经过较长时间才能显现出来。电池、移动电话、液晶显示器、开关、传感器都含有汞，当汞被排入水中后，会转化成甲基汞，可以通过食物链进入人体，使神经系统受损。第三，电磁辐射污染。电磁辐射污染主要来自电子元器件制造业、广播通信设备制造业、IT 制造业、机械加工制造业、汽车制造业和医学试验与治疗过程、探测仪器的生产过程中，在生活中电脑、手机、微波炉等许多家用电器在使用中发射电磁波，也会产生一定的电磁辐射污染。电磁辐射污染对生物机体细胞、人体神经系统、循环系统、免疫、生殖和代谢功能具有极强的辐射伤害，对人的身体有着长期潜在的威胁和影响，人们长期暴露在电器和其他各种仪器的电磁辐射中，癌症和退化性疾病的危险正在增长[1]。其他还未知的污染，由于受科技水平和人们认识水平的限制，一项高新技术出现之后，会对环境和人体产生什么影响，往往当时是不可能认识到，只有经过一段时间后环境出现问题了或人身受到伤害了，人们才能开始了解，因而高新技术污染从产生污染到出现问题通常会滞后较长的时间，甚至几十年才会显现出来。比如日本的水俣病、骨痛病经过了近 20 年之后才被人们认识。

小资料： 日本水俣病事件

日本熊本县水俣湾外围的"不知火海"是被九州本土和天草诸岛围起来的内海，那里海产丰富，是渔民们赖以生存的主要渔场。水俣镇是水俣湾东部的一个小镇，有 4 万多人居住，周围的村庄还居住着 1 万多名农民和渔民。"不知火海"丰富的渔产使小镇格外兴旺。

1925 年，当时处于世界化工业尖端技术的氮肥公司在这里建厂，后又开设了合成醋酸厂。1949 年后，这个公司开始生产氯乙烯（C_2H_3Cl），年产量不断提高，1956 年超过 6000 吨。与此同时，工厂把没有经过任何处理的废水排放到水俣湾中。而在氯乙烯和醋酸乙烯的制造过程中要使用含汞（Hg）的催化剂，这

---

① 张小兰：《对高新技术产业污染特殊性的思考》，《科技管理研究》2009 年第 10 期，第 336—338 页。

使排放的废水含有大量的汞。当汞在水中被水生生物食用后,会转化成甲基汞(CH_3Hg)。这种剧毒物质只要有挖耳勺的一半大小就可以置人于死地,而当时由于氮的持续生产已使水俣湾的甲基汞含量达到了足以毒死日本全国人口两次都有余的程度。水俣湾由于常年的工业废水排放而被严重污染了,水俣湾里的鱼虾也被污染了。这些被污染的鱼虾携带的毒素通过食物链又进入了动物和人类的脑中,使脑萎缩,侵害神经细胞,破坏掌握身体平衡的小脑和知觉系统。据统计,有数十万人食用了水俣湾中被甲基汞污染的鱼虾。

直到近 20 年后的 1956 年,水俣湾附近发现了一种奇怪的病。这种病症最初出现在猫身上,被称为"猫舞蹈症"。病猫步态不稳,抽搐、麻痹,甚至跳海死去,被称为"自杀猫"。随后不久,此地也发现了患这种病症的人。患者由于脑中枢神经和末梢神经被侵害,症状如上。当时这种病由于病因不明而被叫作"怪病"。这种"怪病"就是日后轰动世界的"水俣病",是最早出现的由于工业废水排放污染造成的公害病。

3. 治污难度大

高新技术产业的治污难度很大,一方面是技术原因治理不好污染,另一方面是治污的经济成本太高,企业亏损而无力治污。目前,存在一种现状就是很多发达国家将高新技术产业链条中利润空间最大的研发阶段留在本国,而将产业链条中利润空间最小和污染最大的生产阶段转移到其他国家(主要是东南亚国家),以此来转移治污成本。比如计算机巨头国际商业机器公司(IBM)将研发公司留在美国,而将个人计算机(PC)制造业全部出售,彻底转型为信息技术(IT)服务提供商。即便是这样,全世界仍然有 80%之多的电子垃圾出口至东南亚国家。但是除了日本之外,其他东南亚国家在电子垃圾回收和处理方式上都显得落后(本部分在静脉产业生态园区中详细讲述),对生态环境造成二次伤害。

(二)高新技术产业生态工业园特点

进入 21 世纪以来,电子信息、生物医药、新材料以及其他高新技术产业快速发展,鉴于高新技术产业对生态环境造成的巨大危害,如何妥善防范和治理污染集中度更高的高新技术园区,确保这些高新技术产业园区能与当地区域和谐共生成为一个关键问题。

越来越多的学者提出将可持续发展思想和工业生态学原理应用于高新技术工业园区,形成高新技术产业生态工业园。高新技术产业生态工业园的定义和建设方法不一,但其本质都是实现科技创新、经济效益、社会效益和环境绩效的整体最优化。因此,建设高新技术产业生态工业园区不仅能够有效保护环境,减少资源消耗,而且通过废物的交换和能量、水的梯级利用,还可以节约生产成本,提高经济效益,同时能够树立园区的绿色形象,吸引更多的资本。

从 20 世纪 90 年代开始,很多先进国家新建高新技术产业生态工业园区,或者将传统高新技术产业园区进行生态化改造,提出园区内高新技术企业共生发展,进行技术革新,从生产源头寻找无害化可替代材料、生产过程实现清洁化生产、生产的副产品实现循环化利用、生产的废弃物实现资源化回收和无害化处置。其中,在高新技术产业生态工业园区内,生产者是利用各种资源进行生产和创新的组织,包括高校、科研机构、企业等,消费者是吸收、使用科技成果的各类高新技术企业,分解者是市场和消费者,生态链是各种成分通过生产和使用创新成果而形成的技术传递与对接关系,生态因子是对园区组织有影响的环境要素,如外部经济景气指数、技术浪潮等,进化是组织通过创新而取得的进步和完善,协同进化是各组织既竞争又合作的协同发展。

高新技术产业生态工业园相较于其他产业的生态工业园创新更强,环保意识也更强,人才流动更频繁。

1. 创新性强

由于高新技术产业生态工业园聚集了大量科技型企业、人才和技术等创新要素,并与区域高校和相关机构等构成了有效协作的创新网络,通过内外部创新资源的综合利用实现持续的生态化技术、产品和工艺创新,具有较强的创新能力和水平。

2. 环保意识强

大多数高新技术产业生态工业园企业往往环保意识更强,他们为了追逐超额利润往往更容易接受和采用绿色加工技术以及新型材料,并积极申请和取得 ISO14000 认证(ISO14000 系列标准是集近年来世界环境管理领域的最新经验与实践于一体的先进体系,实施 ISO14000 标准的目的是帮助高新区实现环境目标与经济目标的统一,建立一个不断持续改进的管理体系),通过运用先进技术以及对企业生产流程和产品进行综合控制,实现清洁生产。

3. 人才流动频繁

马斯洛需求理论将人的需求从低到高分为五个基本层次,分别是生理需求、安全需求、归属与爱的需求、尊重需求和自我实现需求,其中前两个是基本层次的需求,后面三个是高级层次的需求。而高新技术产业生态园区人才年轻化、精英化,这两个特点导致园区科研人员的尊重和自我实现的需求特别强,因此,各地的高新技术园区的人才流动特别频繁,比如硅谷许多公司每年人员流动比例高达30%,这些掌握研发技术的科研人员,在工作几年后很容易离开公司或者跳槽到另一家公司,或者自立门户,创办自己的企业,追求尊重和人生自我实现需求。伴随着人才的频繁流动,信息、技术在高新技术产业生态园区的流动也很频繁。

(三) 高新技术产业生态园建设思路

鉴于高新技术产业创新性强、环保意识强、对其他产业渗透性强的特点,园区生态化建设的思路是:构建可以共生和循环发展的产业链是高新技术产业生态园区建设的核心,减少污染物排放甚至实现零排放是园区建设的目标,加快技术创新是园区建设的关键,经济效益和生态效益是衡量园区生态化改造的重要标尺。

构建产业链共生与循环是高新技术产业生态园区建设的核心。某个高新技术产业所产生的副产品和废弃物,实际上可能会成为另一个高新技术产业的投入品,从而变废为宝,变害为利,提高经济和生态效益。比如前文所说的电子垃圾里面含有许多塑料、橡胶、有色金属、黑色金属、玻璃等可供回收的再生资源,一些废旧电子产品还含有金、银、铜等贵金属。因此,如果建立循环经济生态链,不但能够治理污染,还能降低企业生产成本。所以,一个成熟的生态工业园区就是一个产业集群,高新区通过生态化建设实现产业共生循环,可给集群内的企业带来大量好处。一是通过形成企业之间的共生关系来构建产业生态链,这样上游企业生产的副产品可以变废为宝,成为下游企业的原材料,降低了企业的生产成本和相关交易费用。二是园区内的企业可以通过联合技术攻关和创新,共同承担技术创新风险,实现整个体系的协同进化,保证生态工业园区中的企业相对于生态工业园区外的企业更有竞争优势。三是共享园区公共服务,可以在园区内搭建企业共享的基础设施和服务平台,实现企业间的能量梯级利用、废水循环利用,共享法律咨询、园区安全教育、政策信息、市场动向、物流、办公场所,甚至因为园区内集中的企业关联度高还可以共享共性试验场地、共性的员工培训以及园区的各种讲座等。

最终减少污染甚至实现零排放是园区生态化建设的目标。传统的高新技术产业链一般是只能进行产品的购买,形成上下游企业,这些上下游企业一般是同属于一个产业的链条,以线性形式存在,产业链之间互不相交,从上游到下游有始有终。而在高新技术产业生态园区中,可以借助高新技术产业向其他产业的渗透作用,实现对多个产业进行副产品甚至废弃物交换,这些企业生产的产品可能相近,也可能不相近,例如某家企业的多种副产品可以为多家企业、多种产业所利用,相互交错形成网络结构。这种共生网络的构成,大大减少了不同产业废弃物的产生,完全可以实现减少污染甚至可能实现污染零排放。

加快技术创新是园区生态化建设的关键。前面提到,生态工业园区建设的核心是形成生态化、产业化的工业原料链,即上游企业排放的废物能够转化为生产原料被下游企业利用。然而,很多时候,上游企业的废物并不直接是下游企业现成的原料。从现实情况看,大多数时候从废物到原料的转化需要借助现代技术改进或创新,或者改进工艺技术,或者改进生产设备等,总之关键是将废弃物转化为原材料,最大限度降低污染的产生量。

经济效益和生态效益是衡量园区生态化建设的重要标尺。经济效益是园区生态化建设的主要标尺和驱动力。高新区拥有较高的经济增长水平是园区可以不断进行生态化建设和改造的前提条件。对于企业来说,企业经济效益越好、经济潜力越大,企业的经济实力越强,越将重视科技水平的提升和生态环境的改善。反过来,生态效益越好,说明园区和企业的生态化建设越成功,越能保持在同行业的领先地位,起到领军作用。

（四）高新技术产业生态园建设内容

高新技术产业生态园的建设内容与其他生态工业园相比,有共性更有个性,共性的一面在此不再赘述,个性的一面主要包括建设科技企业孵化器、科技产业创新联盟、风险投资机构、电子废弃物静脉产业。

1. 建设科技企业孵化器

科技企业孵化器也称高新技术创业服务中心，是以促进科技成果转化，培育高新技术企业和企业家为宗旨的科技创业服务机构。主要功能是以科技型中小企业为服务对象，为入孵企业提供研发、中试生产、经营的场地和办公方面的共享设施，提供政策、管理、法律、财务、融资、市场推广和培训等方面的服务，以降低企业的创业风险和创业成本，提高企业的成活率和成功率，为社会培养成功的科技企业和企业家。孵化器分为综合孵化和专业孵化两种：综合孵化只管企业外部的事，不管企业内部的事。综合孵化器又可以叫通用孵化器，专业孵化就要求孵化器不仅提供综合孵化能提供的服务，还要求孵化器管理层具有较为全面专业的知识和经验，会介入企业的资本运营中。

在高新技术生态工业园中，科技企业孵化器的建设方向主要有以下方面：

一是提高资源组织能力，充分利用外部资源，实现各种要素的聚集、优化和升值。作为一种特殊形式的中介机构，科技孵化器的基本任务是为被孵化企业提供各种外部资源的服务。被孵化企业对外部资源的需求一般应包括：创业支持，包括企业创办手续服务、基础条件的提供等；咨询与培训，包括政策、财务、税务、人事管理的咨询及相应的培训等；要素资源服务，包括人才、技术、产品、资金、市场协作网的建立和有效服务；信息化服务，包括建立数字化网络平台，提供网上培训、展示、电子商务服务等。同时，孵化器要进行服务方式的创新，比如，对于自身没有优势的服务项目，可以借助社会机构的力量入驻，引入专业化的服务，还可以探索有偿服务的方式，通过有偿孵化服务促使孵化器提高服务质量和服务效率，使在孵企业能获得水平和质量不断提高的个性化孵化服务。

二是建立和完善科技孵化器公共技术服务平台。创业企业一般不具备购置大中型仪器设备和开发工具的能力，缺少公共技术开发和技术服务平台已经成为制约创业企业技术创新水平和创新能力的障碍之一。因此，孵化器一要把建立和完善公共技术服务平台纳入孵化器基本建设内容，逐步建立包括公共实验室、中试车间、大型通用仪器和通用测试平台在内的技术创新和孵化条件。二要强化产学研合作机制，通过与周边相关的科研单位，大专院校建立制度化的技术支持网络系统,帮助被孵化企业解决相关的技术问题。三要结合各地区的产业和技术资源优势,大力发展各种类型的专业孵化器,比如在建立生物、软件和集成电路(IC)设计等专业孵化器的基础上,提供专业化技术服务设施和条件。

三是拓宽和健全融资渠道。科技孵化器要针对科技型中小企业普遍缺乏资金的特点,重点解决市场化融资中的瓶颈。比如孵化器除了要建立自身的孵化基金之外,更重要的是在吸引外部资金方面起到媒介的作用。对被孵化企业而言,孵化器要针对企业的发展状况,指导企业有效地利用各种融资渠道;对资金的供给方面而言,孵化器应通过自身的良好信誉和判断能力,为投资者提供客观的咨询意见,促进和提高融资的成功率。

四是建立多层次科技孵化载体(见图6-14),提高孵化速度和成功率。随着企业的成长,适合于初创期企业的孵化条件已难于满足成长期企业的需求。因此,需要根据企业成长的不同阶段,建立多层次孵化载体:培育能独立参与市场竞争的小企业,培育具有一定竞争力的、比较规范的现代企业,培育以跨国经营为目标的企业。

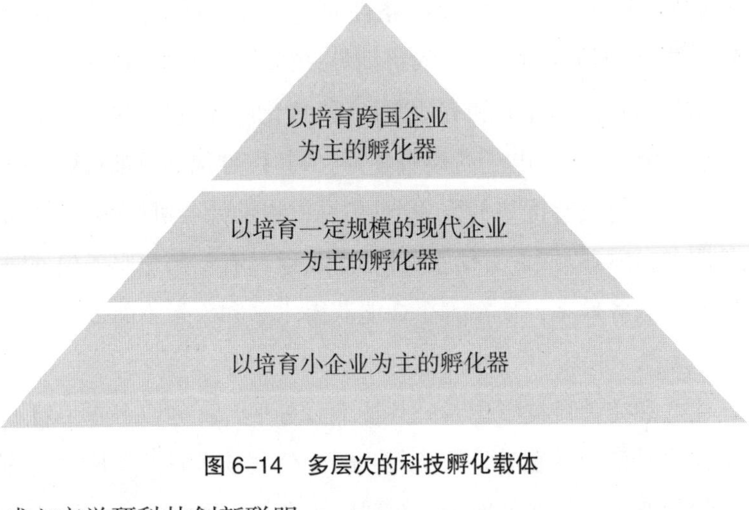

图 6-14　多层次的科技孵化载体

2.成立产学研科技创新联盟

产学研科技创新联盟是由政府相关部门、企业、科研机构、高校、协会等合作开展高新技术研发、推广应用以及相关项目建设、市场开拓,以契约形式组成的企业合作组织。产业创新联盟虽然不是创新的主体,但它在各个群体之间起协调的作用,使信息流通更顺畅、各个种群协作更容易,有效降低了各个种群的"觅食成本",减少种内竞争,在较大范围内形成多种"伴生"或"共生"关系,对产业创新有极强的支持作用。

从组织形态看,产学研科技创新联盟是以企业、高等院校、科研机构为主体,包括社会中介等各方面力量,以创造知识产权和重要标准为目标,通过产学研联盟成员的优势互补和协同创新形成的一种长效、稳定的利益共同体;从主要任务看,产学研科技创新联盟是以产业技术创新需求为基础,突破产业发展的关键技术,构建共性技术平台,凝聚和培育创新人才,加快技术推广应用和产业化;从构成要素和运行机制上看,产学研科技创新联盟有明确的专业技术方向和创新目标,通过契约关系建立共同投入,联合开发,利益共享,风险共担的机制。

在高新产业生态工业园区建立长期、稳定的产学研科技创新联盟对于增强园区持续的创新性十分必要,可以从两个方向重点建设。一是在平等型的高新产业生态工业园区中建立从产业集群的共性技术和关键性需求出发搭建技术创新平台。这种模式要以市场为导向分析产业集群发展中的技术需求,预测并绘制技术路线图,从而更好地将集群技术创新平台的建设嵌入园区发展中。二是在依托型的高新产业生态工业园区中构建与大企业共生成长的产学研创新联盟,这种创新联盟以产业链为纽带,大企业可以集中精力发展核心竞争力,中小企业可以借助大企业稳定的需求而专心创新,最终形成大中小企业共生成长的产学研创新联盟。

需要注意的是,产学研科技创新联盟能否成功运作,关键在于能否按照市场运行规则,建立利益共享和风险共担机制。只有利益共享,才能实现持续稳定的合作;只有风险共担,才能形成合力,应对各种挑战。要按照契约精神,在合作之前明确各方在技术创新、知识产权创造、利益分配、成果应用等方面的责、权、利。另外,创新联盟虽然属于高新产业生态园区,但要为了保证联盟的创新活力,需要保持充分的开放性,建立与全国和全世界同行业的学习交流机制,加强与相关企业、科研院所的广泛联系与协作。

3. 建立风险投资机构

风险投资是指将资金投向于新成立的具有巨大增长潜力, 但同时在技术市场等各方面存在巨大失败风险的不成熟高新技术产业,并提供长期股权投资和增值服务,培育企业快速成长,数年后通过上市、兼并或其他股权转让方式撤出投资,取得高额投资回报。以实现金融、产业、科研相结合的一种投、融资行为。

风险投资是实现技术和资本对接的有效手段。一位美国的风险投资家曾说过:"硅谷的故事很好听,但神话的诞生不仅归功于科学技术的进步,更在于它特殊的运作方式——风险投资。"世界各国的高科技园区也证明了,没有风险投资的支持,就没有园区内高新技术企业的发展。高新技术与风险投资就像孪生兄弟,紧密相连。因此,建立风险投资机构是高新技术产业生态园区建设的主要内容之一。

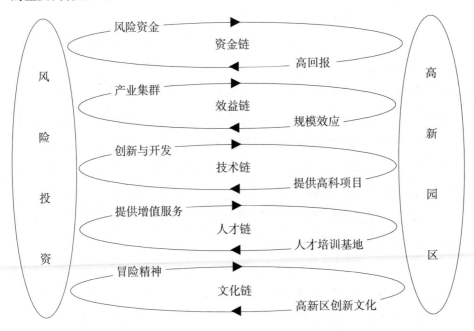

图 6-15　高新技术生态园区与风险投资互动图

资料来源:查伟华,《高新区风险投资体系建设及其评价》,武汉理工大学,2004 年。

资金链的互动。高新技术企业发展的不同阶段,对资金的需求和融资方式选择也不同。如图 6-16 所示,处于种子初创阶段的企业资金需求不是很大,但投资风险很高。企业的资金来源主要是依靠自有资金、政府引导基金和天使投资。处于创建阶段的企业已完成从样品开发和企业经营计划的建立工作,着手组建企业、组织生产和建立商业模式,此时对资金的需求较大,同时风险也很高。这一阶段企业的资金来源以风险投资、资产证券化、科技贷款为主。处于成长阶段的企业重点在于开发新产品,扩大生产规模。此时企业资金需求较大,但相对风险较小。这一阶段企业的资金来源主要通过项目融资、上市融资或银行贷款为主。因此,由图 6-16 可见,在高新技术企业的初创期和成长期都离不开风险投资的支持,当然,高风险就意味着高收益,在风险资金的支持下,高科技企业的不断创新与发展也为风险投资提供了超额的回报。美国硅谷的风险投资的长期回报率可达 30% 左右。

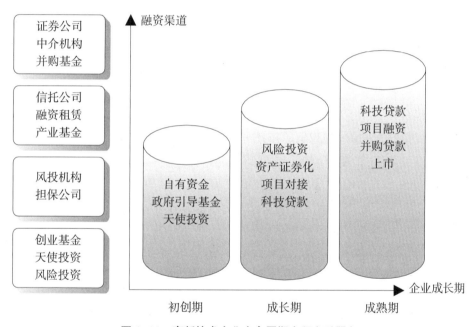

图 6-16 高新技术企业生命周期全程金融服务

效益链的互动。地域的距离和项目的行业相关程度,常常会影响风险投资监管与参与的成本,因此,风险投资会表现出区域及项目的集中。风险投资家常会对同一产业的企业,或相关和支持产业的企业项目进行单独或组合投资,以求降低风险,从而形成各区域不同的先进高新技术产业群。这有利于区域内知识、信息与技术的传播,使风险企业进行相互支持、相互依存、资源共享的合作创新,降低创新成本,产生区域创新优势。风险投资的行业特性决定了其投资额必须达到一定的规模才能实现投资的规模效益,即在一定的区域内,随着风险投资资金规模的扩大、投资项目的增加、投资决策、信息流通,风险承担等方面将发生成本下降、收益上升的现象。而高新技术生态园区的产业集群正为风险投资提供了一个实现规模经济的场所。产业集群容易使风险投资家了解产业的发展动态,判断风险企业的发展前景,从而降低投资风险,同时又可降低风险投资家寻找项目的信息成本与决策成本。因此,产业集群的地方较易获得风险资金的支持[1]。

技术链的互动。高新技术生态园区一般都以大学或科研院所为依托作为自己的知识中心,保证企业产生创新源泉。在美国费城的大学城科学中心与30多个大学或教育机构建立了依托关系,如美国的硅谷60%—70%的企业是斯坦福大学学生或教师创办的。再加上园区内企业保持着资源共享的合作创新,使得园区内企业具有技术先进、高成长性的特点,对风险投资具有强大的吸引作用,使具有资金放大功能的风险投资为高科技企业提供了大量的科技成果转化资金。

人才链的互动。风险投资家主体一般是一支具有驾驭风险能力、高素质的风险投资家队伍,是理论教育与实践培训的结合体。高新技术生态园区为风险投资家提供了一个良好的实践基地,园区内充裕的人才、技术、创新及高科技教育等都有利于培养既懂技术又会经营的综合型高素质风险投资家。反过来,风险投资家为企业提供了资金支持,同时又提供了技术援助及帮助进行战略管理。他们善于按市场规律将资金、风险与技术结合在一起;他们通过密切监督,可以较早察觉潜在问题,采取措施降低风险,提供决策;在参与管理的同时,还帮助企业完善创新管理机制、创优管理流程,增加企业规避风险的能力。[2]

文化链的互动。创新精神、冒险精神是风险投资和高新技术企业家共有的文化精神,二者在高新技术生态园区可以充分互动、碰撞,成为园区发展独特的文化氛围。

4. 建设电子废弃物静脉产业

相比较其他类型的生态工业园区,在高新技术生态工业园建设电子废弃

---

① 查伟华:《高新区风险投资体系建设及其评价》,武汉理工大学,2004,第9—10页。
② 同上。

物静脉产业更必不可少也更具有比较优势。说其必不可少主要是因为电子信息产业对生态环境的破坏广泛而深远，说其更具有比较优势是因为高新技术生态园区有相对于其他类型生态工业园区更完备的产业链衔接优势。下面就高新技术生态工业园区建设电子废弃物静脉产业的比较优势做一介绍：

首先，具有明显的物流储运优势和产业链衔接优势。由于很多发展中国家还没有建立完善的垃圾分类和垃圾回收制度，也没有建立相关的"生产者延伸责任"制度，造成静脉产业生态工业园所需要的电子废弃物来源不足。由于电子废弃物具有一定的潜在污染性和危险性，其仓储、运输等都需要具备专业技术的企业来完成，造成电子废弃物物流成本较高。因此，电子废弃物回收难、运输贵和仓储不易等问题制约着静脉产业生态工业园区电子废弃物再利用的长远发展。但是，从各地的高新区产业分布看，通信产品制造业、家电产品制造业、数码产品制造业、计算机及其零部件制造业、电子元器件制造业等电子信息产业都是各地高新区主要产业之一，在这里发展电子废弃物静脉产业具有明显的物流储运优势和产业链衔接优势。

其次，具有技术优势。电子废弃物静脉产业需要较高的技术，特别是高科技含量和高环保性能的新技术。而电子废弃物静脉产业与电子信息产品和零部件加工业所需技术具有一定的重合度和关联度。因而，在高新区内布局电子废弃物静脉产业具有一定的技术优势。

（五）不同行业的高新技术产业建设重点

现阶段，大多数的高新技术生态工业园重点涵盖生物制药、电子信息、新能源和新材料四大类。由于新材料产业和化工、电子信息、新能源等产业均可耦合，因此，这里就不介绍新材料产业了，重点介绍生物制药、电子信息和新能源汽车产业的建设情况。

1. 生物制药

生物制药在生产过程中的循环利用主要在于实现企业清洁生产。例如在抗生素生产中，通过工艺创新，使用新型原辅材料，对提取工艺进行改造，减少"三废"排放量。在污水处理过程中，产生大量的可燃废气，经过密闭收集，可以用来发电或产生蒸汽。

生物制药的废弃物处置包括废水和生物废渣。其中，对废水污染的防治重点在于开发水处理单元技术,多功能组合式水处理技术,废水深度处理、净化、消毒技术,再生水处理及其回收利用技术等,完全可以实现水资源循环利用和"零排放"的目标。生物废渣的原料为蛋白质、淀粉、矿物质、维生素等,经过制药发酵后,药渣的主要成分为残留的原料和生成的菌丝体。经过环保处理的药渣,通过干燥,富含多种有机物质,并且有较高含量的氮、磷、钾等矿物质,是非常优质的有机基质原料,可以作为培育种苗和栽培的基质来使用,还可以用于食用菌栽培、禽畜饲料生产,可以作为絮凝剂来处理造纸工业中产生的废水。

2. 电子信息产业

电子信息产业的覆盖领域较广,手机、平板、显示、发光二极管(LED)、计算机、电器、车用电子设备等均属于电子信息产业的范畴。前面我们已经介绍过电子信息产业对生态环境和人们身体健康的巨大危害,也简述了电子信息产业的治污难度较大和治污成本较高的问题,因此,如何实现电子信息产业的生态化发展呢?

先引入一个概念——"职能经济",不是西方经济学概念中的"经济职能"。"职能经济"这一概念是由瑞士洛桑大学工业生态学教授苏伦·埃尔克曼提出的,是指增加财富,但并不扩大生产。为了达到这一目标,其基本战略就是优化并延长物品的使用效果和期限,而不是最大限度地生产,大规模地销售、使用寿命很短的产品。我们现在大多数经济学家和企业家的理念都是生产本位主义,认为财富的增加直接依赖的就是生产增加,依赖于产品的销售。而苏伦·埃尔克曼教授提出要把商品的使用价值提升到财富增加的另一方面,即不再是销售产品,而是销售服务,换句话说,就是出售设备的使用权,而不是设备本身。使用者从此成为中心经纪人,而不再仅仅是一个购买消费者。具体来说,资源的最优使用基于可持续性战略,以降低资源流动的速度。

可持续性就是延长产品的使用寿命,这样可以降低资源流动的速度。如果我们能将产品的使用寿命延长一倍,实际上就是相应减少了一半的废料。例如,复印机巨头施乐公司在20世纪90年代初最先将复印机设计成为由不同部件组装的产品,在这种设计中,要求部件生产的标准化和与其他机器的兼容性,不同部件均可不断通过技术进步得到优化而且不需要改变机器的其他部分,如果哪个部件发生损坏只需要更换该部件即可,不需要对整机进行更换。后来,施乐公司的这种设计理念被电子信息产业甚至机械制造业广泛应用。在可持续性的思想深处,我们可以发现维护保养服务在电子信息产业的重要性。产品的维护保养服务包括四个回环:

产品的重新投入使用(在对其状况进行检测保养之后)

产品(元、部件)的维修

技术性能的恢复和更新

材料的回收利用

从传统的视角来看,电子产业生产过程的起始点是投入原料→制成产品→销售→废弃物回收。如图6-17所示,维护保养服务完全优化了传统模式,是从已经在用户那里运行的产品出发,把产品价值最大化地附加上维护保养的服务价值,既与客户保持最大的黏合度,又带来利润的进一步提升。尤其是随着4G、5G网络的普及,远程服务也将会成为业务拓展的重要方向。

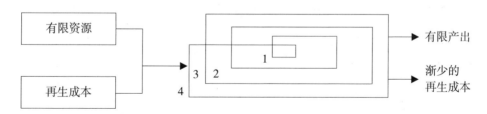

图6-17　可持续性战略的四个回环

注:1是产品的重新投入使用,2是产品的维修,3是产品的性能恢复,4是材料的回收利用。

资料来源:瓦尔特·斯塔海尔。

3. 新能源汽车产业

新能源汽车是指采用非常规的车用燃料作为动力来源,综合车辆的动力控制和驱动方面的先进技术,形成的技术原理先进,具有新技术、新结构的汽车。新能源汽车包括混合动力汽车(HEV)、纯电动汽车(BEV,包括太阳能汽车)、燃料电池电动汽车(FCEV)、氢发动机汽车、其他新能源(如高效储能器、二甲醚)汽车等各类别产品。

如图6-18所示,新能源汽车产业较传统汽车产业相比,产业链更长,需要的技术更先进,涉及锂、铜、铁、钴、石墨、稀土等矿石资源,锂动力电池、燃料电池、电机、电控系统等关键部件,整车制造、汽车维护保养、汽车电子、汽车拆解、电池回收再利用等车后市场。21世纪以来,各国大力支持新能源汽车产业的发展,不论是新的汽车品牌,还是传统汽车厂商,都在大力研发包括纯电动、混动等新能源汽车,新能源汽车产业得到高速发展。根据EV sales数据,2018年全球新能源乘用车销量达到创纪录的201万辆,同比增长60%以上,2019年全球销售新能源汽车约221万辆,同比增长10%。但是,快速发展的新能源汽车产业尚不能完全实现生态化,主要制约因素就是汽车关键部件——电池的回收再利用率较低。

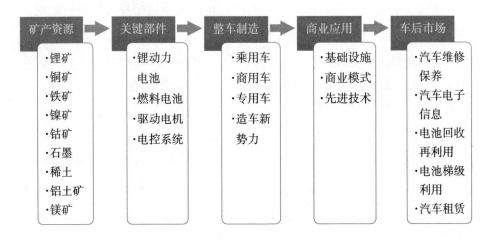

图6-18   新能源汽车价值链

新能源汽车虽然在行驶过程中直接将电能转化为机械能,不排放任何尾气,但是不等于新能源汽车对生态环境是完全友好的,主要是新能源汽车电池的污染状况严重。不管是纯电动汽车还是混动汽车,车上都会配备电池组,小的几千瓦时,大的上百千瓦时,一些长续航的纯电动汽车几乎整个底盘都是电池组。如表6-4所示,现在的新能源汽车大多采用锂电池,相比以往的镍氢、镍铬电池实现了汞、铬金属0含量,但是仍然含有大量的钴、锰、镍等有害金属以及非金属砷、氟等有害物质,这些物质如果不能充分利用或者安全回收将对环境产生不可逆转的破坏。

表 6-4　新能源汽车电池材料特性与潜在污染性

材料种类	材料名称	主要化学特性	可能产生的污染
正极材料	$LiCoO_2$	与水、酸或氧化剂发生强烈反应、燃烧，或受热分解产生有毒的锂、钴氧化物	重金属钴污染使环境 pH 酸碱度升高
	$LiMn_2O_4$	与有机溶剂或还原剂或氧化剂、金属粉末等发生反应可产生有毒气体	重金属锰污染使环境 pH 酸碱度升高
	$LiNiO_2$	受热分解为 Li_2O、NiO，遇水、酸发生分解	重金属镍污染使环境 pH 酸碱度升高
电解质	$LiPF_6$	有强腐蚀性、遇水可分解产生 HF，与强氧化剂发生反应，燃烧产生 P_2O_5 等有害物质	氟污染使环境 pH 酸碱度升高
	$LiBF_4$	具有强腐蚀性，与水、酸发生剧烈反应产生 HF 气体，燃烧或受热分解会产生 Li_2O 等有害物质	氟污染使环境 pH 酸碱度升高
	$LiClO_4$	与强还原剂、硝基甲烷等物质发生剧烈反应，燃烧后会产生 $LiCl_2O_2$ 和 Cl_2	有毒气体
	$LiAsF_6$	溶于水、吸湿性强，与酸反应可产生有毒气体 HF、砷化合物等	氟污染、砷污染
	$LiCF_3SO_3$	燃烧产物为 CO、CO_2、SO_2、HF，与氧化剂、强酸反应产生 HF	氟污染、有毒气体
负极材料	石墨	与强氧化剂可发生反应，燃烧产生 CO、CO_2	粉尘污染

尽管新能源汽车电池对环境破坏严重，但是包括大众、特斯拉、American Manganese 在内的各家企业都在研究如何在回收过程中，从电池中回收关键矿物质，似乎还没有找到经济的回收技术和处置方式。作为新能源汽车发展最快的国家之一的中国，目前的回收能力根本无法负担 2020 年预计的 12 万—17 万吨的报废电池。主要原因就是新能源汽车电池回收需要经过收集、放电、破拆、分选、除杂等若干步骤，每一步都需要巨大的人工成本和先进的技术装备，通过回收得到的材料远比购买新材料还要昂贵。据了解，一吨锂电池的回收成本（回收率超过 90%）约为 8500 元人民币，而这一吨废旧锂电池回收所获得的

收益为 7000 元人民币，所以按照目前的技术水平和回收体系，废旧锂电池回收是亏本生意。

在技术水平无法达到经济回收的情况下，目前市场上对报废动力电池的处理方式通常为三种：

重新制造，动力电池技术发展至今，电池出现问题时已经不需要把整块电池都替换掉，只需换掉对应的一块或几块故障电池就可以重新使用了，既节约能源又减轻用户经济负担。

梯次利用，这也是目前最普遍的处置方式，就是当电池容量衰减至 80% 以下时，虽然不再适用于电动汽车。但退役的电池经过检测、维护、重组等环节，仍可进一步在储能、分布式光伏发电、家庭用电、低速电动车等诸多领域进行梯次利用。例如 2016 年，丰田将凯美瑞混合动力车的废旧电池用于黄石国家公园设施储能供电。日产公司也与住友金属合作，利用电动车聆风的废旧锂电池开发蓄电池系统，作为太阳能发电的辅助储能系统，用于在夜晚和光照不足天气下的独立供电。

资源再生，即分解提取电池中的贵重金属、化学材料及副产品，在原材料市场中出售或重新投入车用电池的生产。例如特斯拉正在内华达州 1 号超级工厂研发独特的电池回收系统，该系统既可处理电池生产的废料，还可处理报废的电池。通过该系统，锂和钴等关键矿物与电池中的铜、铝和钢等所有金属的回收率将达到最高。将以最适合用作新电池生产材料的形式回收上述所有材料。American Manganese 在试点回收工厂，成功在锂离子电池阴极材料回收方面实现了高回收率。但是，以上技术还在试验阶段，相信不远的将来，随着科学技术的向前发展，新能源汽车电池回收技术将实现真正突破，届时围绕新能源汽车就可衍生一批新的行业和企业，新能源汽车就能真正实现生态化发展。

四、综合性静脉产业生态工业园

随着工业化和城市化的发展，城市生活垃圾、废旧电器、电子产品、工业固体废弃物的产生量越来越庞大，这些废弃物过去以填埋、焚烧的方式进入大气、土壤、地下水，造成极大的资源浪费和环境污染。随着各国对循环经济和生态园区的科学认识,越来越意识到将这些废弃物再次回收、再次拆解、再次利用、再次进入社会物质大循环的静脉产业,集中到一个生态工业园区中,形成共生产业链,将会产生极大的经济效益和生态效益。

(一)静脉产业发展演进

静脉产业是一个既古老又年轻的产业。古老是因为废旧物质的回收与再利用行业自古以来在各个国家就广泛存在,只是在历史的不同时期发展程度、生产效率、产业化规模和对生态的影响有很大差异;说它年轻,是因为"静脉产业"这一概念的提出也只是最近十几年的事情,各个国家对这个产业涉足不深,甚至有的国家只停留在理论层面,即使是静脉产业发展最先进的日本,对其进行系统设计,列入国家产业政策的时间也不是很长。因此,静脉产业仍在发展演进过程之中,而且是未来生态工业园区的一片"蓝海"。

1. 以个体为主要形式阶段

最初的废旧物质的回收与再利用是以废弃物甚至垃圾的形式分布在城市各个社区、边缘等地方,而从事这个产业的个人就是以废旧物品的回收、拆解、再次售卖为生,有的国家称之为"拾荒者",有的国家称之为"清道夫"。长期以来,这些数量庞大的从事废弃物回收的工作一直被视为低等工作,从业者都是自发的、分散的,大多数以单个家庭或邻里为组织单位,组织化程度很低,受到不同程度的歧视,他们缺乏专业化的处理设备,"废弃物"只是经过简单的分拣与处理,有价值的卖给二手市场或其他市场组织,从中获取经济收入,而没有价值的就直接丢弃,不仅废旧物的利用率低,还产生了二次污染,其结果通常是城市边缘垃圾成山、臭味四散、污水横流、土地污染,甚至危及人们的生命安全。

例如,2000 年 7 月,菲律宾一个面积达 5 公顷、高度约 17 米的马尼拉垃圾山倒塌,导致周围 100 间贫民木屋被摧毁,70 多名拾荒者丧生,并引发了爆炸和大火。导致这场灾难的原因是多方面的:直接原因是当地连日的暴雨冲刷造成垃圾山倒塌;主要原因是当地政府曾经反复警告住在附近的靠捡垃圾为生的居民该垃圾场已经对他们的健康和安全构成威胁,并劝告其离开,但是当地居民由于经济原因一直没有迁离,最后导致丧失生命;而根本原因是一个日本研究小组曾建议这座垃圾场应在 1998 年底关闭,并且当时的中央政府也支持该关闭建议，但由于当地市政府未能在附近找到一个可每天堆放 700 多吨垃圾的代替地方，而另一个圣马智奥垃圾场离该市距离较远，市政府因运输费增加而只能继续使用原来的垃圾场，最后导致灾难发生。

2. 以企业为主要形式阶段

随着资源紧缺和原材料价格上涨，废弃资源回收利用越来越成为一个有利可图的产业，越来越多的社会资本愿意进入该产业。于是，有计划、有组织的资源回收利用企业就应运而生了，这些企业的组织程度、生产效率、员工工资都有所提高，规模化生产比个体经营模式有了一定程度扩大，但是企业的主要目标仍然是获取超额利润，而对生态环境的影响则不在其考虑范围或约束范围之内。因此，该阶段的废弃资源回收利用产业蓬勃发展，大大促进了当地经济繁荣，但是也对国土安全和生态环境带来严重危害。

例如，20 世纪 90 年代中期，中国的广东省贵屿镇和浙江省台州市都是废弃资源回收集散地，他们以处理处置废铁、废铜线、废塑料和废旧电器等废旧物资为主。2000 年贵屿镇的乡镇企业收入共 7 亿元，而回收废旧物方面的收入就达到 5.5 亿元，拆解业已经成为当地经济支柱性产业，也为人们带来了财富。截至 2004 年，贵屿镇内从事电子垃圾拆解加工的村庄有 20 余个，企业 300 余家，近 5500 农户从事回收拆解工作。浙江省台州市是中国废旧机电拆解业集散地，他们甚至进口国外垃圾进行回收拆解，2005 年台州已有 10 万人从事废金属物资运输、拆解和销售，回收拆解企业的销售额占台州工业总产值的 7%，推动了当地群众的脱贫致富，促进地方经济增长。但是，由于对生态环境认识不足，当地政府缺乏监管，这些企业活动带来了严重的环境污染。广东贵屿的企业一般是小型企业且没有配套污染治理设施，对电子废物的拆解多数采用火烧、酸洗、直接丢弃等原始方式处理，对重金属和有害金属直接采用大量填埋的方式处理，导致当地地表水、地下水、大气、土壤污染严重，肾结石和呼吸道疾病一度成为当地的多发病。浙江省台州市的废旧机电拆解企业以农用田为场地在野外焚烧废旧电缆和电子废物，沉降的飞灰与堆放焚烧后的废渣随污水进入农田灌溉系统，导致农田严重被二噁英类有机物污染，其污染影响范围达到几十平方千米。

3. 以生态园为主要形式阶段

由于各地资源回收利用导致的严重环境污染问题，给当地群众生命和生活造成了不可逆的影响，一些政府和学者提出了静脉产业生态园区的发展模式，寻求在经济发展中节约资源、保护环境，实现双赢。

静脉产业一词是日本学者吉野敏在《资源型社会的经济学》中率先提出的，指的是相对于从原料开采到生产、流通、消费、废弃这个类似于人体血液的动脉过程的产业来说，从被废弃的产品的收集、运输、分解、资源化到最终安全处置这个过程则可被称为静脉产业。如图6-19所示，静脉产业是构建循环经济闭合回路的重要组成部分，承担着废物的收集、分类、运输、分解、再资源化及最终安全处置。静脉产业的发展，其理论基础是循环经济理论，物质基础是经济社会中产生的大量废弃物，价值基础是废弃物的可利用属性，技术基础是废弃物再资源化技术，市场基础是原生资源的紧缺性和经济社会发展对再生资源的迫切需求[①]。

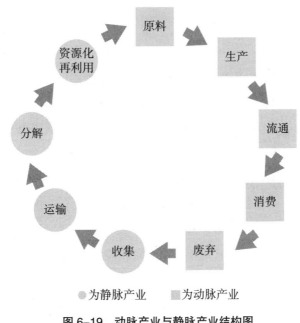

图6-19 动脉产业与静脉产业结构图

① 邵启超：《中国静脉产业园区发展模式研究》，清华大学，2012，第48—49页。

静脉产业有区域、园区、企业三种空间载体,其中集合各类资源再生利用企业的综合类静脉产业园区是静脉产业的最佳实现形式。主要是因为园区的形式更能节约土地、更能节约园区建设资金、更易形成共生的循环产业链条、更容易取得政府相关经营权许可证。而传统的分散建设的各类固体废物处理处置设施的防护距离有所不同(表6-5),但普遍要求较高,实际占地面积大,需要占用大量土地资源和更多建设资金等。

表6-5　中国各类固废处理处置设施防护要求

设施类型	防护距离	政策依据
生活垃圾填埋场	位于夏季主导风下风向,距人畜居栖点500米以外	城市生活垃圾卫生填埋处理工程项目建设标准》(建标〔2001〕101号)
危险废物焚烧厂	焚烧厂内危险废物处理设施距离主要居民区以及学校、医院等公共设施800米以外	《危险废物集中焚烧处置工程建设技术规范》(HJ/T176—2005)
生活垃圾焚烧发电厂	新改扩建项目环境防护距离不小于300米	《关于进一步加强生物质发电项目环境影响评价管理工作的通知》(环发〔2008〕82号)

若能将以上设施集中建设成综合类静脉产业生态园,特别是大型固体处理处置设施的数量较多时,与分散建设相比,更具优势[①]:①有利于集中设施建设用地,节约土地资源,便于集中管理和监督;②有利于减少避邻主义和民众反对,使设施顺利建设;③有利于实现生活垃圾、再生资源、危险废物等的综合处理和资源化,使各类设施的环境效益发挥到最大;④有利于运用循环经济理论,使园区内多个设施的物质和能量集成,形成设施、企业间的工业代谢和共生关系;⑤有利于实现三步零填埋——原生垃圾零填埋、可燃垃圾零填埋、有机垃圾零填埋;⑥有利于区域固体废物流向和流量的调控,提高固废综合处理的规模化和资源的再利用水平。

(二)综合性静脉产业生态工业园建设思路

综合性静脉产业生态工业园区,是指以从事静脉产业的企业为主体建设

---

① 邵启超:《中国静脉产业园区发展模式研究》,清华大学,2012,第48—49页。

的生态工业园区,这些企业在共生模式下,依据循环经济理论,以园区内或者园区外企业产生的废弃物、副产品为原材料再次转化成可销售的产品和物料,对无法利用的废弃物进行无害化处置,最终实现废弃物减量化生产、资源化利用、无害化处置的目的。该类园区不仅包括再利用、再循环、再制造和堆肥企业,也包括经销和使用回收的废弃材料的企业,涉及收集、分类和加工来自商业、工业、生活区和政府的废旧材料,修理、翻新和拆卸设备,从再循环物料中制造能源和从事上述材料的零售和批发,是比较容易形成共生模式的。

政府或园区管理者在园区规划之前应注意以下问题:统筹协调处理来自工业、商业、市政、居民区和农业的各种废物;创建与此相适应的各项规章制度和组织;识别已经得到再利用和再循环的废物,并确定各有关单位对所产生的废物应负的责任;识别出尚未被有效利用的废物,并寻找合适的技术和企业模式,使这些废物得以再利用或再循环;让使用这些废物的单位意识到有可能存在的环境和健康危害,并开展相关的研究;识别出目前阻碍废物有效利用的因素,了解其根本原因,并加以解决。

园区建设应遵循以下原则:

(1)注重统筹协调。园区建设离不开环保部门、经济发展部门、大学及相关咨询服务公司的统筹协调,例如根据环保要求来制定入园企业相关标准,根据当地产业政策和主导产业规模来保障园区有充足的废弃物来源,借助大学和相关咨询服务公司为园区进行长远规划。

(2)注重科研与生产相结合。在生产的同时注重科研开发,将科研与生产相结合,识别产生的各种可以被再循环和再利用的物料的价值,研究废物综合利用新技术,提高废物资源化水平,从中发现新的商业机会,创建新的产业链条,产生新的税收来源,促进经济迅速发展。

(3)注重园区与周边地区和谐共存。园区内的一些企业可能会产生异味、噪声污染或其他类型污染,要与周边地区保持一定安全距离或做好处置设施,为周边地区创造经济效益,不造成环境污染,实现与周边地区的协调发展。促进当地就业、生态建设及周边大市政的建设,惠及周边百姓,兼顾环境效益、社会效益和经济效益。

（三）综合性静脉产业生态工业园建设内容

综合性静脉产业生态工业园建设要在规划先行的基础上,有目的、有选择地聚集静脉产业企业或相关共生企业,在园区内形成物质流、能量流和信息流循环链条。园区建设内容主要包括构建完整的产业链、与当地区域产业互动发展、建设污染防治设施、建设研发平台、建立信息共享平台和回收体系网络。

1. 构建完整的产业链

园区内企业之间构建互利协作、利益相关的共生产业链,是静脉产业生态园区的基本形式和终极目标,是实现经济、社会、环境效益最大化的有效途径。按照静脉产业园区建设的先进经验,静脉产业是个非常巨大的产业链,从收集到最终处理,可构建的链条非常多,最容易形成产业共生体系:一方面,构建现有企业之间的产业链条,实现副产品或废弃物的最大化利用;另一方面,对于缺少的产业环节,需要引入新的企业或扩展现有企业的业务领域,推动形成分拣、拆解、加工、资源化利用和无害化处理处置等完整的产业链条,并进一步进行资源化深度加工。此外,包括回收网络的构建,危险废物处理的虚拟化空间耦合基础设施的共享等形式。 通过上述各种补链项目的完善,构建完整的物料循环回路,可以提高再生资源整体利用价值,提升园区经济效益;同时通过副产品再利用、水资源循环利用、能源高效利用等可以节约资源、降低成本。这种补链形式,可以提高园区的竞争力和抗风险能力,成为克服通过土地价格、税收优惠等不可持续的招商引资方式的替代方法[①]。

2. 与区域产业的互动

综合性静脉产业生态园区的持续稳定发展离不开众多的原料（其他产业的废弃料和副产品）支撑,因此,静脉产业园区的建设一定要紧密结合当地的产业基础、城市布局、废弃物产生量、交通状况等实际情况,与当地或周边的动脉产业形成良好的产业联动关系,明确园区建设重点和方向,切不可一味地脱离当地动脉产业而搞"小而全"的静脉产业园区,否则,园区企业长期处于"饥饿"状态,不能实现规模效益。

---

① 邵启超:《中国静脉产业园区发展模式研究》,清华大学,2012,第48—49页。

3. 建设污染防治设施

静脉产业生态园区与其他类型的生态园区一样，需要建立完善的污染防治设施，对废水、废气和固体废物等实行集中收集和处理，避免产生二次污染。实施污染集中治理是生态园区建设的基本要求，也是园区建设的主要作用。根据生产工艺及污水产生情况，建立企业层面和园区层面的污水处理设施，对污染进行集中处理和控制；对于不能够处理的危险废物，集中转移到有资质的处理单位进行集中、无害化处理。除了污染防治设施外，静脉产业园区建设要符合第五章介绍的生态园区的一切规划要求，包括自然景观设计、绿化设计以及水资源、能源的梯级利用，为维护当地的生态平衡做出贡献。

4. 建立研发平台

静脉产业园的建设离不开先进的科学技术作为支撑和推动力。有实力的静脉产业园区可以组建由园区内核心回收企业、行业协会、高校、科研院所等共同参与的重点领域静脉产业联盟，识别出尚未被有效利用的废物或副产品，并引进或者研发相关的技术，使这些废弃物（副产品）得以再利用或再循环。园区也可以通过成立资源回收孵化器的模式，扶持科技含量高的中小型再循环企业、废物收集企业的发展。

5. 建立信息共享平台

构建园区层面和区域层面的信息共享平台，整合全市城市生活、生产和消费过程的各类废弃物于一体的综合固废信息平台，建立完整的区域废旧物资信息中心，便于企业了解上下游行业资源状况，以便在更大的范围内进行原材料、产品等的交易。利用物联网技术、信息通信技术、在线监测技术、GPRS技术、GIS技术和视频技术打造集物流管理、废物流监控、生产现场监控、污染排放在线监测于一体的物流系统、信息与控制系统、综合服务系统和综合管理系统。

6. 建立回收体系网络

城市固体废弃物具有量大和分散的特点，只有建立回收体系网络，实现集中回收，才能形成规模优势。因此，生态园区要积极建立合理高效的回收体系，通过自建网络或利用现有的社会回收渠道，形成覆盖面广、效率高、参与广泛的专业回收网络。同时要探索多种规范化现有回收渠道的方法，整合原有的、分散的、不规范的回收队伍,解决原有从业人员的就业问题,消灭污染而不消灭产业。例如,通过行业协会与政府合作的形式将过去的"清道夫"(拾荒者)组织起来,并对他们进行免费培训,组成从事资源回收的企业,加入静脉产业生态园中。园区的各项综合服务可以帮助这些清道夫真正能规模、经济、体面、安全地从事资源回收工作。

(四)综合性静脉产业生态工业园建设布局

静脉产业园内一般包括生活垃圾焚烧厂、危险废物焚烧厂、医疗垃圾焚烧厂、污泥处理中心、餐厨处理厂、电子废弃物处理厂、废旧轮胎厂、废塑料再生厂、废旧木材厂、废旧建筑材料厂等,几乎可处理城市绝大多数的生活垃圾和工业垃圾。根据安全防护距离的需要,综合性静脉产业园区分为核心区(综合处理区)、控制区(循环产业区)、缓冲区(生态区)三部分。

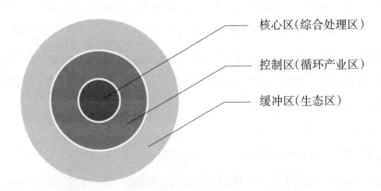

核心区(综合处理区)

控制区(循环产业区)

缓冲区(生态区)

图 6-20　综合性静脉产业生态工业园建设布局

核心区(垃圾综合处理区)是垃圾处理循环园区的核心组成部分,主要包括:各种工业废物,特别是危险废物、生活垃圾的处理处置设施和不能转化成资源的最终处置设施。具体包括分选设施,焚烧设施,生化处理设施,焚烧和生化处理剩余物处理设施,填埋设施,建筑、餐厨、粪便等其他垃圾处理设施。

控制区(资源回收利用区、静脉产业区)主要包括各种工业废物和生活垃圾的分拣、拆解、资源再生利用和再资源化企业,结合当地产业发展规划,从判断垃圾处理循环园区可能实现的目标和可行的产业配置模式,由此确定园区的定位和产业边界。具体包括:回收、处理、拆解、再生、再制造产业,环境友好型产业,循环利用产业,废旧机电产品、废塑料、废橡胶、废玻璃、废纸、电子垃坡、建筑垃圾等再生利用企业。

缓冲区(科教宣商区、生态区)是垃圾处理循环园区的外围,包括科研、教学、宣传等。具体包括开辟专门的实验研究区域,组织市民环境宣传教育,接待考察团及环境主题旅游团,进行再生利用技术和再生产品展示等。本部分将结合垃圾处理循环园区内的组成产业,提出具体可开展的功能服务,分为技术研发模块、综合管理模块、绿化景观模块三个模块①。

(五)需要的政策支持

静脉产业是一个政策引导性很强的产业,其发展壮大离不开完善的法律法规、强大的垃圾分类政策、健全的垃圾回收政策等支持。

1.法律法规②

日本从 20 世纪 70 年代起就开始逐渐完善关于静脉产业发展的法律法规,到目前为止,日本先后出台促进循环经济发展的法律法规有 10 个,这些法律法规可以分成三个层面(表 6-6):第一层面是基础法——《推进循环型社会形成基本法》,它是日本建立循环经济法律体系的核心;第二层面是综合法——《废物处理法》和《资源有效利用促进法》,前者主要针对非资源化废物的正确处置,包括对废物处理设施、技术的要求和废物处置标准的制定等,后者是对可再生利用的废物进行资源化处理的要求,包括提高资源利用率、按照原则进行再生产品的设计、生产和促进副产品的有效利用等;第三层面是专项法——包括《容器包装循环利用法》《小型家电循环利用法》《建筑材料循环利用法》《食品循环利用法》和《报废汽车循环利用法》等,这些专项法对综合法所规定内容进行细化、扩充和强化,专项法规定了产品生产者、销售者和消费者在废物资源化利用中应承担的责任,并对各类废物的资源利用率做了量化的要求,如《小型家电循环利用法》中规定,空调、冰箱、电视机和洗衣机的资源利用率要分别达到 60%、50%、55% 和 50%以上;《食品循环利用法》中规定,食品相关企业在 2006 年之前食品资源化利用率应提高到 20%。

---

① 邵启超:《中国静脉产业园区发展模式研究》,清华大学,2012,第 43 页。

② 林晓红:《中日静脉类产业生态工业园建设比较研究》,青岛理工大学,2008,第 45 页。

表6-6　日本循环经济相关立法

法律层次	法律名称	制定时间
基本法	《环境基本法》	1993 年
	《推进循环型社会形成基本法》	2000 年
综合法	《废弃物处理法》	1970 年
	《资源有效利用促进法》	1991 年
专项法	《容器包装循环利用法》	1995 年
	《小型家电循环利用法》	1998 年
	《建筑材料循环利用法》	2000 年
	《食品循环利用法》	2000 年
	《报废汽车循环利用法》	2002 年
	《绿色采购法》	2000 年

日本这些专项法律的可操作性很强，各专项法的制定促进了各类废物的资源化,生态园中许多企业也是直接依靠各个专项法的实施而建设发展的。例如,北九州生态园中的西日本家电株式会社是根据《小型家电循环利用法》建立起来的,该企业主要处理的废物为空调、电视机、冰箱、洗衣机。《容器包装循环利用法》适用对象为玻璃瓶、塑料瓶、塑料容器包装、纸质容器包装、铁罐、铝罐等,代表企业为西日本塑料瓶再生处理株式会社。《建筑材料循环利用法》适用对象为混凝土块、基本建设产生的废木材、沥青混凝土块等,代表企业为中山循环利用产业株式会社。《食品循环利用法》适用对象为食品类废物,代表企业为九州山口油脂事业联盟。《报废汽车循环利用法》适用对象为报废汽车,代表企业为西日本汽车再生处理株式会社。

除专项法外,对静脉产业的发展起促进作用的还有《绿色采购法》,该法要求日本的政府和地方公共团体等率先采购资源再生产品,从而以法律的形式鼓励资源再生产品的生产和销售。

2. 资金扶持政策①

日本政府对静脉产业企业的资金扶持力度是很大的。静脉产业园区由日本环境省和经济产业省共同负责建设和管理,实行双重管理制度。但是,两省分工明确、各司其职。经济产业省主要援助企业的"硬件"支出,包括购买设备和建设厂房,以及与 3R 相关的技术研发和生态产品开发,资助金额约为购买循环利用设备或项目建设总经费的 1/3—1/2;环境省主要资助企业的"软件"支出,包括编制规划所发生的调研及规划编制费用、展示产品样本和技术所需费用及为相关产业和市民提供信息所需费用等, 补助金额约为园区建设项目所需费用的 1/2。除此之外,日本政府积极引导和资助企业开展技术创新,专门设立"中小企业金融金库""技术和产业高度化资金"以及"新产业助成资金"等。在对再生利用设施购置方面,国家对先行建设的再生利用设施给予 25%—50%的资金补助, 地方政府给予 2.5%—10%的资金补助。以北九州生态园为例,其中国家对园区建设和项目补贴投资占总投资额的 34%,市财政补助投资占 8%,企业直接投资占 58%。

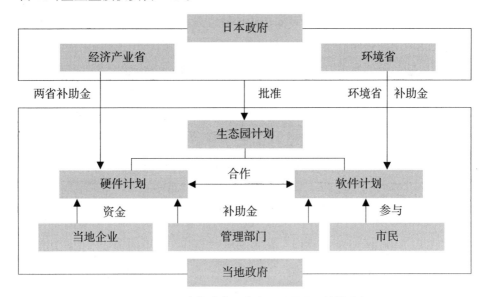

图 6-21 日本静脉产业生态工业园项目扶持流程

资料来源:王军,《循环经济的理论与研究方法》,北京日报出版社,2007。

---

① 邵启超:《中国静脉产业园区发展模式研究》,清华大学,2012,第 15—16 页。

最后,除环境省对生态园实施宏观监控外,地方环保部门对生态园进行直接管理:一是对企业排污进行监控;二是对企业合理利用资源提供信息和技术指导,并对入园企业进行审批,还帮助办理其他手续;三是对符合条件的企业予以资金补助;四是负责向社会和市民公开园区信息。

还有的国家对静脉产业生态园区内的企业采取税收减免、价格补贴等措施来促进企业发展。例如中国财政部、国家税务总局 2015 年发布的《资源综合利用产品和劳务增值税优惠目录》规定:纳税人销售自产的资源综合利用产品和提供资源综合利用劳务,可享受增值税即征即退政策。

3. 废弃物回收政策①

建立完善的废弃物回收网络是发展静脉产业园区的基础。回收网络完善与否,不但影响静脉产业园生产原料的保障,也影响区域内废物的环境安全。各个国家的废弃物回收政策有很大差别,例如日本采用消费者付费制度,中国采用消费者补偿制度。下面以废旧家电回收和生活垃圾回收为例说明。

废旧家电回收政策,日本实行的是“延伸生产者责任制度”,《小型家电循环利用法》要求家电产品相关方要承担回收和处理的责任。为此,家电产品生产商建立专用回收站和废旧家电处理厂。家电经销商在销售新家电产品时有义务回收同类废旧家电。为了确保经销商能够把废旧家电转交给生产商,在接收废旧家电时经销商需开具废旧家电管理票,并将该管理票的复印件交给使用者,原件交给生产商,由生产商填写必要事项后再返还给经销商。财团法人家电产品协会具备监督废旧家电管理票(联单制度)的功能。为促进废旧家电的资源化利用,消费者在交付废旧家电时要提前预约经销商,并支付废物收集、资源化处理等相关费用,收费标准由生产商决定。按《小型家电循环利用法》规定,每废弃一台电视机、洗衣机、空调器或电冰箱,消费者要分别支付2700 日元、2400 日元、3500 日元、4600 日元的费用。如果消费者不按照法规将废旧家电交回,并私自进行丢弃、掩埋等处理,一经发现,将被处以巨额罚款。2010 年,日本回收电视、冰箱、空调、洗衣机四类废旧家电约 2770 万台,同比增

---

① 林晓红:《中日静脉类产业生态工业园建设比较研究》,青岛理工大学,2008,第 50—53 页。

加 47.4%,创下历史最高纪录。

与此同时,日本废弃家电的回收再商品化处理网络也已经有序建立起来。日本家电生产企业根据自愿组合的方式,成立了由松下、东芝组成的 A 组,索尼、日立、夏普等其他电器生产企业组成的 B 组。两组各自负责承担本组别产品的回收处理。而进口的产品,则由家电产品协会确定其回收再商品化的费用和处理组别。回收点由有关物流公司等与 A 组、B 组签订合作协议,处理工厂与相关组别确定合作关系。A 组的处理工厂是家电生产企业新建的,以联合股份制方式运营;B 组大部分是依托现有的资源循环企业。目前,A 组有 24 个处理工厂、B 组有 16 个处理工厂,分别拥有 190 个回收点,日本全国境内有近7.5 万家零售店和上万家邮局可接受废弃家电。这不仅使旧货分拣任务更加轻易,而且避免一些中小企业可能无力单独承担再处理过程,资源整合成效显著。不仅如此,日本还考虑将越南、泰国、菲律宾、马来西亚和柬埔寨等五国的废旧家电运到日本进行再资源化利用。

中国的废旧家电回收主要有以下五种形式:一是走街串巷的社会收购人员上门回收购买;二是居住家庭和单位直接售卖给旧货市场;三是家电经销商以旧换新回收;四是家电维修网点对居民送修的老旧型号或报废产品折价回收;五是搬家公司或物流配送公司利用自身便利条件兼职回收。以上回收其实称为回购,因为均会按照家电的新旧程度付给消费者 50—200 元人民币作为补偿。可见,中国的废旧家电回收是消费者补偿制度,也是市场自发形成的,但是市场主体分散,组织程度小,政府的作用和影响有限。

生活垃圾分类回收政策[①]。日本很早就开始了生活垃圾分类回收的行动,生活垃圾通常被分为可燃垃圾、不可燃垃圾、可再生利用垃圾及大型垃圾,因地区不同,分类也有所差异。1998 年 7 月日本开始实施生活垃圾收费制度。北九州市在 1998 年 6 月开始进入生活垃圾袋收费试行阶段,先由町内会(相当于我国的街道居民委员会)向用户免费发放垃圾包装袋,并宣传生活垃圾分类放置的基本常识;1998 年 7 月,北九州市规定不可再生类垃圾(一般垃圾)的

---

① 林晓红:《中日静脉类产业生态工业园建设比较研究》,青岛理工大学,2008,第 54页。

收费标准为 15 日元 /45 升,而对可再生类铝罐、塑料瓶和塑料包装等实行免费回收;2006 年 7 月,进一步调整垃圾收费标准,一般垃圾收费为 50 日元 /45 升,可再生类收费为 12 日元 /25 升,并开始实行收费专用垃圾袋制度,根据生活垃圾中废物性质的不同,按不同颜色的垃圾袋予以区分。一般生活垃圾使用蓝色垃圾专用袋,可再生的瓶罐、塑料瓶和塑料包装等分别使用茶色、橘红色和绿色垃圾袋,其价格及容量见表 6-7。

表 6-7　生活垃圾专用垃圾袋

种类	颜色	收费(1 个)	零售单位
一般垃圾	蓝色	大(45 升)50 日元	10 个
		中(30 升)33 日元	
		小(20 升)22 日元	
铝罐等金属	茶色	25 升　12 日元	5 个
塑料瓶	橘红色		
塑料容器和塑料包装物	绿色		

中国对生活垃圾也是采取消费者付费制度,但是没有分类,即所有的生活垃圾不论容量大小、不分种类都是执行按年度执行同一个付费价格。2004 年 4 月在北京、上海等八个收入较高的城市试点针对餐厨垃圾、废纸、塑料、金属和废电池等垃圾分类收集,经过几年的实践,市民的生活垃圾分类意识有所增强,但是分类的类别较少,基本上处于初级水平。

综合亚洲两个国家的废弃物回收政策比较可以发现:日本的延伸生产者责任制度可以使企业之间建立稳定的上下游合作产业链,而且消费者付费制度也减轻了企业的负担,使得资源回收再利用企业有利可图,进而促进科技研发水平的提高,引导该行业持续健康发展。消费者补偿体制虽然激发了消费者的积极性,但是将成本转嫁给下游的资源再利用企业,增加了这些企业的成本,还扰乱了废旧物资回收市场的经营秩序,一些不具备环保能力和处理能力的小作坊式的企业对废旧物资进行回收处理,导致一些有毒有害物质对环境造成严重污染。

4. 政府绿色采购政策

"绿色采购"是指政府通过庞大的采购力量,优先购买对环境负面影响较小的环境标志产品,促进企业环境行为的改善,从而对社会的绿色消费起到推动和示范作用。很多国家都将政府采购政策作为引导企业投资相关行业和引导消费者消费相关产品的主要方式之一, 目的就是扶持培养一批绿色产品和绿色企业,促进绿色产业发展。美国、丹麦、加拿大、日本、韩国等都制定相关法律,要求政府优先采购经过环境认证的产品,日本政府甚至实行了强制采购政策。1996 年日本成立了绿色采购网络,自发的绿色采购活动在全国范围内开展。2000 年日本政府颁布了《绿色采购法》,将日本的绿色采购推向了新的发展阶段。《绿色采购法》规定,鼓励地方政府及民间团体并倡导市民积极采购环保产品,扩大对资源再生产品的需求以促进资源不断循环利用。

在政府绿色采购的倡议下, 不少上市公司也选用环保产品, 例如, 日本60%的上市公司已经实施了绿色采购方案, 有 20%以上已经制订了绿色采购指导大纲。政府绿色采购制度也引导人们消费观念的改变,倡导绿色消费、购买节能产品等,确保了静脉产业生态园资源再生产品的销售。

(六)案例:天津子牙循环经济技术开发区

天津市子牙镇居民过去都是走南闯北地"收破烂",后来从"收破烂"中发现了零星商机,沿着子牙河畔做起了家庭作坊式的废电器、电线的拆解,经历了刀割、锤砸、火烧的粗放式发展,当时,拆解行业占到子牙镇经济总量的60%以上,但是村村点火、家家冒烟、土地污染、地下水污染,导致周围农民的果树成活率极低,很不环保。

随后,当地企业在政府引导下进行了产业升级。转型升级的第一步就是将800 多个拆解小作坊整合成 80 家规模化公司,整体迁入政府规划建设的"天津子牙环保产业园",2003 年改为"天津子牙循环经济产业区"(以下简称"子牙园区"), 该区是中国唯一以循环经济为主导产业的国家级经济技术开发区和中国北方最大的循环经济园区。

全区总体规划面积 135 平方千米,起步区 50 平方千米,经过十多年的发展,子牙循环经济开发区围绕循环经济形成了废弃机电产品、废旧电子信息产品、报废汽车、橡塑加工、精深加工再制造、节能环保新能源等六大产业,建立了六大生态产业链条,年处理加工各类工业固废能力150万吨,可向市场提供原材料铜45万吨、铝25万吨、铁30万吨、橡塑材料30万吨、其他材料20万吨,每年节能524万吨标准煤,少排放二氧化碳166万吨、二氧化硫10万吨,节约石油180万吨,形成了"静脉串联、动脉衔接、产业间动态循环"的循环经济发展"子牙模式"。

第一,进行企业小循环,构建企业内部物质源头减量、过程循环、末端再生为核心的模式。比如,母公司售出的印刷设备,被印刷企业磨损破旧后,经过天津长荣震德机械有限公司的回炉加工,被赋予了新的生命。

第二,进行园区中循环,构筑企业间资源梯级利用、产业间物质交换为核心的园区。上游企业产品作为下游企业原料,建立了产品共生链。例如机电电子拆解企业将生产出铜、铝、铁、橡塑线缆等再生资源,产品中的橡塑线缆、塑料器件等进入橡塑拆解企业进一步拆解为再生胶粉、塑料颗粒等再生资源,这部分再生资源与机电拆解企业产出的金属材料,经过精深加工企业,最终生产出电子元器件、再生塑料、管材、阀门、铝锭、汽车轮毂等高附加值产品。机电电子拆解企业产生的铜、铁、铝等再生资源还将成为环保与节能设备企业的原料。汽车拆解企业产出玻璃、金属、电子元器件、废旧轮胎、汽车电池等再生资源,其中,电子元器件可在机电电子拆解企业中进一步处理,废旧轮胎可以在橡塑拆解企业中进一步处理,最终经过精深加工企业,可以产出再生玻璃、再生轮胎、金属管材、涤纶纤维、涂料原料、活性炭等多种高附加值产品。同时,废旧电子信息产品拆解加工企业产出的手机电池和报废汽车拆解加工企业产出的汽车电池都将作为重要原料供给绿色电池再制造企业。

第三,进行社会大循环,形成整个社会废物回收、再生利用为核心的模式。例如日本北九州市环境局等协助编制了子牙园区总体规划,同和株式会社、住友商事株式会社等著名企业均在园区投资建厂。园区内中外合资合作企业达50%,每年从日本、韩国进口的废旧物资总量占进口总量的25%。下一步,子牙园区将继续推进中日韩循环经济示范基地的建设。

同时,园区还建有集孵化、成果转化、产业化于一体的孵化转化一体化服务平台,其中包括2万平方米的孵化器,11万平方米的成果转化基地和0.2平方千米的产业化基地,该平台重点孵化再生资源、精深加工再制造、节能环保新能源等领域的中小企业。

　　另外,区内建有大型公用工程岛和多层次的绿地系统。园区统一建设集污水处理、中水回用、雨水收集、废弃物处理等为一体的综合节能环保系统。水资源循环利用率、废弃物无害化处理率、绿色建筑普及率等均达到100%,实现了产业发展中的"自消化"和"零排放",以及水、气、声、渣的全部无害化排放。园区主要道路两侧规划20米以上的绿化隔离带,厂区之间以绿篱相隔,形成绿色生态的工业区景观,2020年绿化覆盖率达到50%左右。

第七章　生态工业园区的招商与管理

招商和管理工作对于一个生态工业园区的可持续发展至关重要。优秀的招商团队和高效的管理工作与园区企业间共生发展、园区产业链横向耦合和纵向耦合、园区日常运营、园区地产的保值增值、园区企业的发展壮大、园区公众和居民的身心健康息息相关,是生态工业园区建设不可或缺的重要内容。在本章,我们分别阐述生态工业园区的招商和后期运营管理,为生态工业园区的招商团队和运营管理者提供清晰的路径和一些需要注意的问题。

一、生态工业园区招商

生态工业园区的招商对于园区能否顺利运行至关重要。一些生态工业园区在选址和建设阶段都能按照工业生态学理念来进行,但是在招商环节却因为经济压力、服务能力、区域政策等各种原因造成引进项目或者因缺失关键"物种"没能形成共生网络,或者因技术落后造成污染超标等,最终出现生态工业园区不"生态"的局面。因此,有选择性地科学招商对于生态工业园区发展非常重要。

(一)招商原则与指标体系

生态工业园区建设的主要思想就是在园区实现清洁生产和废弃物(副产品)交换网络,尽可能减少对不可再生资源的开发、尽可能减少污染物排放,因此,在园区招商过程中就要强调"绿色"或"生态"概念,并且从可持续发展和环境友好角度,提出相应的规章制度和约束条件,有选择、有目的地进行招商。在这里,我们要提出一个概念——"生态招商"。

1. 生态招商

招商引资的概念和内容在不同历史时期有不同的内容。在最初的认识中,认为具备一定的土地资源、优惠的政策以及廉价的劳动力,就可以吸引投资者来投资,就是招商引资;后来,随着知识经济的发展,人们认识到拼土地、拼政策的传统招商吸引力已经减弱了,优秀的大型企业更注重当地的人才资源、创新能力、营商环境、法治环境,因此,招商引资更要拼人才、拼服务、拼发展环境;再后来,随着公众和政府对生态环境的渴望和重视,招商引资变为一种双向选择,园区对企业不再是"捡到篮子里都是菜",也不依靠土地、成本、人力等要素招揽企业,而是更加强调生态理念和循环经济理念,更加注重产业链和创新链招商,更加注重企业清洁生产、低碳节能和企业间的共生发展;而企业对园区的要求也不再是"九通一平"、工程维修、清洁卫生、消防安全等基础的物业管理式园区,也不满足于包括餐厅、超市、医院、公寓、健身房等商业服务式园区,而是更加注重集人才资源丰富、技术创新平台完备、产业集聚、融资多元、营商环境优良、公共服务完善、信息沟通快捷、基础设施共享等于一体的产业运营式园区。

在新时代、新形势的招商背景和招商要求下,生态工业园区应该让招商团队和员工明确生态工业园能否成功运营很大程度上依赖于进入园区的企业理念和生产运行方式能否与园区目标一致,并且从开始就确立生态招商的理念和地位,明确生态招商的原则和指标。

生态招商是循环经济理论和工业生态学在生态工业园区招商引资中的创新性应用,通过有目的、有选择地在生态工业园区引入关键性企业和其他相关企业,经过合理布局,可以形成"生态群落",把经济活动组成一个"资源→产品→废物→再生资源"的物质反馈式循环过程,使物质和能源在这个反馈式的经济循环中得到合理的、持久的、最大化的利用,尽可能减少生产中的废弃物产生量,从而使经济活动对自然资源的影响降低到尽可能小的程度。

2. 生态招商的原则

一是符合园区规划的原则。在招商过程中切忌不可脱离生态工业园区前期规划而盲目招商、无序招商,要以生态工业园区的前期规划为指导,根据规划的重点产业、工业布局、商业布局,制订合理的、详细的招商方案。

二是生态效率原则。生态效率原则是生态工业园区在招商过程中有别于传统工业园区的鲜明特征,在招商过程中要对企业明确提出清洁生产、建筑节能等要求,可能会增加企业投资成本,但是要尽可能从长远的利害关系说服企业,可以通过能源梯级利用、水资源综合利用,或者园区共享的排污措施以及进入生态工业园区后企业自身形象提升等方面带来的利益来吸引企业投资,也可以和企业一起分析能否利用其他企业副产品或者其他企业能否利用该企业副产品来降低企业前期的投资成本。总之,不能为了短期的经济效益而牺牲生态效率,当然,也不能一味要求生态效率而忽视企业的正常诉求。

三是分类施策的原则。对不同类型的企业可以实行不同的策略,比如关键物种的大型企业、能再利用园区副产品的企业、创新型的小型科技型企业、静脉企业等不同类型企业遇到的问题和困难也不同,生产型企业对土地价格敏感、现代服务型企业对人才需求更大、科技企业更希望有科技创新平台,初创企业更渴望相关创业指导、人工智能类企业需要园区帮助搭建人工应用场景、生物医药类企业需要在药品审批、通关等方面给予支持,可能更在意园区与政府的公共关系等,在招商过程中要充分了解他们的顾虑和需求,做到分类施策、"一企一策"。

四是政府引导、市场主导的原则。生态工业园区在招商过程中要按照当地区域的产业政策、环保政策、财政政策、税务政策的宏观引导,进行企业化运作,市场化招商。一方面,在招商过程中会产生项目洽谈阶段的接待、走访费用,如果不进行企业化运作模式,不进行成本核算,很容易忽视对这些成本的控制,不利于园区可持续发展。另一方面,在招商过程中也会涉及对企业的税收返还、地价补贴、配套费补贴等其他优惠政策,如果不能按照市场化公开、公平招商,也容易产生暗箱操作,引进不完全符合要求的企业。

3. 生态招商指标体系

现在大多数关于生态工业园区指标体系的研究主要集中在评价指标上,即生态工业园区运行一段时间后,对园区企业及园区整体的经济、生态、管理、发展潜力等状况的评价,而本部分是指对生态招商建立的指标体系。为实现经济、社会、生态的可持续发展,从源头开始提高招商引资的质量,制定生态招商指标体系,设置入园企业的准入门槛,是对入园企业的要求,也是对招商工作的要求,避免无序招商和盲目招商,为园区的长远发展奠定良好基础。

生态招商指标体系是对招商工作的引导,是对入园企业的预筛选,所以,指标体系建立不宜复杂,应本着科学性、系统性、合理性和可操作性原则设立,让招商工作人员和企业一目了然。本书在借鉴马玲关于"生态工业园区的绿色招商指标体系"(2005)的基础上,提出生态招商指标包括土地效率指标、资源效率指标、污染物排放指标、绿色技术创新指标和绿色管理指标,共五个一级指标,并且在每个一级指标中又设置了若干个二级指标,见表7-1:

表7-1　生态招商指标体系

一级指标	二级指标	计算公式
土地效率	投资强度 /(万元 / 亩)	固定资产投资额 / 用地面积
	产出率 /(万元 / 亩)	企业总产值 / 用地面积
资源效率指标	单位能耗产值 /(万元 / 吨标准煤)	能源消费总量 / 企业总产值
	单位水耗产值 /(万元 / 立方米)	总用水量 / 企业总产值
	工业重复用水率	(工业用水 – 新鲜补充水 – 外排废水)/ 总用水量
污染物排放指标	单位产值的废水量 /(立方米 / 万元)	污水排放量 / 总产值
	工业固废处置利用率	(固废处置量 + 综合利用量)/ 固废产生量
	单位产值的废气量 /(立方米 / 万元)	废气排放量 / 总产值
绿色技术创新指标 (高新技术生态园区)	研发人员占职工总数的比重	研发人员数量 / 职工人数
	企业的研发投入强度	研发成本 / 总收入
	企业的技术收入 / 万元	——
绿色管理指标	ISO14000 标准认证	通过

土地效率指标:即土地资源利用效率指标,是指在土地资源利用过程中,为了节约集约利用土地,遏制土地过度开发和建设用地低效利用,防止企业"圈地"现象,保证供地公平、公正,在生态工业园区要求以最低的土地利用成本产生最大的效益。该指标包括"投资强度"和"产出率"两项二级指标。各个生态工业园区要根据不同类型、不同规模企业强制要求投资强度和产出率的最低限制。投资强度是指固定资产投资额(包括厂房、设备和地价款)除以土地面

积,不同行业、不同地区要求的投资强度不同,如果企业达不到招商要求的投资强度,可以要求企业相应核减用地面积。产出率是指单位面积土地上的平均年产值,也是反映企业土地利用效率的一个重要指标。一般情况下,从区域看,发达地区的产出率较高;从行业看,高新技术企业的产出率较高;从企业规模看,大型企业的产出率较高。

资源效率指标:即能源、水资源利用效率指标。在工业生产活动中,物质需求总量越大,对资源消耗越多,对自然生态系统的干扰就越大,可持续发展能力就越差。生态工业园区建设追求的目标是经济可持续发展。而实现经济发展可持续的主要手段之一,是使经济系统利用资源减量化。因此,本指标设"单位能耗产值""单位水耗产值"和"工业重复用水率"三个二级指标。单位能耗产值是反映能源消耗水平和节能降耗状况的主要指标,指单位产值所消耗的某种能源量,该指标越低说明企业消耗的能源越少。单位水耗产值是反映水资源消费水平和节水降耗状况的主要指标,指单位产值所消耗的水资源量,该指标越低说明企业消耗的水资源越少。工业重复用水率是指在一定的计量时间内,生产过程中使用的重复利用水量与总用水量之比,该指标是节约用水、减少污染,合理利用水资源的一项重要指标,该指标越高说明企业消耗的水资源越少。

污染物排放指标:生态工业园区除了要尽可能减少对自然资源的消耗,同时还应与周围生态环境和谐共存,物质输入最终肯定会存在一定的废气、废水和固体废弃物,这些废弃物的排放量必须符合园区的规定限值。该指标下设"单位产值的废水量""工业固废处置利用率"和"单位产值的废气量"三个二级指标。其中,单位产值废水量又称工业污水产生系数,是指每万元产值的废水排放量,该指标既是衡量"经济—环境"的一个宏观目标,也是预测园区经济发展对水环境影响的重要指标,指标数值越低,说明企业环保性越好;工业固废处置利用率是指企业一定时期内处置的固废量与综合利用的固废量之和除以当年共产生的固废量,指标数值越高,说明企业环保性越好;单位产值的废气量是指区域内工业废气排放量与工业产值的比值,该指标越低,说明企业环保性越好。

绿色技术创新指标:绿色技术是指可以降低能耗、减少污染、改善生态,实现人与自然和谐共生的新兴技术,包括节能环保、清洁生产、清洁能源、生态保护与修复、生态农业等领域,涵盖产品设计、生产、消费、回收利用等环节的技术。绿色技术创新正成为全球新一轮工业革命和科技竞争的重要新型领域,在高新技术生态工业园的招商工作中设置该指标对于准确评价企业绿色技术创新能力现状和潜力具有重要意义,不过对于其他类型的生态工业园区可不设置此指标。该指标下设"研发人员占职工总数的比重""企业的研发投入强度""企业的技术收入"三个二级指标。其中,企业人才投入、研发投入反映了企业技术创新的投入能力和企业在提高自主创新能力方面所做的努力;企业技术创新收入是指企业通过研发和相关创新活动,取得的产品(服务)收入与技术性收入的总和,包括技术转让收入、技术服务收入和接受委托研究开发收入,反映了企业创新产出能力和应用推广能力。

绿色管理指标:实施绿色管理可以最大限度地提高资源利用率,减少资源消耗,直接降低成本;可以减少或消除环境污染;可以进行绿色创新,开发绿色产品,提高产品的附加值,取得绿色利润,弥补环保的投资等。该指标下设"ISO14000标准认证"二级指标,其宗旨就是指导企业加强环境保护和环境管理,使企业建立并保持具有自我约束、自我调节、自我完善的运行机制,向全社会展示企业在保护环境、节约资源、协调环境与发展的关系,最终实现经济与环境的可持续发展。

需要指出的是,由于区域不同、园区产业类型不同、企业规模不同等因素,指标体系的限定值也不可能相同,各个生态工业园区应根据自身特点合理确定招商指标体系的限定值,总的依据就是既要保证生态工业园区企业必要的经济效益,又要保证园区生态化发展。

4.生态招商需要平衡的几个关系

在生态工业园区,一个成功的招商策略需要在以下几方面之间达成平衡:传统的营销战略和生态工业园的特有优势之间、经济与生态环境之间、使工业园的土地完全出让和选择适当的企业以开展副产品交换之间。

首先,生态工业园在营销方面的独特优势。传统的工业园开发商在招商时往往注重是否可以保证商品和原材料的供应,是否可以为企业就近找到产品和服务的市场,人力资源的可利用性和成本,交通是否便捷,相关的经济发展动机和当地人民生活的质量等。生态工业园的招商团队则必须在此基础上提供给未来的加盟企业更多的竞争优势,这样才能保证吸引更多合适的企业入驻。一个生态工业园会给园区企业带来综合性的利益。通过园区企业之间的合作和提高效率可以达到改善园区整体的经济、环境和社会绩效的效果。比如园区内企业的产业关联性所形成的共生网络。这种网络效应可以深化工业园区内的专业化分工和协作,实现外部规模经济和范围经济的共享,又可以形成工业园区产品的低成本优势,从而降低交易费用,实现供应链的综合成本下降,还能够通过工业园区内关联企业或产业之间的"技术溢出效应"形成关联企业之间的"连锁创新"传导机制。而且园区内很多公共服务可以共享,比如:共享的固体和液体废物管理、关于新的管理规定和技术方面的统一培训、共享的紧急事故管理服务、生态工业园成员资格给企业树立的良好先进形象、与生产无关的供应品统一绿色采购、自助式餐厅和日托服务中心等其他可能的共享服务。当然,这并不是说在招商过程中可以忽略传统的营销战略,而是二者的有机结合。

其次,经济利益和生态低碳的平衡。要求入驻企业在开工建设厂房、办公大楼、研发大楼等建筑物时采取节能环保措施,在生产过程采用先进工艺、清洁生产是一般生态工业园区的基本要求,但是相比较传统建筑和一般工艺流程,一定会增加企业投资成本,与企业尽量降低投入成本的短期目标相冲突。这就要求招商团队应该向投资者说明短期增加的相关节能投资会为企业长远发展带来资金上的节约、效率的提高、形象的改善、综合竞争力的提升等,说服投资者增加相关生态投资。最好的解决方法是按照生态工业园区当初规划建设的同时,不增加企业成本,这就需要园区招商团队寻求政府能源部门或其他部门的扶持政策或奖励政策,这也是考验园区招商团队公共关系能力的一方面。

再次,工业园的土地实现完全出让和选择适当的企业使副产品交换之间的平衡。目前,许多企业通过地缘的"蜂巢式"聚集,形成学习和创新效应、实现副产品交换。生态工业园区都积极地寻找在新的发展项目之中应用副产品交换,希望模仿丹麦卡伦堡的工业共生现象。然而,在招商过程中寻找合适的共生企业往往有很多限制,单纯为找到一个合适的可以进行副产品交换的企业加盟会需要许多时间,并得为此付出巨大的努力,这往往给招商团队带来很大限制。因此,一旦招商团队找到一个核心企业入驻园区,他们就应该和该企业的人员一起分析该企业的投入和产出,以决定什么企业可以利用该企业的副产品,什么企业可以为该企业提供原料,在此基础上,形成副产品交换。

(二)招商理念

生态工业园区的招商团队应与时俱进,审时度势,不断更新招商理念。本书认为招商团队应具备以下理念:顶层战略理念、合作共赢理念、专业技能理念、统筹政府资源理念、风投前瞻理念、金融借力理念、品牌营销理念和为客户服务理念:

1. 顶层战略理念

顶层战略理念是指政府的招商指导思想,包括通过立法和行政制定投资促进方面的法律法规,建立市场准入标准,制定主导产业规划和招商引资政策等。德国经济学家 A.韦伯在 1909 年出版的《工业区位论》中提出了一个重要理论——工业投资区位论,中心思想是区位因子决定企业生产场所,区位因子包括自然资源、劳动力、成本、距离等。工业投资区位理论也告诉招商者,要重视那些对投资地选择有重要影响的变量,想方设法为企业提供优越的区位及生产条件,同时提供优质的商务服务,进行广泛的区域招商。根据工业投资区位理论,各国都非常重视打造区位投资优势的顶层设计,以吸引投资者。

在地区政策方面,出台招商引资政策,这几乎是各国、各地通行的做法。美国国内市场高度发达,招商引资的市场化程度也明显高于其他国家,但政府仍会给予企业重点政策支持。例如美国总统特朗普 2017 年签署的《减税和就业法案》被称为 30 年来美国最大规模的税改,目的就是重塑美国在全球投资的优越区位,打造税费洼地,吸引企业在美发展。美国各州、各城市也出台了激励企业投资的"一揽子激励计划"。其中,税收及财政激励政策依然是主要手段,包括减税或延期、免税或税收信贷、贷款担保以及低息筹资债券。例如,富士康在美国威斯康星州将投资 100 亿美元建立一座液晶面板生产工厂,威斯康星州将给予富士康为期 15 年、达 30 亿美元的税收优惠,包括创造就业的 15 亿美元州所得税减免、13.5 亿美元的资本投资所得税减免,以及 1.5 亿美元的营业及使用税豁免,另外还划拨约 404.6 公顷用地①。

中国政府近几年也不断优化营商环境、降低企业成本,包括推进税收改革和完善收费机制,降低企业税费负担;推进社会保障体系改革,降低劳动相对成本;推进能源价格形成机制的市场化改革,降低制造业企业能源成本负担;推进产业物流业整合和道路通行机制改革,降低实体经济部门物流成本;弱化土地财政依赖机制,降低工业用地成本等,同样体现了各级政府顶层战略理念。

在商务服务方面,世界各国纷纷组建了专门的投资促进机构。例如,美国的"选择美国"办公室(Select USA)、英国的"投资英国"(Invest UK)、爱尔兰的"工业发展机构"(IDA Ireland)、韩国的"贸易和投资促进机构"(KOTRA)、马来西亚的"投资发展局"(MIDA)、印度的"外国投资促进局"(FIPB)、中国的"商务部投资促进事务局"(CIPA)。

在具体招商方面,美国每年都面向全球开展招商引资活动,活动由美国商务部主导,各个州政府介绍本地投资环境,几年来,"选择美国"办公室还会大规模在中国招商,在香港、广州、深圳、东莞、长春、成都等地区均举行过路演活动。在中国,各地方政府每年都举行"投资推介会",向客商集中推介投资环境,在一定程度上向客商展示当地政府对招商的重视、对客商的热情。现在,很多推介会已经借助"一带一路"、借助网络等平台迈向高端化、国际化、网络化。中国各地方政府不断改善投资环境、产业环境、人文环境、市场环境、法治环境,高水平促进贸易和投资自由化、便利化,加快形成市场化、国际化、法制化的营商环境,各地不断推出审批手续"最多跑一次""立等可取"等改革。

以上这些,都体现和践行了各国政府在招商行动中的顶层战略理念。

2. 合作共赢理念

生态工业园区与企业的合作共赢关系实际上也属于一种共生关系,二者互相促进,谁也离不开谁。随着生态工业园区发展的不断成熟,园区物理空间成为"共享资源",园区的盈利模式由传统的"物业租赁模式"向"投资共生模式"转变。园区与入园企业不再是甲方乙方关系,而是通过成立产业投资基金、

---

① 广州开发区投资促进局:《招商 4.0 新时代区域招商的战略思维》,广东高等教育出版社,2019,第 5—6 页。

入股入园企业,共同享受入园企业的成长收益,二者是合作共赢关系。园区要竭尽所能帮助、扶持园区内企业发展壮大,只有园区内企业一派欣欣向荣,园区才能健康地可持续运营。但是,不同类型、不同阶段的企业发展有其自身的特性和规律,有些项目进来后能迅速成为产值大户。有些项目(比如生物产业等高新技术项目),则要经历漫长的培育过程,甚至精心培育还会面临失败的风险。因此,园区在引进项目时,要有先"舍"后"得"的观念,算大账、算长远账、算发展账,企业只有在本园区不断发展壮大,最终才能达到企业与园区共生共荣。

因此,生态工业园区招商团队也要有长远眼光,本着合作共赢的理念来招商。局部不能平衡就寻求整体平衡,短期不能平衡就寻求长期平衡,静态不能平衡就寻求动态平衡。力争在企业发展的全过程中获得平衡。而且国内外成功的生态工业园区一再证明,完善的投资服务体系与园区可持续性发展的正相关性十分明显,只有合作,才能最终达到双赢的目的。

案例:广州视源电子科技股份有限公司成立于 2005 年。起初只是在广州科学城孵化器里培育的一个小企业,在创业和发展壮大的过程中,视源电子得到了广州市政府和广州开发区管委会持续的扶持和帮助。包括前期场地补贴,后期土地供应等"硬扶持"以及知识产权、产品推广、融资上市、"瞪羚企业"奖励等。使企业在十余年的时间里一步一步成长壮大。如今,视源电子在广州开发区内建设了四个项目,供应全球近 1/3 的液晶电视机主板。因成本优势、服务速度快、研发效率高,该企业已连续三年出货量排全球第一。2017 年,该企业营业收入达到 108 亿元①。

3. 专业技能理念

生态工业园区的招商是一项专业性极强的工作,具体表现在招商的分工、招商人才队伍的建设、招商公司的管理。

在招商分工方面,生态工业园区本身应该是个市场化的商业组织,但同时又有部分行政功能。因此,为了提高效率,减少内耗,应该采用行政职能与一线

---

① 广州开发区投资促进局:《招商 4.0 新时代区域招商的战略思维》,广东高等教育出版社,2019,第 76—77 页。

招商职责相分离的模式。如图 7-1 所示,将行政职能集中到一个部门,例如行政审批局,由其负责园区行政管理职能、对口联系相关上级政府业务部门;将日常公共事务管理集中到物业管理公司,招标社会上有实力的物业公司承办,负责管理园区绿化、清洁、水、电、房屋维修、治安等公共事务。将一线招商工作实行市场化运作,按照不同产业类型成立或引进多个招商公司、中介咨询机构、市场专业机构等负责园区招商,以招商成果计酬。不管是行政审批局,还是若干个招商公司,都要做到三个统一:宣传口径统一、服务标准统一、项目评估指标统一。

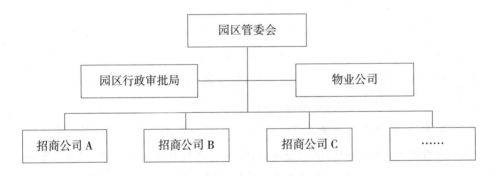

图 7-1　园区招商组织架构图

在招商人才队伍方面,要组建一支精干强壮的招商团队。首先,招商公司领导最为重要,要有国际视野(最好有国外留学经历)、在大型企业工作过(最好是跨国企业)、拥有中层以上管理经验、精力旺盛、思维敏捷、熟知相关产业发展和资本运作等。其次,招商人员均要有一定的外语水平,精通法律、会计、商务等专业知识,这些招商人员或者具有国外学习或生活经历,或者是本国高学历人才,或者是具备多年一线招商经验的招商精英,或者是专业技术领域的行家,或者是沟通能力很强的谈判专家等。我们可以从广州开发区内一家专业招商公司的人员结构来管窥专业招商人才的重要作用。这家招商公司只有 6人,每年却完成合同外资 3 亿美元左右,咨询收入 500 多万元,其架构如下[1]:

① 广州开发区投资促进局:《招商 4.0 新时代区域招商的战略思维》,广东高等教育出版社,2019,第 79—80 页。

　　总经理,执行董事,硕士,电子材料行业专业技术专家,30 年工作经验,从事招商工作近 10 年,之前从事专业技术、销售、资本运用和企业管理等工作,精通英语。

　　高级项目经理,精通日语和英语,从事招商工作 3 年,之前在日本公司从事管理和财务工作 8 年。

　　项目经理,国际会计专业,精通国际财务。

　　工程经理,从事招商后续服务,之前从事工程工作 15 年。

　　项目助理,从事招商工作,留英硕士,精通英语和韩语。

　　文员,从事招商工作,留英学士,精通英语和韩语。

　　在招商公司的管理方面,主要体现在招商员工需要接受全面系统的培训,包括:园区产业定位、产业政策、产业基础、产业链,以及园区所在区域社会经济与历史文化等综合情况,还包括实际操作方面的培训,比如招商的策划与统筹、招商中的形象设计与推介、招商手段的多样化与科学化、招商宣传资源的编制与使用、招商展会的组织、如何进行境外招商等。

　　4.统筹政府资源理念

　　政府资源大致可以分为以下几种:一是具有公益性质的基础性资源,主要包括路网、供水网、电网、管网、信息网等;二是以土地开发利用为主体的自然资源,包括土地出让的数量、方式、价格,以及土地和城市规划的确定、功能调整、容积率变化等,都是影响企业发展最重要的要素,是政府掌握的最重要的经济资源;三是与市场准入有关的重要行业的特许经营权,既包括一些特殊行业的经营牌照,如银行、保险、证券、电信,也包括与特许经营资格、经营范围有关的行业资质,如基础设施、公共事业领域等,还包括准入资格在内的各种各样的行政许可等;四是政府掌握的投资资源,包括直接全额投资、合作投资(PPP)、投资项目的代建代管等;五是政府掌握的庞大的产业基金和投资基金资源,以及政府直接或间接掌握的国有资源。①

　　实际上, 生态工业园区招商过程就是政府通过市场化方式为企业进行资

　　① 广州开发区投资促进局:《招商 4.0 新时代区域招商的战略思维》,广东高等教育出版社,2019,第 84—85 页。

源配置的行为,但是更强调政府资源的统筹与调配能力,将政府的资源与企业主体的需求紧密结合起来,以吸引符合要求的企业进入园区。例如,通过政府的产业基金,解决企业的投资问题;通过放宽市场准入,破解企业发展瓶颈;通过与创新企业合作,促进国资企业增值。总之,政府若将资源整合得好,运作得好,对招商引进工作往往起到事半功倍的效果。例如,有的工业园区往往规定,获政策奖励或资金扶持的企业应承诺10年内不迁离注册及办公地址、不改变在本区的纳税义务、不减少注册资本,否则应退回相应的扶持金,对于违反规定的企业,开发区将联合工商部门不予办理变更备案。

5. 风投前瞻理念

一般情况下,招商团队对大型企业、跨国企业的兴趣很大,但是招商难度也很大,而对小微型优质企业特别是科技型创新企业容易忽视。事实上,生态工业园区尤其是高新技术产业生态工业园区的招商团队要有风投前瞻理念,要特别重视科技型创新企业的引入, 一定程度上可以扮演风险投资者的角色。

美国经济学家熊彼特在1912年出版的《经济发展理论》一书中最早提出"创新"理论,他认为"创新"包括下列五种具体情况:开发新产品或者改良原有产品;使用新的生产方法,比如改手动生产方式为机械生产方式;发现新的市场,比如从国内市场走向国际市场;发现新的原料或半成品;创建新的产业组织等。熊彼特认为,新组合意味着对旧组织通过竞争加以消灭,一种创新的出现必然导致旧产品或旧企业的退出,即"创造导致毁灭"。熊彼特应用创新理论对周期性经济危机开出药方, 即用创新建立一种新的生产函数, 开辟新的市场,获得超额利润,从而刺激投资,改变和扭转经济危机。

显然,按照熊彼特的创新理论,只有"创造性毁灭"才算是真正的创新,虽然有过激之嫌,但为招商团队扮演"风险投资者"提供了参考。例如,为生产线增加工人不算创新,但实行"机器换人"则属于创新,因为这是对劳动力的颠覆。因此,招商团队要有"识别功能",积极引进和培育具有"创造性毁灭"的创新,尤其是加快培养、引进和造就原创性重大关键技术,毕竟引进一棵树苗,比引进一棵参天大树要容易得多。

案例：迈普再生医药公司成长记

生物制药产业的特点是高投入、高收益、高风险、回报期长。2000年前后，广州正积极推进工业化进程，各类大型电子信息、汽车、食品饮料等企业入驻广州开发区。而生物医药产业仅有广州医药集团有限公司以及国外的一些药品制造企业。广州开发区发现，这些年回国的海外人才团队中，从事生物医药行业的人才团队居然占一半以上，这些人才所带来的信息是，生物产业是下阶段的爆发型产业。从那时候起，广州开发区便有意识地扶持生物产业，在科技经费上给予支持，提供免费的孵化器场地。其中，广州迈普再生医学科技股份有限公司就是在广州开发区从种子期到成长期逐步培育壮大的一个缩影。

2008年，中国的再生医学产业几乎空白，90%以上的产品依赖进口而且价格昂贵，而每年中国约有150万人因为各种疾病、意外而导致的损伤需要进行组织再生修复。一方面是国内需求巨大，另一方面是需要进口且价格昂贵。在这种背景下，2008年9月，刚刚博士毕业、拿到两份世界500强录取通知书的"80后"袁玉宇和即将获得德州大学终身教职的徐弢回国创业，成立了中国首家运用生物3D打印技术开发植入医疗器械的高新技术企业——广州迈普再生医学科技股份有限公司（以下简称"迈普公司"）。在创业之初，公司获得了广州开发区向其提供的500平方米的办公场地，并免去3年的租金，还相继获得了数千万元的政府扶持资金。2011年，经过差不多3年的努力，迈普团队终于成功开发出再生型植入类医疗器械产品，即第一代人工硬脑膜产品。如今迈普公司通过原创性技术生产的"睿膜"已在全球包括英国剑桥大学附属医院、西班牙王子医院、中国人民解放军总医院、北京协和医院等40多个国家和地区应用数万例，被认为是最接近自体、修复效果最理想的硬脑（脊）膜补片。迈普公司还申请了国内外80多项专利，为全球客户提供市场和技术支持，在美国、德国设立了公司。2018年，迈普公司在广州开发区的科学城取得约1万平方米用地，用于建设产品生产线、3D打印机、智能无线颅内压监护仪等设备生产基地，以及纳米仿生技术及生物3D打印研发中心、全球营销中心等。

除了迈普公司之外，广州开发区陆续帮助益善、玻思韬、冠昊等生物企业渡过"死亡谷"，将其培育发展成为行业明星。这就是当时的招商团队因为具有风投前瞻理念,看准时机,进行了风险投资①。

6. 金融借力理念

政府或国企主导的产业投资基金,具有"四两拨千斤"的功效,一般会产生 1∶3或1∶4的放大效应。这种基金投入各种科研成果产业化、重大产业项目合作的过程,都会加速项目落地。同时,投资基金本身是一种市场化选择机制,具有优胜劣汰的功能,由基金管理人选择项目投资,从而助推产业结构调整和优化升级,是一种优秀的招商方式。园区可以积极建设和扩大"金融池子",这个池子里的水,包括来自园区自己成立的国有企业的资金、园区直接股权投资、债转股、社会基金、风险投资、银行融资等,确保企业入驻后都有可以运用的金融工具。例如,2017年,广州开发区进行了国企大改革,以新一代信息技术(IT)、人工智能(AI)、生物医药(Bio-tech)、新能源(New Energy)、新材料(New Maerial)等新兴产业为划分依据,组建了十大国企集团。这批国企围绕某一个产业重点开展招商,并以招商来进行项目合作,实现"以招商促进投资"。园区内的LG的OLED项目、GE生物科技园项目、百济神州项目、粤芯芯片项目、冷泉港亚洲首个产业化及基金项目、景驰无人车项目、LG化学偏光片项目等,均是由园区国有企业与非国企合资或合作。有了国有企业的投资入股,既可以促进国有企业"混合改革",又可以吸引社会基金和银行融资,促进项目更快落地投产。这就是政府运用"金融借力"理念,以金融杠杆的方式和组建合资项目的形式实现"以资招商"。

7. 品牌营销理念

生态工业园区在招商时要突出优势、突出特色,树立品牌营销理念。首先,要一改过去工业园区工厂林立、地处偏远的单一形象,突出生态工业园区的建筑特色、景观特色、高品位的生活社区、便捷的城市综合交通等,展示"有山有水有风光、生产生活又生态"的现代化风貌。其次,要一改过去工业园区只重视经济效益、忽视节能降耗的负面形象,突出生态工业园区的节能设施或园区水循环系统、能源梯级利用系统、固废处理系统等生态效益,树立良好的环境形

---

① 广州开发区投资促进局:《招商4.0新时代区域招商的战略思维》,广东高等教育出版社,2019,第48—51页。

象。再次，要一改过去园区只负责招商，没有后续服务的运营模式，突出园区优质的营商环境、后续的共享、专业的"保姆式"服务以及企业之间可能形成的副产品交换等。另外，要一改过去传统的、撒网式的、被动的宣传模式，要在各家卫视频道、各个主流网络平台、各家广播电台、移动电视、各地广场大屏幕，甚至世界知名的媒体、网络、广播等都可以进行深度广泛的宣传报道，利用大数据强大的分析功能使得宣传广告精准投放，做到"饱和攻击"，抢占优秀企业和潜在消费者。

8. 为客户服务理念

招商队伍要坚持"一切为了企业、一切为了投资者"的理念，全心全意为企业服务，事事关系投资环境、人人都是招商第一责任人，所以绝对不能轻率地说"我不知道"，必须熟悉业务；不允许说"这个不归我管"，必须实行首问负责制；不允许说"这事别找我"，必须主动上门服务；不允许说"这个不行"，必须吃透政策，找到解决办法。近年来，虽然所有园区都在强调"为客户服务""客户就是上帝""主动服务""靠前服务"等服务理念，但是具体能服务的程度相差甚远，我们从广州开发区"一套衣服"可以看出为客户服务的理念：

2006年，一家香港企业和他们的美国合作伙伴到广州开发区考察，想先找一家老客户初步了解开发区的投资环境。恰巧客户不在，于是三位客商就准备下楼离开。这时正好在电梯口遇见开发区的一名招商人员，看到三位客商好像是第一次来，有些失望的样子，于是该名招商人员主动向他们了解情况，并邀请他们到办公室，用英语详细介绍了开发区环境。三位客商听了他的介绍，感觉很全面，有了意外的收获，并约定两周后正式前来与开发区领导会谈，进一步推进项目考察事宜。两周后，该名招商人员开车将客商接进了开发区办公大楼，下车时正逢罕见的瓢泼大雨，客商从下车到大厅的几步路就淋湿了全身。这时，该招商人员告诉客商们，请他们在大厅里稍等五分钟，马上回来。五分钟后，正在客商莫名其妙、一筹莫展的时候，该名招商人员拿出他飞奔到对面商场新买的衬衣和裤子，对客商说：虽然不一定合身，但请您换上。一时间，客商感动得说不出话来。三个月后，该公司在开发区投资4500万美元，设立了华南生产基地。该名招商人员也成了该公司董事长在广州最信任的朋友。①

可见,该名招商人员并不是一味讨好客商,而是用专业的技能和贴心的换位思考赢得了客户。当然,除了主观的主动服务,我们依然认为系统完备、科学规范、运行有效的服务,更值得推崇。

(三)招商模式

招商模式即招商的方法。在不同时期,随着不断变化的经济环境和全球竞争要求,传统的驻点招商、展会招商、全员招商、政府招商等招商模式已经不再对企业有强势吸引力了,并且暴露出诸多费用太大、成功率不高等问题,同时,一些园区也勇敢地进行了大胆创新和实践,新的招商模式层出不穷,引领着全新的园区招商引资。

1. 园区 PPP 模式

从广义上看,PPP 即政府和社会资本合作模式,是公共基础设施建设中的一种项目运作模式。在该模式下,鼓励私营企业、民营资本与政府进行合作,参与公共基础设施的建设。在合作过程中,让非公共部门所掌握的资源参与提供公共产品和服务,从而实现合作各方达到比预期单独行动更为有利的结果。园区 PPP 模式,就是政府与社会资本基于产业园区这个公共服务产品的开发运营进行高度合作,以更具活力的完全市场化的手段提升产业园区的运营效率,以平台整合的思维与路径去进行软硬件的搭建,以及产业的集聚与服务,并从园区的长期运营之中获取合理收益的模式。

这种模式的开发区通常确定一个较长的运营期限,划清政府与市场边界,严格界定好角色权益,使有能力、专业化的园区运营商、服务商成为参与产业园区市场化运营的重要力量。随着政企双方的利益诉求捆绑在一起,趋于一致,就能够各显其能,勠力同心于产业园区的整个生命周期之中,着眼于长远的规划和稳定的运营,从开发到招商到城市与产业运营,制造多个发力点。

案例:华夏幸福的产业新城 PPP 模式已经被财政部与发展和改革委员会等多个层面认可,并在中国乃至全球进行复制,根据统计,从 2016 年到 2017

---

① 广州开发区投资促进局:《招商 4.0 新时代区域招商的战略思维》,广东高等教育出版社,2019,第 88—91 页。

年,华夏幸福中标的 PPP 项目达到 64 个,运营园区总面积达到 1957 平方千米,中标金额达到 3509 亿元,占全国累计 PPP 项目成交总金额的比重近 4%。

2. 基金招商模式

基金招商模式即"产业基金引导项目模式",是采取财政资金撬动社会资本的方式,引导社会资本建立股权投资基金,打造"基金 + 项目 + 园区"的一体化生态链,实现资本与项目的有效对接。产业基金主要分为创业类基金、产业类基金和基础设施类基金。基金管理方为政府公开招募的市场化投资机构,也有一部分地区是通过融资平台设立的投资公司对政府引导基金进行管理。基于此,园区管委会往往会在引导基金时与基金管理机构达成协议,要求一定比例的资金必须投入当地项目或者特定行业中。这一原则实际是政府作为财政出资人在设立引导基金时的意图体现,成立引导基金的初衷就是为了扶持本地经济或者特定行业的经济。目前,中国已经有很多产业地产商和产业园区在充分利用基金的催化和杠杆作用,将基金招商作为吸引战略性新兴产业或者核心企业的主要模式之一。

案例:2017 年,广州市通过国有投资平台凯得科技成立了一支投资基金,对 GE 全球医疗生命科学板块最重要的合作伙伴百济神州的生物医药项目进行投资,推动其落户中新广州知识城。在该项目的 22 亿元投资当中,百济神州自有资金只有 2 亿元,其余 20 亿元则是基金股权投资、股东贷款和银行商业贷款。按照广州市政府的话说,这种方式就是把财政资金注入国企,再以合资模式与产业形成"命运共同体",既给落户企业解决后顾之忧,吃下定心丸,同时这种重磅项目的回报率也是非常可观的,有助于这种政府投融资平台本身的转型。

3. 飞地招商模式

"飞地经济"是指两个相互独立、经济发展存在落差的地区打破原有行政区划限制,通过跨空间的经济开发、园区共建等,实现资源互补、经济协调发展的一种区域经济合作模式。"飞地"大多是当经济发展和资源局限形成矛盾时,由经济、科技、人才较发达地区"飞出",进入欠发达地区,以寻求土地资源,但是近几年也出现了从经济、科技、人才不发达地区"飞出"进入发达地区的现象。"飞地经济"在不改变行政体制框架的情况下,突破了土地、人才、科技等资源在本地区的掣肘,促进资源要素合理流动,已经成为强化招商引资的重要形式之一。"飞地"双方在产业规划、基础设施建设、税收分配等方面制定某种合作机制,实现双赢。

案例: 桂东地区飞地经济是由广西梧州与广东肇庆,以及广西贺州与广东肇庆分别联合建立的两个特殊园区,开展跨区域全产业链布局的集群发展。这种飞地经济园区,是在广东、广西壮族自治区战略合作框架,梧州、贺州与肇庆地市合作框架,以及边界接壤地区区县合作框架等三级合作框架下的产物。合作双方实行园区共管,资源共享,政策共享,通过市场化运作的方式,最终实现多方合作共赢的目标。

4.大企业带动招商模式

所谓的大企业带动模式,在商业地产里叫作"主力店"或者"旗舰店",不同的是,产业园区的主力店和旗舰店聚集的并非人气、人流,而是实实在在的产业链效应,这就让这个主力店、旗舰店本身就成为一个最强有力的招商工具。在一个产业园区当中如果能够有一个具有强大号召力的主力客户与运营商捆绑在一起以商招商,往往能够起到事半功倍的效果,前提是能够找到这个主力客户,并且给对方带来真正的重大利益。

案例: 大连软件园就是一个典型的联合招商案例,它具有强大号召力的主力客户就是东软集团。1999年大连软件园正式建成开园,当时中国软件第一股——东软集团便入驻大连软件园,二者的合作即拉开序幕,2000年,大连软件园与东软集团合作创立国内规模最大的软件专业大学——东北大学东软信息技术学院,凭借东软集团在中国软件业和服务供应强大的产业号召力,以及二者合办的东软信息技术学院,为大连软件园的招商引资起到了非常重要的作用。目前,大连软件园是中国最具规模的 ITO、BPO、KPO 产业基地和产学研一体的生态科技园区,成功实现了软件企业和人才的高度聚集,成为亚太区软件和服务创新中心。截至2012年底,入园企业约650家,包括 HP、埃森哲、松下、索尼、日立、NTT、NEC、BT 等48家世界500强企业,这里是大型跨国公司在中国设立区域服务支持中心和共享服务中心的首选目的地。现在湖北鄂州与顺丰合资建设机场与空港新城,在全国范围与中航通飞联手打造通航小镇等也是广泛采用联合招商的模式;而政府性园区也越来越擅长使用联合招商模式,例如青岛开发区就和中电光谷、海尔集团等,建立联合招商小组,制定联合会议机制,共同筹划研究项目,共同赴外地开展定向性的主题招商,也取得了十分不俗的效果。

5.产业集群招商模式

在招商引资过程中,我们会发现越来越多的企业投资是聚集式的。这涉及一个重要理论,即产业集群理论。20世纪80年代,美国哈佛商学院的竞争战略和国际竞争领域研究权威学者迈克尔·波特创立了这一理论。其含义是:在一个特定区域的一个特别领域,聚集着一组相互关联的公司、供应商、关联产业和专门化的制度和协会,通过这种区域聚集,形成有效的市场竞争,构建出专业化生产要素优化聚集洼地,使企业共享区域公共设施、市场环境和外部经济,降低信息交流和物流成本,形成区域聚集效应、规模效应、外部效应和区域竞争力。

产业集群存在和发展主要有以下三方面的依据:

外部经济效应。集群区域内企业数量众多,从单个企业来看,规模也许并不大,但集群内的企业彼此实行高度的分工协作,生产效率极高,产品不断出口到区域外的市场,从而使整个产业集群获得一种外部规模经济。

空间交易成本的节约。空间交易成本包括运输成本、信息成本、寻找成本以及合约的谈判成本与执行成本。产业集群内企业地理临近,容易建立信用机制和相互信赖关系,从而大大减少机会主义行为。集群内企业之间保持着一种充满活力和灵活性的非正式关系,在一个环境快速变化的动态环境里,这种产业集群现象相对垂直一体化安排和远距离的企业联盟安排,更加具有效率。

学习与创新效应。产业集群是培育企业学习能力和创新能力的基地,企业彼此接近,激烈的竞争压力迫使企业不断进行技术创新和组织管理创新。一家企业的知识创新很容易外溢到区内的其他企业,这种创新的外部效应是产业集群获得竞争优势的一个重要原因,此外,产业集群也刺激了企业家才能的培育和新企业的不断诞生。

产业集群理论已被多个国家和地区验证是成功的。例如日本的半导体产业集群、韩国大德科技园消费型电子产业集群、印度班加罗尔的计算机软件产业集群、台湾地区的集成电路集群等。因此,现在的大企业投资,基本上摒弃了"单打独斗"的方式,而是选择与上下游企业共生的产业集群。正因为产业集群是一种有效的发展模式,所以在招商过程中,应该有意识地促进新引进的项目与园区已有的产业紧密结合,或者针对已经形成的产业链的短板进行"补链",围绕产业链的薄弱环节进行"强链"。

需要补充的是,凯文·凯利在其著作《失控:机器、社会与经济的新生物学》中提出了"蜂巢理论",在蜂巢中,每个个体各自分工,自发维系整个蜂巢。凯文·凯利认为,作为超级有机体的蜂群,可以称之为"分布式系统",未来的园区形态会不断演化,去大企业中心化、去企业龙头化、采取分布式,更多的中小企业强化合作,适应变化,直到彻底网络化。

案例:作为先进制造业集聚高地,杭州经济技术开发区现已集聚了40多个国家和地区的700余家外商投资企业。奕真生物、辉瑞生物、美国礼来、默沙东、雅培、康莱特药业、九源基因、艾博生物、澳亚生物、创新生物、铭众生物、健培科技等企业先后落户开发区,基于开发区现有的产业优势,打通上下游产业链,园区内大健康产业集群已经形成。全球前十大药企中,已有一半在杭州经济技术开发区投资。目前,开发区正在打造成集生物制药产业上游研发智库、中游智能制造以及下游智慧医疗于一体的产业小镇,并以产业服务生活为核心理念,打造中国生物医药产业产城融合示范区的"杭州东部医药港小镇",已被列入杭州市特色小镇。

6."互联网+"招商模式

倘若把生态工业园区比作一个具有生命周期的产品,招商者便是经营产品的市场者。在"互联网+"时代,园区不再是单纯的服务提供者,而是市场的开拓者、投资组合的策划者和数据的运用和挖掘者。一直以来,很多具有前瞻性眼光的生态工业园区管理者都在积极探索如何利用"互联网+"进行招商与运营管理。一方面,招商团队可以根据区域的发展特点,做好产业定位,结合大数据对目标企业进行准确定位,针对投资商进行精准营销,从而提高项目质量和招商效率。另一方面,企业可以通过"互联网+"能快速、全面、准确地掌握园区相关信息,获得更高效率的服务,提高选址效率。

案例:2016年,东湖高新区正式运行其"互联网+"招商运营模式,建立信息释放、筛选、跟踪、反馈机制,通过集团项目信息的二级筛选、匹配,打造企业大数据平台,利用互联网载体形成从前端至终端的管理体系,实现招商与服务的信息化、系统化、全国化。数据显示,全年通过该体系共成功吸引跨区域落户企业 62 家、服务园区企业 400 余家、专业应答 2000 余次。

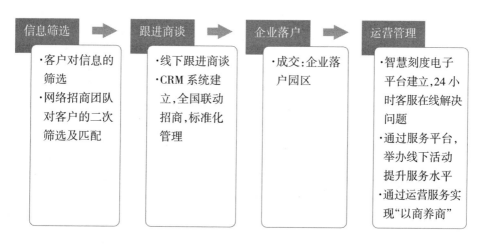

图 7-2 武汉东湖高新区"互联网＋产业地产"招商运营模式

(四)招商流程

我们已经清楚,生态工业园区招商是一项目的明确、科学有序的系统工作,为避免招商工作陷入盲目、凌乱状态,有必要在园区前期建设规划的基础上制定清晰可行的园区招商流程。具体而言,主要有以下五个步骤:

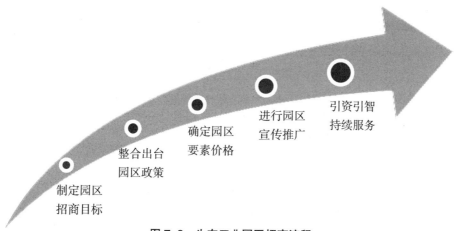

图 7-3 生态工业园区招商流程

1. 制定园区招商目标

生态工业园区的招商目标就是根据前期园区规划的定位，按照企业生产区、仓储物流区、商品展示区、综合服务区、废水废渣无害化处理(资源化利用)区、科技研发区、生活配套服务区、生活区的分类，规划园区先行招商目标或招商项目：

负责企业生产区的招商团队，就要根据园区产业定位和产业发展方向，调研行业产业链结构、产业链延伸项目，以及产业链上企业的构成分布等，全方位扫描，锁定目标，明确到哪里去找哪类企业、哪些企业。负责企业生产区的招商团队是园区最重要的招商团队，可以根据不同的产业类型和产业链条同时成立若干个招商团队。

负责仓储物流的招商团队。仓储物流业属于现代服务业，覆盖的范围非常广泛，是一个系统工程。首先，负责仓储物流的招商团队要充分对园区企业进行调研，包括客户的仓储产品(是否属于有毒、有害、易挥发产品)、所需面积、特殊要求(是否需要防渗透、防爆设施)、拟选用的物流模式(管网运输、汽车运输、铁路运输)、预期价格等。其次，招商团队在初步调研的基础上，找准市场定位，寻找潜在的目标物流企业名单。

负责废水废渣无害化处理(资源化利用)的招商团队。不同类型的生态工业园区的废水废渣无害化处理(资源化利用)要求也完全不同，比如农业生态工业园区和化工生态工业园区的废水、废渣成分大不一样，他们所需要的无害化处理工艺和企业也完全不同。因此，负责该领域的招商团队首先要做的也是调研，充分收集和评估该园区、该产业链、该行业的废水、废渣的成分、排放量、能否在本园区就近资源化再利用、能否在其他行业资源化再利用、该领域的技术工艺和处理成本等，然后罗列潜在的无害化处理企业名单，进行招商。

负责科技研发区的招商团队。前面说过，负责该区域的招商团队要有风投前瞻理念，可以直接引进包括技术创新中心、重点实验室、产业技术研究院、院士工作站等科技创新平台，也可以引进包括种子期和初创期的科技型企业、高新技术企业等科技创新主体，也可以招才引智，柔性引进科技创新人才、专家等。例如，广州开发区将高端科研机构的引进作为重点，已经有600多家研发机构陆续落户，包括中国科学院生命与健康研究院、广东华南新药创造中心、广东软件评测中心、低温实验室、广东省软件共性技术重点实验室、中国电器科学院股份有限公司等多个创新团队和企业。

负责生活配套服务区和生活区的招商团队。要根据前期生态园区规划的住宅、公寓、餐饮、超市、商场、医院、休闲广场、文化娱乐等内容,主要负责 CBD(中央商务区)地产商、高品质住宅地产商、商业综合体地产商等的招商,以及负责公共场所清洁、安保、维修等服务的物业公司的招商。

生态工业园区的特殊性在于将产生出许多新的行业和新类型的企业,这些新企业也是园区需要考虑的招商对象。它们包括废料分解公司、园区内交通服务公司、再制造厂、环境监督和信息服务公司、环境管理服务公司等。

2. 出台园区优惠政策

俗话说:"人往高处走,水往低处流。"这是一个简单的自然道理,哪里政策好,能获得更多的利润,资金和投资就会向哪里流动,这就是招商引资的"洼地效应"。政策吸引主要依靠税费减免、资金奖励,包括范围、时限、额度等,还有对特定产业出台的扶持政策。但是政策吸引是有度的,不能越权承诺、盲目承诺。在国家政策允许的范围内,园区最大限度地让利于企业,支持项目发展,这会对投资者产生很大的吸引力。当然,各国各级政府会针对某些鼓励支持的行业、针对生态工业园区出台专项优惠政策,这不属于本部分讨论的范围,本部分重点讨论园区在自身权限内能整合出台的一些优惠政策。

促进企业共生发展的奖励。一是针对企业落户的奖励。例如针对采用先进工艺、先进装备的企业、现代服务业、总部经济、能利用园区内副产品的企业,如果落户园区,可以享受金额不等的企业落户奖励。二是高管奖励。针对企业高级管理人员个人所得税按比例返还。三是企业贡献奖。对采用先进工艺、先进装备的企业、现代服务业、总部经济、能利用园区内副产品的企业所缴纳的企业所得税进行不同比例返还,或者直接给予金额不等的奖励。四是配套奖。对于国家、省、市产业发展扶持和奖励的各类科研项目和科技奖励,可以按照资助金额的 100%、70%、50%、30% 等予以配套奖励。五是上市奖。为了鼓励企业上市融资、快速发展,针对在主板上市的企业、新三板挂牌企业、香港以及国外证券交易所挂牌的企业给予金额不等的奖励。六是专项奖。针对生产设备进行升级改造的企业、对经过技术改造后能利用园区副产品的企业、采购园区内产品的企业、增资扩产的企业均可享受金额不等的专项奖励。七是环保与节能降耗奖励,对企业当年新投资的清洁能源利用改造、能源梯级利用改造项目,安全技术改造项目,以及其他环保项目,按照投资额的一定比例给予补助。

针对引进或培养高端人才、创新人才的奖励。一是聚焦全球,重奖高端人才。对引进的诺贝尔奖获得者或者院士,给予充足的安家费,对杰出人才、优秀人才、精英人才也给予金额不等的安家费。对特别重大的人才项目,采取"一事一议、量身定制"的扶持政策,给予充足的资金扶持。例如广州开发区对诺贝尔奖获得者或者院士,给予1000万元安家费,对杰出人才、优秀人才、精英人才分别给予500万元、300万元、200万元安家费。并且对杰出人才、优秀人才、精英人才,按期年度应纳税所得额的10%给予最高500万元奖励,对特别重大人才项目,最高资助10亿元。二是设立人才创业基金,助推人才创新创业发展。采用政府引导、市场运作的方式,由财政、国有资本、社会资金共同发起,设立人才创业基金,按照项目选择市场化、资金使用规范化、提供服务专业化的要求运作,引导各类种子基金、天使基金、创投基金优先投入高层次人才创办企业、初创期科技型企业、重点扶持的战略性新兴产业,加速推进科技成果产业化、市场化步伐。三是采取"别墅+公寓+补贴"的方式,让人才安居乐业。例如广州开发区为新引进的诺贝尔奖获得者、院士提供面积约300平方米的人才别墅,若是在本园区全职工作满10年,可获赠别墅产权;对杰出人才、优秀人才、精英人才分别给予每月最高1万元、8000元、5000元的为期3年的住房补贴。在园区内的地产开发项目中配套建设5%以上的人才公寓,供人才优惠租住。对刚走出校门的本科毕业生、硕士研究生也可以一次性给予2万元和3万元的住房补贴,博士及副高级以上专业技术职称的专业技术人才可以一次性获得5万元的住房补贴。

3. 确定园区要素价格

根据实际情况,确定园区土地价格、场地租金、电价、水价、蒸汽价格、排污费、采暖费、物业费、仓储费、物流费等各项要素价格。鼓励园区推行差别电价、阶梯式水价、差别排污费等有利于提高生态工业园资源能源利用效率的价格政策,鼓励园区企业在符合相关规划、消防安全、建筑安全的情况下,提升土地容积率,进行空间换地,提高土地集约利用水平。在所有的要素价格中,招商团队和企业最关心的一般是土地价格,建议采取灵活多样的价格策略,实行差别化土地供应。比如根据企业投资强度和产出率制定不同的土地价格,投资强度越大、产出率越高的企业,土地价格优惠也越大;也可以采取长期租赁、先租赁后出让、租让结合的方式灵活供应产业用地;鼓励弹性年期出让产业用地,合理设定产业用地使用年限,采用产业用地全生命周期、全方位协同管理制度。

4. 对园区宣传推广

首先,是塑造生态工业园区形象。塑造园区形象是沟通园区理念和文化的工具。通过精湛的标识设计,涵盖准确的理念设计,形成具有园区职能特征和鲜明特点的视觉形象、行为规范和经营理念。将其对内灌输于广大招商员工,形成统一的园区精神;对外运用多渠道全方位的宣传手段与社会各界沟通,让公众知晓园区、了解园区,进而认同园区,有效地扩大园区知名度。园区形象包括园区的介绍、主商标、产业导向、服务宗旨等主要内容。塑造园区形象时应采用专业化的园区形象识别系统,成功树立园区形象,见表7-2:

表7-2 园区形象基本元素及特征

基本元素	特征
园区介绍	以得体的文字或图形的形式突出园区的特点,强调园区的优势
商标符号	以设计简洁、形象鲜明的图形符号,给人以深刻的印象
状态	将商标符号赋予一定的动态或静态图像,并确定其不同的使用场合
色彩	从色彩学的角度确立商标的主色、衬托色、深浅、2—3套色系搭配及其相应的使用场合
宣传标语	以规范的书写风格、文体,制作宣传语句,并注意语言文字使用规范、译文规范
标题框	清楚地标识园区各项服务工作在不同页面中的主次地位
照片	用于各种场合的照片或特殊制作的图片

同时,从内部着手塑造园区形象。园区的每一个地方都代表园区形象,园区每一位工作员工也代表了园区形象。因此,从内部塑造园区形象就是要从园区办公环境、办公用品、员工形象、员工素质以及员工意识等方面进行塑造,让

客户充分感受到生态工业园区先进、规范、环保、绿色、积极的形象和氛围。因此,规范统一、周到专业的内部形象也是对生态园区的宣传推广,见表7-3。

表7-3   内部形象塑造要素及要点

基本要素	特征
办公环境	环境整洁,装修风格现代,格调清新,符合国际潮流;设有中英文指路标牌,方便外商客户;大厅设有中英文欢迎词,让中外企业感受到宾至如归
办公用品	规范统一的文档格式、文档装订的方式;规范员工名片设计、E-mail名称格式、微信名称;规范园区信封、信纸、传真纸设计
专业形象	从着装、礼仪、谈吐等方面做出规范,要求员工树立专业服务形象,不仅包括线下的形象,还包括专业的微信头像、专业的QQ头像等
专业素质	对园区工作人员进行内部培训,包括外语、法律、谈判技巧、有效沟通等方面进行专业指导,强化专业服务观念
专业意识	建立亲商意识,不断增强与客户的感情,使之互相了解,互相信任,着力培育员工的招商意识,以及对招商工作的敏感度

园区形象塑造成功后,就需要运用多种市场推广手段进行园区形象宣传,努力扩大园区知名度,此部分在前文"招商理念"中的招商团队要具备品牌营销理念中,突出阐述过"饱和攻击"式的宣传推广,本部分将不再赘述,而是介绍一个关于园区宣传推广的案例。

案例:2017年2月,广州开发区在全国率先出台四个含金量十足的"黄金十条"新政策,给出了史无前例的优惠政策。新政策简短有力,一经公布立即引发轰动效应,众多企业纷纷签约落户。广州开发区对企业落户消息进行了广泛的宣传报道。据统计,2017年全区在国家、省、市主流媒体刊发的新闻报道3000多条(次),其中关于招商宣传报道占了1000多条(次)。冷泉港、宝能、粤芯、赛默飞、宝洁数字化中心等项目均引起了广泛关注。同时,在2017年广州财富论坛期间,新华社新闻信息中心广东中心拍摄的广州《黄埔Hope》30秒形象片亮相美国纽约时代广场"中国屏",在世界十字路口展示了广州开发区作为国际创新枢纽、山水生态新城的独特魅力,吸引了世界目光。经过一系列的饱和攻击,社会各界对广州开发区的形象有很大的提升。很多企业家表示,就是看到了新闻报道,知道了广州开发区,才到广州开发区投资。

5.引资引智持续服务

在完成前期的招商目标、园区政策、要素价格、宣传推广后,就需要开始专业招商、引进资本或者引进人才,持续服务了,可以说前四步是招商基础,第五步是落实,是真正的与企业"过招"——招商队伍与企业相互接触、建立信任、合作共赢的阶段。

(1)项目筛选。根据前期的招商规划,主动与目标企业初步接触,向投资者充分介绍生态工业园区大环境及投资优势,协助投资者做好进入园区的初步成本预算,帮助投资者获得真实有效的信息,并借此机会了解投资者的投资意向以及投资驱动因素。比如:寻求新的市场、寻求新的资源、寻求多样化、寻求效率最大化、寻求创新、寻求产业集群等。

如图7-4所示,一旦确定了企业的投资驱动因素,招商团队就可以有的放矢进行项目分析,包括对项目投资方、投资水平、产出效益、所处行业、创新实力、产业匹配度、政策需求等做出分析,确定是否有招商价值。如果是投资大、品牌好、符合生态园区特点的项目,则分配重点力量,果断行动,包括设立项目办公室,与企业共同成立前期团队;派遣招商团队赴企业进行实地考察,了解项目真实情况;做好与项目合作伙伴、社会中介、投资团队的沟通工作,为后期项目深入合作做好准备。如果项目并不优质,比如未达到生态工业园区准入门槛(准入标准内容见前文"招商指标体系"),也不要马上否定项目,而是建议企业能否考虑向生态工业园区靠拢或引进其他合作伙伴等,对项目进行挖潜。

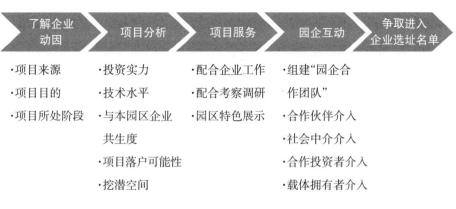

图7-4　项目筛选阶段招商工作流程图

资料来源:广州开发区投资促进局,《招商4.0新时代区域招商的战略思维》。

这一阶段的招商工作虽然很辛苦,却是留给投资者的第一印象,最是体现招商人员的业务水平,热情、专业、细致的招商服务将会给投资者留下良好的第一印象,可以对后续工作起到事半功倍的效果。

(2)项目实地考察。这一阶段主要是企业通过实地调研,深入了解生态工业园区的投资环境、商务环境、生活环境、政务环境、公用设施及基础设施等,重点考察园区能提供的载体或用地情况。因此,此阶段的考察会比较详细,企业与招商团队的接触会很频繁。

招商人员应主动向投资者建议必要时安排企业高层与园区高层甚至当地区域领导层见面,通过高层见面坚定投资者与园区合作的信心,并且表达双方的诚意。对于特殊行业(例如生物药审批),招商人员还应主动沟通上级政府职能部门寻求特殊支持。

经过高层互访、表达投资诚意之后,招商团队就要起草项目合作建议。此时,企业的基本想法已明确,基本诉求和希望得到的用地、政策等支持也已明确。招商团队可根据企业的诉求提出项目落户方案和基本的扶持方案,为企业提供项目合作建议。项目合作建议可以充分体现招商团队对企业项目、对行业的了解分析能力、对市场趋势的前瞻判断能力,体现招商人员的专业水平,既能让企业对园区满意,提升企业投资信心,也能防止企业漫天要价。

项目合作建议得到企业认同后,招商团队就可以组织合作框架,包括组织上下游企业或其他可以进行副产品再利用合作的企业,提供合适的融资渠道

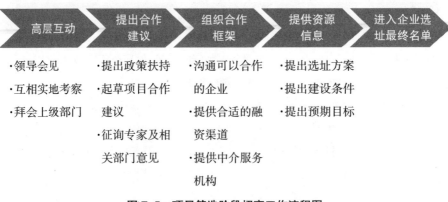

图7-5　项目筛选阶段招商工作流程图

资料来源:广州开发区投资促进局,《招商4.0新时代区域招商的战略思维》。

和需要的中介服务机构,并提供用地选址方案、"净地"出让工作。

(3)项目谈判。这一阶段,企业重点是希望园区解决其核心的关键问题,并争取尽可能多的优惠政策,园区招商团队在依法依规的前提下,适当给予项目支持,同时争取园区以外的政策支持,但也要设立项目谈判的政策底线,对项目引进成本进行有效控制,避免引资成本过高。同时,企业和招商团队的商务会谈需要双方都派遣专业律师和专业会计师共同参与, 对各项扶持政策和限制政策、土地和不动产、投资建设进度等合作条款进行严格把关,予以明确。需要注意的是, 招商团队在此阶段仍然要敏锐把握项目动态, 避免谈判陷入僵局, 帮助企业对预测结果和模型做最后一次更新, 直至企业正式宣布选址结果。此阶段最能体现招商团队协调各方、解决问题的能力。

(4)项目实施。如图 7-6 所示,这一阶段,企业将开始项目的设计、建设、施工及试运营工作。从招商的流程来看,主要工作已经结束,但是,后续服务事宜还要跟上,包括:了解项目建设的需求,跟进项目投资落实情况,兑现谈判时达成的承诺,继续开展以商招商,引进与该项目相关的其他项目。

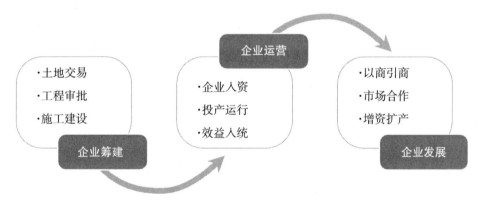

图 7-6　项目筛选阶段招商工作流程图

资料来源:广州开发区投资促进局,《招商 4.0 新时代区域招商的战略思维》。

需要注意的是,很多企业投资,尤其是科技型企业和初创型企业,刚开始时可能只是科研人才的一个构想,但具体到在哪一个园区如何落实,科研人才或初创企业开始或许并不清楚,项目就很有可能是处于长期的空谈中。这个时候,招商团队就应该主动出击,从企业角度提出具体的合作模式、落地模式、商业模式等,为企业描绘发展路线图,在企业有了思路和兴趣后,应主动整合资金、人才、上下游配套企业、市场合作方等资源,有针对性地为企业提供落户的一揽子方案。

二、生态工业园区运营管理

生态工业园区运营管理是指园区运营管理主体在对园区进行运营和管理时所采取的管理方法与模式,是治理结构、机构设置、管理制度、职能范围、运行机制等多方面相关关系的总和。管理体制的设计直接影响产业园区的运营效率和发展质量,一个先进、完善的管理体制是生态工业园区保持活力的关键所在。

(一) 生态工业园区管理模式

生态工业园区的目标是实现环境影响与经济效果的双赢。正因为如此,各国政府和学者对生态工业园区都给予了高度重视和不同程度的参与,根据不同的参与主体,生态工业园区管理模式分为政府管理型、政企结合型、自组织型和双组织型。

1. 政府管理型

所谓政府主导型生态工业园区,是指由当地政府或上级政府授权组织设置的专门的派出机构负责产业园区的主要公共事务和经济事务的管理体制。其主要特征是园区内只设有政府成立的"园区管理委员会"(以下简称"管委会"),再没有其他负责园区综合事务的管理部门。管委会对园区的土地开发、招商引资、基础设施建设等事务进行全面而综合的管理;在机构设置上,由管委会依据区内经济社会发展的需要自行灵活设置职能部门。

政府管理型生态工业园区有五个特点:一是政府在对本级行政区划内的经济发展做通盘考虑的基础上,将生态工业园区的发展纳入区域经济的发展规划中,并使之相协调,从而使生态工业园区的管理更具有计划性和有序性;二是政府管理型生态工业园区一般是在一开始就对园区前期的规划、建设、生产、运营等各个方面都进行全流程、全方位的管理;三是政府管理型生态工业园区的最大优势在于,政府作为经济社会的管理者,具有获取信息的便利性,能够对纷繁复杂的外部信息进行及时搜集、甄别,获取有用的信息供生态工业园区使用;四是政府政策具有很强的目的性、系统性、多样性和超前性。政府管理生态工业园区时,依据其权限的有效管理,可使园区在内部组织管理和园区发展方面减少方向性失误;五是就政府而言,此类生态工业园区一般是以"试验田""示范区"的性质出现,如果是"试验田",那么政府管理的过程也是政府学习的过程,如果是"示范区",那么政府管理的目的在于为其他生态工业园区的建设和管理积累经验。

　　在政府主导的生态工业园区中,协调好政府与市场的关系,提高行政效率,是一个重要课题。在这种模式下,政府对园区的管理具有较强的影响力,政府的指导可以把政府管理社会经济的成功经验用于园区管理,同时,政府在对园区进行管理的过程中不可避免地会出现政策上的倾斜。另外,应防止政府的指导过多过细,甚至直接以行政命令代替市场竞争,借助于政府的优惠政策和行政命令来确保园区企业的竞争优势的思想。园区也要防止产生管理人员过度依赖政府,工作效率低下、工作活力不足的问题。鉴于此,生态工业园区又出现了政企结合型的管理模式①。

　　2. 政企结合型

　　政企结合型运营模式将政府主导型和市场主导型两种模式进行机整合,充分发挥两者的优势,以更好地适应更多生态工业园区的运营管理。政企合作的模式是分别成立园区管理委员会和园区运营管理公司两套管理体系。其中,管委会是生态工业园区的行政管理部门,作为政府派驻机构,代表政府,具体负责园区各项职能职责的行使和监督管理,为园区企业的发展和需求提供更好的服务,增强园区办事的高效性和便捷性。园区运营管理公司是整个工业园区的运营主体,实行公司化运营模式,通过市场化方式招聘法律、财务、管理、翻译等相关专业人员,负责园区的招商、引资、引智、日常经营、物业管理等。该类型生态工业园区适合于园区规模较大、企业较多、企业协会管理经验相对不足、政府园区管理经验相对成熟的生态工业园区。

　　政企结合型运营模式下,既能充分发挥政府的宏观指导性,又能保持市场的灵活性和活力,是"小政府、大社会"理念下的一种管理实践,具有权责分明、贴近市场、管理成本低等优点,适合于综合性、大规模成片开发项目。

---

① 钟书华:《生态工业园区建设与管理》,人民出版社,2007,第153—160页。

案例：中国苏州生态工业示范区的管理模式

中国苏州生态工业示范园区，就是采取政企合作的管理模式，取得了很好的效果。苏州工业园区是中国与新加坡两国政府共同开发和兴建的项目，主权管理完全由中方负责。园区管委会代表中国苏州市政府行使管理职能，管委会与苏州一些知名企业联合组建一个投资公司，称作苏州财团。苏州财团与来自北京的一些大公司合资组成中国苏州工业园区股份有限公司（以下简称"中方财团"）。中方财团与新加坡财团携手组建成中新苏州工业园区开发有限公司（以下简称"新方财团"），双方出资的比例分别65%和35%。参加新方财团的有新加坡、日本和美国等公司，共计23家；参加中方财团的有国家和省、市公司，共计12家。在具体运作过程中，园区的行政管理由中方全权负责，成片开发由中新合资的开发公司负责，对外招商引资，由中新联合共同负责。园区管委会行使行政管理职能，中新苏州工业园区开发有限公司行使市场化的企业管理职能，相互独立、各负其责，真正实现了开发区政企分开和自主经营、自负盈亏的原则。在中国商务部公布的国家级经开区综合考评中，苏州工业园区连续四年（2016—2019年）位列第一，在国家级高新区综合排名中位列第五，并成功跻身科技部建设世界一流高科技园区行列。

3. 自组织型

通常情况下，自组织型生态工业园区运营模式是指在特定产业领域内由几个具有强大实力的企业，利用其自身的行业凝聚力和号召力，通过招商引资，实现目标产业的集聚式发展，最终实现整个产业链的物质流、能量流、信息流循环利用，形成相对独立的生态工业园区。自组织型生态工业园区产生的条件是所在园区是一个开放系统，具有较低的进入壁垒；企业之间是一种非线性的作用关系，联系广泛；园区形成的根本动力是实现更高的经济利益。该类型生态工业园区适合于市场经济发达、园区规模不大，但是园区内有几家影响较大、规模较大的龙头企业的生态工业园区。

自组织型生态工业园区具有五个特点。一是从园区的组织结构看，园区内企业之间的关系松散，企业之间没有产权关系，也没有行政上的隶属关系，企业之间相互独立。企业追求利益的最大化，客观效果是带来良好的环境效益。二是从组织管理看，园区内没有园区一级的管理机构，但是一般有企业协会，负责园区企业共同协商、自治管理,园区内成员企业通过定期或临时的双边或多边会晤来对生态工业园区中出现的问题进行协调和管理。三是企业之间建立了良好的商业信誉,具有良好的信任和合作关系。企业之间的一个重要课题就是通过彼此的不断合作,加深彼此之间的理解和信任,形成良好的信誉。这种信誉也是园区内企业双赢的前提。四是这种企业高度自治模式使园区内企业的主人翁意识和责任意识很强,自觉将园区整体发展与企业自身发展相关联,能充分发挥企业的主观能动性。五是完善的风险管理机制。自组织型生态工业园的风险远大于其他类型的生态工业园区,风险主要来自循环链的稳定性、技术迅速进步带来的循环链的老化、管理的落后以及成员企业之间的紧密依赖关系等。所以园区都试图通过扩大企业种类、增加企业数量等各种方式来加强园区生态群落的多样性,力图使风险降到最低点[1]。

　　自组织型生态工业园区的典型代表是丹麦的卡伦堡生态工业园区。卡伦堡生态工业园区的形成是从其成员企业为了处理副产品而自发建立副产品交换关系开始的,到今天已形成一个庞大的工业共生系统。园区内企业分属不同的国家,如 Statoil 是挪威的公司,Gyproc 是英国的公司,园区内没有建立管理机构,重大事务要通过园区企业的相互协商来解决。园区内各企业之间具有密切的人员交往,彼此之间建立了良好的私人关系和工作关系,彼此信任。出于对园区内潜在风险的忧虑,园区内建立了风险管理机制,重视风险评估,加强风险控制,来规避风险。

　　在自组织型生态工业园区中,政府不宜对园区做过多的干涉,但是并不意味着政府可以放任不管。从园区与政府的关系来看,政府对园区的管理职责是:与园区企业一起对园区基础设施进行建设和管理,对园区企业的风险管理进行监督,对园区技术创新进行政策引导,与园区成员企业一起对园区的日常运作管理进行协调,对园区的环境绩效进行监督和管理。对园区危险品和废弃物的管理进行监督,为园区的发展创造一个良好的法治环境、政务环境等。

　　4. 双组织型

　　双组织型生态工业园区是指在生态工业园里有两个代表不同利益的管理

---

① 钟书华:《生态工业园区建设与管理》,人民出版社,2007,第 153—160 页。

团体,分别是代表园区开发商的"物业管理公司"和代表企业的"社区管理部门"。物业管理部门多数是由生态工业园区的开发者所组成的独立公司,对园区投资商负责,因此,物业管理者应负责园区内整体商业绩效,以保持园区的稳定与对外招商吸引力为目标,具体包括物业维护、招募成员企业、谈判租约、与外界沟通互动、维护基础设施、提供支持服务、紧急事故预防和响应、管理园区整个信息系统。社区管理部门作为园区内企业的纽带而存在,由各企业代表组成,是园区内企业的协会,维护各个成员企业的利益,因此其管理将是一个自我组织的过程,职责主要是发展和维护社区的价值和文化、关注单个企业的发展、协调园区内企业关系并解决冲突,提高企业效率,沟通企业间的创新性项目,提高企业间副产品交换水平,为企业争取更多利益,增强企业凝聚力。[①]这种模式适用于市场经济发达、各种社会组织完善、各种协会管理经验丰富、园区规模较大的生态工业园区,例如美国大部分的生态工业园区都采用这种双组织型管理模式。

　　双组织型生态工业园区的管理工作主要由开发者与社区管理者承担,这两种管理机构都不为政府直接所属。因此,政府在园区的发展上较少参与园区的具体规划与管理,更多是充当第三方进行政策性引导和支持。但是由于物业管理部门和社区管理部门所代表的利益方不同,两类管理机构也需要互相协调合作,通常采用在对方机构互设代表,以更好、更及时的沟通协调,因此,这种模式能充分考虑到不同主体的利益,很好地解决各种可能的冲突。

　　需要注意的是,双组织型模式并不等同于政企结合型。双组织型的物业管理部门代表的是园区投资开发者,园区投资开发者可以是政府,可以是高校、科研机构或其他社会组织,也可以是独立的房地产开发企业或某个企业;社区管理部门则代表的是园区内众多的入驻企业,由园区内入驻企业代表组成,是自组织管理。而政企结合型模式中的"管委会"是政府的派驻机构,全权代表政府行使行政管理职能和监督职能,而园区运营管理公司是由管委会委托市场上专业的运营企业管理,包括园区的招商、日常经营、物业管理等,并不是由园

---

　　① 闫二旺、田越:《中外生态工业园区管理模式的比较研究》,《经济研究参考》2015年第52期,第80—87页。

区内企业代表组成的"企业协会"。

表7-4　四种生态工业园区管理模式比较

比较项目	政府主导型	政企结合型	自组织型	双组织型
开发主体	政府	政府	企业	可以是政府,也可以是企业,一般情况是企业
运营方式	政府管理	政府派驻+公司化管理	各个企业协商管理	物业管理+社区自我管理
优势	(1)园区建设速度快 (2)拥有土地资源优势和政策优惠优势 (3)各种资源统筹协调能力强	(1)园区建设速度快 (2)拥有土地资源优势和政策优惠优势 (3)决策灵活、贴近市场、降低成本 (4)出现问题由政府和企业共同协商解决	(1)园区企业主人翁意识和责任意识强 (2)决策灵活、对市场应变速度快 (3)管理高效、透明 (4)运营成本低	(1)能考虑到不同主体的利益 (2)能很好地解决各种可能的冲突 (3)园区企业主人翁意识和责任意识较强 (4)有利于副产品更大范围交换
劣势	(1)缺乏灵活性和创新性 (2)活力不强 (3)容易导致机构膨胀、政企不分	(1)对政企关系协调的要求较高 (2)暗箱操作、寻租风险增大	(1)建设速度慢、形成周期长 (2)扩区时可能因为面临不同行政区域而受限 (3)市场风险较大 (4)对园区企业的约束能力较弱	(1)建设速度较慢、形成周期较长 (2)扩区时可能因为面临不同行政区域而受限

(二)生态工业园区管理原则

生态工业园区管理原则包括分区管理原则、依法依规管理原则和市场化运作、企业化管理、专业化服务原则。

1.分区管理原则

生态工业园区内分为生产区、生活区、生态区三大类,再细分还分为主要生产区、生产型服务区、科技研发区、会议展览区、居民住宅区、生活服务区、绿化景观区等。园区的管理者要根据合理评估各区域的环境承载能力,对不同的区域、不同的对象实行分区管理。在生产区要切实加强生态环境监管为主,防止开发过程中出现大的生态环境破坏,按照区域环境容量合理布局资源,建设各种生态环境工程设施,保证区域内生态环境质量。生活区一般是介于生产区和生态区之间,属于过渡缓冲区,该区具有消纳、降解和净化环境污染,抵御、缓解和降低生态影响的独特性质,是生态系统界面性和稳定性的反映。该区的生态环境管理对策主要在于加强各项绿化等生态环境措施,防止侵占,保证过渡缓冲区的生态环境建设。在生态区应注重保护或保留自然景观或自然生态系统,在这些区域严禁从事工业、农业等生产活动,严禁建设以生产、居住为主要目的的工程建筑,对这些区域的现有植被和自然生态系统应严加保护,防止生态环境的破坏和生态功能的退化,并结合生态环境建设措施,组织重建与恢复。

2. 依法依规管理原则

组织政府机构、园区管理者和园区企业共同讨论、制定"生态工业园区管理条例",包括园区产业方向和主要任务、园区管理机构、管理责任、管理体制、运营模式、园区优惠政策、园区对企业的要求标准等,坚持依法管理原则,促进园区管理部门依法行政,行使有度,减少甚至避免随意性和不可预见性,促使园区企业学法、知法、守法。

3. 市场化运作、企业化管理、专业化服务原则

生态工业园区实实在在是个房地产开发项目,尽管其开发主体可能是当地政府或其开发组织、地方经济发展公司、私人部门或其他的社会组织,但是园区的运营管理应该以一个独立的商业企业的形式来运行,按照市场化运作、企业化管理和专业化服务的原则来管理园区,这一点与传统的商业地产企业没有本质区别。市场化运作是指遵循市场经济规则,引入价格机制、竞争机制、风险机制,在园区基础设施建设、资金筹集、土地开发、项目招引、综合服务等方面自主经营、自负盈亏。在园区日常运营管理过程中,管理者通过招聘相关专业化管理人才,打造高效专业的管理团队,为企业提供高质量的服务,并通过为企业服务收取服务费用,这也是生态工业园区的盈利点之一。

(三)生态工业园区运营收入

传统的产业园区日常运营收入主要依赖于土地拍卖、厂房出租、政府补贴等,盈利能力弱,再加上很多生态工业园区为了招商引资又采取土地低价出

让、税收优惠政策等,进一步削弱了园区的盈利能力。但是为了实现当地居民就业、经济总量增长的宏观目标,只能由政府主导开发建设产业园区,这也是为什么很多国家生态工业园区的开发主体是政府的原因之一。随着社会分工的不断细化,越来越多的企业意识到很多工作可以分给专业公司来完成,并支付一定费用,这比企业自己完成仍然合算,比如税务申报、财务核算、办公用品统一采购、厂区清洁甚至企业融资等均可以交由社会化的专业公司来完成。生态工业园区内有众多企业,也就有众多专业服务的需求,而且园区管理者熟知每个企业的经营情况,基于这一点,生态工业园区管理相比较传统的产业园区有了更多运营管理内容和更多盈利点。

1. 土地运营收入

土地运营收入主要有园区土地增值收入、租金收入、商业地产和住宅地产四大类。

生态工业园区开发者最初是以生地、工业用地等较低的价格获得土地,随着园区内部及周边软环境和硬环境的不断改善,人口的不断聚集,必然带动园区土地价格的提升,为园区开发者带来土地增值收入。随着生态工业园区不断成熟,厂房租赁或土地租赁带来的收入将逐渐成为园区主要收入来源之一。

与周边社区的良好互动和融合是生态工业园区建设的内在要求和必然趋势,因此,在生态工业园区进入发展期和成熟期,以商业地产、写字楼和住宅楼为主要开发对象的地产类收入逐渐增多,也将成为工业园区的主要收入来源之一。

2. 增值服务收入

增值服务收入即园区通过为入驻企业和个人提供所需的生产、生活配套服务和增值服务而获利,蕴含着巨大的商业效益。如表7-5所示,增值服务主要包括生产性服务和生活性服务两大类。

传统的供水、供电、物业租售、物业保修等物业式服务早已落后,园区工商注册、税收登记、环评、消防等基础服务也已经不能满足企业的需求,在专业分工越来越细化的时代,企业对公共技术服务平台、人力资源、金融投资、科技信息等生产性增值服务的需求越来越多。在此背景下,生态工业园区的运营管理要本着"以客户为中心",整合统筹各种资源,围绕"创意孵化、创业初期、企业

表 7-5　生态工业园区盈利方式

类型	收益项目	内容
土地运营	土地增值	低价购入生地,待生地变为熟地,高价售出
	租金收入	厂房、仓库、办公用房等的租金收入
	商业地产	配套的购物中心、酒店等商业地产开发、出售收入
	住宅地产	住宅、公寓等项目的开发、出售或出租收入
增值服务	生产性服务	公共技术平台、企业孵化器、咨询、培训、信息、政府关系、人力资源、软件服务外包、知识产权服务、上市辅导等
	生活配套性服务	教育、医疗、文体、餐饮、娱乐、购物等
金融投资	产业投资	风险投资、私募股权投资(VC、PE)
	专业性公司投资	投资专业性公司并实现首次公开募股(IPO)
	产业用地资本运作	作价入股投资
	现有房产的资本运作	产业型房产股权、信托、证券化运作
品牌输出	生地开发	土地的一级开发建设、建设—经营—转让(BOT)运营、以土地入股共同开发
	熟地改造	原有物业改造与功能变更

资料来源:前瞻经济学人。

成长、规模扩张、上市准备"的企业生命周期链条,如图 7-7 所示,构建集成化、精准化、高效化的企业服务体系,如创业培训、市场开发、科技推广、融资担保、管理咨询、知识产权服务、上市辅导等,既降低了企业管理成本,又能通过收取费用增加园区效益,还能提高园区的招商能力,进一步提升园区产业集聚的竞争力。以公共技术服务平台为例,医药企业、新材料企业在研发、生产过程中,基本都需要一些实验设备、检测设备,如质谱仪、色谱仪、光谱仪,乃至电子显微镜等。这些设备,对入驻园区的中小企业来说,使用的频率虽然不高,但是又必须使用,而这些设备的价值很高,有的设备价值高达几百万元,对于刚创业的中小企业而言负担很重。如果该生态园区内有很多企业对这些科研设备有共同需求,就可以建立园区公共技术服务平台,采购一批共性设备,为众多企业提供增值服务,并收取一些费用,当然公共技术服务平台的作用并不仅限于提供科技资源,还提供科技信息查询、行业检测服务、委托研究和专业技术服务、技术转移等服务。

图7-7　围绕企业成长的园区增值服务

生活性增值服务是围绕园区居民日常生活开展的全方位服务,涵盖各年龄段,包括学校、养老、公园、医院、餐饮、交通、住宅等内容,前面已经详述过,在此不做赘述。这里要指出的是,增值服务体系的搭建应根据园区运营管理主体与所在地区的实际情况,合理选择建设方式,既可以采取园区独资、合资的方式,也可以借助社会资源来实现。

我们通过一个案例就能明白增值服务对于提升生态工业园区盈利能力的重要性。

案例:广州开发区极致服务——为投资者提供一揽子解决方案

一般而言,企业在一个陌生的园区投资过程中往往会遇到众多问题,包括厂房假设、环保评估、人力资源、员工餐饮等各个方面,涉及工商、税务、环保等众多政府部门,以及法律、财会、税务等各种专业问题。常规而言,企业对于这些问题基本上都是每个问题找专业的机构来完成,例如起草法律文件就找律师事务所、建厂房就找工程公司、招人就找人力资源公司、财税就找会计师事务所等。但是,这种方式普遍都会衍生一个非常现实的问题——专业机构只会根据自己的专业领域限定自己的责任和工作,并不会自觉主动地跟其他机构进行衔接和沟通,导致企业在投资落地过程中要甄别大量不同机构的信息,大大增加企业的管理成本。

因此,广州开发区建立了一个细致入微的全方位服务体系,将所有这些独立机构有机地串联起来,这个服务体系主要包含以下四个理念:

以企业需求为中心,而不是以服务机构各自的专业或经营目标为中心。

有机整合包括政府在内的服务资源,为企业定制一揽子解决方案。

为企业管理各方资源以达到预期目标。

专业的服务运营和整合能力。

其中,"以企业需求为中心"是这四个要素中的核心要素,整个服务体系都必须以企业的需求为出发点来建立。以百事立顿项目为例。2012年,百事立顿要在广州开发区成立一家贸易公司,广州开发区在为其服务的过程中发现,财税〔2009〕72号文中有这样一条规定:"对采取特许经营模式的饮料制造企业,饮料品牌使用方发生的不超过当年销售(营业)收入30%的广告费和业务宣传费支出可以在本企业扣除。"众所周知,广告和宣传费用通常是快销品企业最大的一笔费用支出。因此这个税收优惠政策对百事立顿是非常有吸引力的。但问题是要享受该政策,公司必须由贸易公司变更为生产型企业。营业执照上必须增加"饮料生产"的经营范围。在当时的政策环境下,要取得饮料生产的经营范围必须先申请到食品生产的质量安全(QS)生产许可证,这就意味着需要有厂房、机器设备、厂长、技术人员、工人等达到生产能力的要素。但是,百事立顿当时来的管理者是两名爱尔兰人和一名新加坡人,他们在中国境内只有不超过十个人的团队,面临的问题是人生地不熟,没人没资源来统筹建立这样一家工厂,但是希望能在2013年底前得到QS证,将"饮料生产"加到经营范围里去。

在此情况下,广州开发区提供了一揽子的高效、专业、精细服务,经过大半年的努力,完成了厂房报建装修、机器设备进口采购安装、生产标准备案、QS证的申领、营业执照的变更等一系列手续,最终赶在 11 月 27 日拿到了批准证书,12 月初拿到了营业执照,不仅如此,开发区还受企业委托提供了企业生产经营制度的编写、非核心生产材料的采购、包装样式的设计、招聘员工等一系列服务。就这样,通过细致的增值服务,广州开发区成功地将一个原本注册资本不高的贸易公司推动成为一个注册资本为 1.25 亿元的生产型企业,并获得了可观的服务费用。

3. 金融投资

相较于生态工业园区而言,现代的生态工业园区越来越注重风险投资和资本运作等金融投资带来的收益。金融投资主要包括基金投资和产业投资两种形式:基金投资是指园区经营公司通过设立专业的投资基金,或者联合其他投资机构共同设立投资基金,对园区内发展潜力大、成长性强的公司进行股权投资,助力园区企业孵化、成长、壮大,待孵化企业被并购或上市后,分享企业成长带来的长期收益。产业投资是将现有房产或产业用地以作价入股的方式支持园区企业发展,待企业发展壮大后按照约定直接购回该房产或地产,以获得溢价收益。

案例: 天津产业园区房屋租赁费入股投资

天津产业园曾经用 1500 平方米房屋租赁费用,与中国航天研究院所属的天津研究所的 6 名辞职员工,共同合作成立了一家航天科技公司。投资额度为三年的房屋租赁费用 162 万元,占比航天科技公司 30% 的股份。

在组建后的两年时间里,新企业已经研发并申报批准的发明专利达到 20 余项,其中有 14 项专利技术被航天研究院采用,第三年企业又研发了航天领域的十余项发明专利获得批准,此时国家航天科技研究院视该企业为掌上明珠,愿意出资 1.5 亿元人民币收购该企业。

根据该企业的股权比例,天津产业园区的所属公司应该收益 4500 万元,后来按照 3000 万元人民币的股权收益结算,即三年的时间里天津产业园的收益接近投资额的 18 倍之多。

此房屋销售后又实现了 1500 元 / 平方米的市场增值,增值总额度达到了

225 万元。如果扣减合作投资的 162 万元,相当于产业园区只为这家企业提供了一个经营空间或者场所,三年里就获得了 3000 万元的利润收益。

即使如果双方合作企业没有取得成功,产业园区公司也没有任何经济损失,因为产业园区的房产还在,此时卖掉房子仍然可以实现市场的增值。

因此,该园区公司在以后的招商引资中继续运用房屋租赁费用,又与多家高新技术企业实现了合作,并取得了很好的经济效果和社会效果。

4.品牌输出

品牌是一种无形资产,是企业在参与市场竞争过程中逐渐积累的,使企业的产品或服务区别于其他竞争对手的重要标识。从消费者角度而言,品牌是产品质量和其他特点的载体,关于产业和服务的特点,都通过品牌以浓缩概要的形式出现,消费者通过品牌获取产品信息,识别产品和服务。而且,在产品性能、质量等要素差别并不悬殊时,消费者更倾向于美誉度高的品牌,即使是同质度非常高的产品,冠以不同的品牌,也可能会收到不同的市场回馈。根据神经学家蒙塔古的实验,将百事可乐和可口可乐的品牌标签交换或撤掉,都足以影响消费者对产品效用的评价。这即是品牌产品无法复制的竞争壁垒,也是品牌资产可以形成溢价效应的关键, 也是生态工业园区可以进行品牌输出的前提和原因。

一个生态工业园区的品牌是区别于其他园区的重要标志, 集中体现了园区的管理制度、运营能力,是园区核心竞争力和重要的无形资产。一个运营管理成功的生态工业园区, 其运营管理方式在同样的经济政治体制下和管理体制下基本上是可以在其他区域的其他生态工业园区成功复制的。因此,或者基于拓展园区发展空间,或者基于扩大园区运营商品牌影响力和盈利空间,或者基于实现区域间协调发展,或者基于实现产业结构梯度转移等多种原因,就有了园区开发商通过园区品牌输出获得超额利润的模式, 即将园区运营管理模式从一个生态工业园区向另一个生态工业园区输出的方式。

运营管理模式输出大致有两种方式,一是完全的生地开发,二是在已有的园区内进行熟地改造。目前,各个国家关于生态工业园区的输出模式实例还基本没有,但是我们的研究理论是可以先行一步的,因此,我们从发展很好的其他类型产业园区的模式输出借鉴经验。

但是,需要注意的问题是,这种方式一般仅限于相同的政治体制、大致相同的经济体制和园区管理体制,并且要与当地政府或园区建立并恪守法制化长期诚信合作机制,促使当地政府出台相应的政府规章或条例,同时与高一级政府层面建立协调处理机制和监督机制,一方面有利于重大事务的协调和推进,另一方面也有利于避免少数政府违背承诺设置种种障碍的可能,切不可盲目地、照搬式地进行模式输出。

案例: 苏州工业园区的品牌输出

前面案例已经介绍过,苏州工业园区是中国和新加坡两国政府间经济合作的"旗舰项目",经过20多年的发展,苏州工业园区不仅成功地吸收、消化、运用新加坡管理理念、运营模式、开发机制,还将工业园区的发展模式向其他区域,甚至其他国家输出,催生了"苏宿工业园"(江苏宿迁)、苏滁现代产业园(安徽滁州)、苏通科技产业园(江苏南通)、霍尔果斯开发区(新疆伊犁)等新园区。

2012年4月28日,由中新苏州工业园区开发集团股份有限公司与安徽省滁州市政府合作开发的中新苏滁现代产业园区项目正式开工。但此后约一年时间,园区并没有出现一般开发区"一边建设一边规划"的"大干快上"景象。而是按照苏州工业园区"先规划后建设"的原则,耐心等待新加坡邦城规划院、澳大利亚TRACT公司等国际顶级设计单位把园区总体规划和水利、通信、防洪等近30项专项规划以及城市景观方案全部做好才开始建设。园区为了实现产业高度集聚发展,严格执行"项目准入制"和"产业主导制",以"亩均投资强度高于400万元或亩均税收高于30万元"为标尺的"精准招商",成功引进科隆锂电池、台湾隆达电子、长久轿运车、南方黑芝麻食品等行业领军企业的10个旗舰项目和新加坡道益科技、美国派罗特克新材料等8个国家及地区的19个外资项目,其中,全球排名前三的薄膜晶体管液晶显示屏制造公司——明基友达集团建设的多元化LED新兴产业基地亩均投资强度超过1100万元。多年来,在苏滁现代产业园区项目中,符合产业规划导向的项目占比始终保持在80%以上。

园区模式的输出不仅仅是看得见的各项规划,更重要的是看不见的管理体制机制的输出。苏滁现代产业园区由中新集团与滁州方面按照56%、44%的比例出资,成立中新苏滁(滁州)开发有限公司,以商业运作方式承担产业园管理机构授权或委托的开发任务,并通过市场运作方式从事其他经营范围内允许的、以盈利为目的的经营业务,实行独立核算、自负盈亏。

园区模式输出并不能单纯依靠市场的力量来推动,更需要输出方与输入地政府紧密沟通,达成共识,一方面有利于重大事务的协调和推进,另一方面有利于避免少数政府违背承诺设置种种障碍的可能。多年来,苏州工业园区虽然积累了丰富的人才、资本和招商资源,但是受制于有限的发展空间,难以充分发挥效应,所以,苏州工业园区一直着力实施"走出去"战略,谋划在新区域以更高的水准建设工业园区。而安徽省一直寻求快速融入长江经济带,实现长三角的承接产业转移。因此,在此背景下,苏滁现代产业园区正是双方合作的一个最直接、最有效、最快捷、最带有标志性的突破口,从一开始就得到了安徽省政府和滁州市政府的大力支持。安徽省发展和改革委还牵头组织省国土、住建、财政、环保、供电等相关部门业务处室赴苏州实地考察学习,深入了解苏州工业园区运行机制体制、苏通科技产业园(也是苏州工业园区的输出模式之一)运作模式,同时就如何更好地建设苏滁现代产业园与中新集团、苏州工业园区领导深入交换了意见。2011年5月,滁州市委、市政府主要领导及党政代表团也赴苏州工业园实地考察学习,与苏州市委、市政府和中新集团达成合作共识。同时,还成立了由市委书记为第一组长、市长为组长的高规格领导小组,高位推进项目。同时,该市发改、规划、国土、建设、商务、财政、环保、科技、供电等部门更是提早介入,积极向上对接,争取支持,做了大量卓有成效的工作。

在政府的高度支持、科学的经营理念和先进的管理体制机制共同保障下,中新苏滁现代产业园区最终累计完成投资100亿元,建设各类项目150多个,实现了"产业高度集聚、城市功能完善、生态环境优美"的现代化产业园区,也一举成为安徽全省的"产城一体化"样本和示范。

(四)生态工业园区公共事务管理

生态工业园区运营者除了具有以获取经济效益为目的的运营管理职责外,有承担以环境效益和社会效益为目的的公共事务管理职责,包括园区环境管理职责、园区应急管理职责、园区信息化管理职责。在生态工业园的建设和管理中,我们的一贯主张和观点是:市场是资源配置的基本手段和主要手段,利益激励是生态工业园建设的根本推动力,但是,本部分的公共事务管理职责具有一定的公共性和正外部性,不能仅仅依靠市场机制和市场主体自发完成,还需要依靠园区运营者制定完善的制度体系,需要依靠政府机构的监管来实现。

1. 一揽子环境管理职责①

企业在入驻生态工业园区时,需要许多政府部门提供各项审批服务,为了节省企业审批时间,加快建设进度,许多政府专门成立了"行政审批局",为了简化审批流程,还将过去的"串联审批"改为"并联审批",或者"审批承诺制"。

但是,如果园区管理者能一次性解决大部分的许可问题,就可以减轻园区企业和政府有关部门的环境管理工作。菲律宾环境与自然资源部的做法就为我们提供了另外一种政府审批和监管方式,即由生态工业园区的管理者负责监控园区范围内的环境绩效,提供一揽子的环境管理职责,包括制定ISO14000 环境管理、阿佩尔(APELL)计划、企业环境行为评级、园区生态公告等环境管理制度,定期出具各项环境报告,并向当地政府、社区居民和园区企业提供相应的反馈,对于违反规定的企业进行罚款,对于严重违规的企业,甚至可以要求企业停产整改,旨在减少工业园和园区企业进行制度遵守和政府相关部门检查的时间。当然,并不是说一揽子协议就可以解决所有问题,不同的企业所需要的环境管理水平不相同,相应所需要的许可协议也略有区别,但总体来讲,可以帮助企业提高投资效率。具体来说,一揽子环境管理职责主要包括以下方面:

(1)区域 ISO14000 环境管理体系。ISO14000 系列标准是为促进全球环境质量的改善而制定的一套环境管理的框架文件,目的是为了增强组织(公司、企业)的环境意识、管理能力和保障措施,提高环境质量。ISO14000 的目标是通过建立符合各国的环境保护法律、法规要求的国际标准,在全球范围内推广ISO14000 系列标准,达到提高全球环境质量,促进世界贸易,消除贸易壁垒的

---

① 徐海:《生态工业园模式与规划研究》,上海大学,2007,第 86 页。

最终目标,在很多国家采取第三方独立认证。

区域 ISO14000 环境管理体系,是指园区管理机构建立环境管理体系,以法律法规为依据,以系列标准为指南,以区域环境综合整治为基础,以建立一个经济快速发展、资源利用合理、生态良性循环、环境质量好、优美洁净的循环经济园区为目标,结合本地环境保护工作实际,积极推行清洁生产和全过程控制,实现环境、经济与社会的可持续发展。

(2)APELL 计划。APELL 计划即"地区级紧急事故意识和准备",旨在提高公众对恶性环境污染事故的了解和认识,组织制订应急计划,以对付工业事故所造成的环境紧急事件,确保地区内人民的生命健康,减少财产损失,保护生态环境。建立园区 APELL 计划的目标有:一是向公众提供信息,使其了解附近企业生产过程中可能造成的危险,以及减少这些危险所采取的措施;二是回顾、充实或编制当地的紧急事故应急计划;三是使园区企业更多地参与提高社区意识和制订事故应急计划这一过程;四是将企业事故应急计划和当地社区的事故应急计划统一起来,成为处理各种紧急事故的综合性计划;五是使公众更多地参与发展、检验和实施综合性事故应急计划。

(3)环境行为分级评价。环境行为分级评价,是指针对园区内企业实行环境行为分级评价管理,按照"确定参评企业—汇总企业相关资料—建立企业环境行为信息库—资料分析—环境行为分级—向企业告知评级结果—园区信息公告"的流程,对企业环境行为进行分级评价,并将评价结果通过媒体向社会公告,供园区管理机构和相关监督部门采取不同的奖励或惩戒措施,促使企业向符合 ISO14000 环境管理体系的绿色企业转变。

对生态工业园区内企业环境行为分级,采取"强制 + 自愿"相结合的方式来确定参加范围,即特定行业、特定规模的企业要求必须参加环境行为评级,而一些对环境影响不大的其他类型企业采取自愿的方式,由企业提出申请,参加环境行为评级。例如中国杭州要求下列企业要强制纳入环境行为分级评价范围:当地重点监控工业企业;重污染行业内的工业企业,如钢铁水泥、电解铝、煤炭、冶金、化工、石化、建材、造纸、酿造、制药、发酵、纺织、制革和采矿业16 类行业,以及国家确定的其他污染严重的行业;产能严重过剩行业内的工业企业;污染物排放超过国家和地方规定的排放标准的工业企业,或者超过经环保部门核定的污染物排放总量控制指标的工业企业；使用有毒、有害原料进行生产的企业或者在生产中排放有毒、有害物质的工业企业；上一年度发生较大及以上突发环境事件的工业企业；上一年度处以 5 万元以上罚款、暂扣或者吊销许可证、责令停产整治、挂牌督办的工业企业等。除此以外的其他企业则没有强制要求，但是鼓励企业通过自愿申请的方式参加环境行为评级。

企业环境行为参评内容一般包括污染防治、生态保护、环境管理、社会监督四大类，每一类又分为不同细则和不同的分数。以中国杭州企业环境评价指标内容为例：其中污染防治占比 29%，分为大气及水污染物达标排放、一般固体废物处理处置、危险废物规范化管理、噪声污染防治；生态保护占比 5%，分为选址布局中的生态保护、资源利用中的生态保护、开发建设中的生态保护；环境管理占比 54%，分为排污许可证、排污申报、排污费缴纳、污染治理设施运行、排污口规范化整治、企业自行监测、环境风险管理、强制性清洁生产审核、行政处罚与行政命令；社会监督占比 12%，分为群众投诉、媒体监督、信息公开、自行监测信息公开。

企业环境行为参评结果分为五档[①]，如表 7-6 所示，绿色企业为优秀，蓝色为良好，橙色为基本达到要求，红色为环境违法，黑色为严重违法。对评级为绿色或蓝色的企业，可对其申请的其他行政许可申请事项予以积极支持、优先安

表 7-6 企业环境行为分级

级别	环境行为标准
绿色企业	通过 ISO14000 认证或应用清洁生产技术，达到先进水平
蓝色企业	企业环境行为优于有关污染控制标准，并达到环境管理的较高要求
橙色企业	污染物排放达到国家标准，但超过总量控制指标或有其他违法行为
红色企业	做了污染控制努力，但污染物排放仍未达到国家污染控制标准或发生过重大污染事故
黑色企业	污染物排放严重超标，对环境造成较严重影响或发生特大污染事故

---

① 贾海娟：《基于 ISO14000 的生态工业园规划建设与管理研究》，西北大学，2006，第 72 页。

排环保专项资金或者其他资金补助；对其新建项目需要新增重点污染物排放总量控制指标时,纳入调剂顺序并予以优先安排;优先授予其有关荣誉称号等激励措施。对评级为红色或黑色企业,暂停下一年度申报各类环保专项资金资格,加大监督性监测监察频次,按行政处罚自由裁量规则处罚等。

(4)园区生态公告计划。园区生态公告计划分成两个层次:第一个层次是整个园区的生态管理公告,如园区的大气环境质量、水环境质量、土壤污染状况以及有关园区的生态管理服务公告等;第二个层次是园区企业的生态行为或环境行为公告,即对园区企业的污染排放、企业的生态形象、产品绿色标志等进行公告。园区的生态公告计划重点为园区企业的生态行为公告。园区企业生态行为公告的基本流程如图 7-8 所示,其中园区的管理部门、园区企业、媒体(如因特网和局域网)和居民构成了信息流中的四个节点,是联系和贯穿环境信息的重要环节。各个节点既是信息的发布点，也是信息的接受点,同时,各个节点根据其自身的特点和在信息流程中的地位,又担负着不同的信息加工和处理的职责,在信息流程中发挥着不同的作用。生态信息公告的主要内容包括污染物排放情况、治理设施运转情况、缴纳排污收费情况、排污申报和排污许可证、对环境质量的贡献率、造成的损失情况、信赖程度(公众和政府对企业的信任程度)、接受环保执法检查次数及有关情况、群众投诉和环保信访情况等。

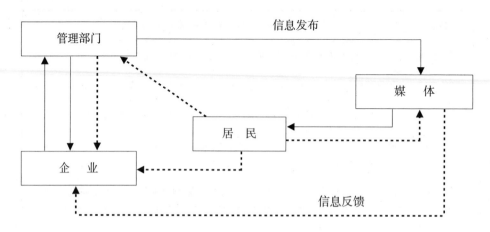

图 7-8　园区企业生态信息公告流程

2. 园区应急管理职责

安全生产应急管理是生态工业园区管理工作的重要组成部分,不可或缺。全面做好安全生产应急管理工作,提高事故防范和应急处置能力,尽可能避免和减少事故造成的伤亡和损失,是生态工业园区的本质要求。传统的应急管理侧重于突发事件爆发后的紧急处理措施,属于被动应对。而现代突发事件应急管理理念要求通过寻找突发事件根源、本质及表现形式,分析它们所造成的冲击,采取有针对性的管理措施来降低风险。它包括预防、准备、响应和恢复四个阶段,即突发事件事前、事中、事后的全流程管理。

生态工业园区应急管理体系包含应急管理体制、应急管理机制、应急管理法制和应急预案四部分,即"三制一案"。

(1)应急管理体制①。生态工业园区应急管理体制是建立应急管理机制和应急预案体系的依托和载体。因此,建立完备的应急管理体制是整个体系的首要环节和基础环节。生态工业园区应急管理体制是指园区所在各级政府、园区管委会、园区应急管理机构、入园企业和相关利益者等,纵向和横向之间的职责分工和相互关系。根据职责分工和相互关系的不同,分为集权式应急管理体制和授权式应急管理体制。

集权式应急管理体制是指整合园区内所有应急资源,成立专门的应急管理机构(指挥中心),由其全权行使应急指挥大权。集权模式一般适用于资金、人力、物力雄厚的大型生态工业园区和一些潜在危险级别较高、危害范围较大的生态工业园区(比如化工类生态工业园区)。对于采用集权模式的工业而言,园区应急管理机构(指挥中心)的设置是否合理完整,分工是否明确,显得尤为重要。集权式园区应急管理机构职能设置情况如图7-9所示。集权化的园区应急管理组织架构可以满足专业化的应急需求,实现防灾和减灾相结合,实现应急资源和管理的有机整合。当然,如果园区发生特大或超大型生产安全事故,如发生严重的有毒化学品泄漏事故,影响范围扩大到园区以外,园区应急管理机构可能难以实施应急指挥,这时应急管理权应该根据事故具体情况向上转移。

---

① 陈国华:《化工园区安全生产应急管理实务》,中国石化出版社,2017,第5—15页。

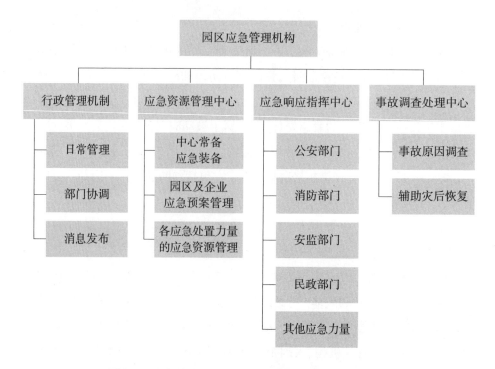

图 7-9   集权式生态工业园区应急管理机构组织架构图

资料来源：陈国华，《化工园区安全生产应急管理实务》，中国石化出版社，2017 年。

授权式应急管理体制是根据园区管委会或园区所在的区域政府现有的应急基础，通过局部调整，授权应急基础比较好的某部门（一般是消防部门或是安监部门）；在该部门的牵头下，按照约定的流程，分工协作，联动指挥，构建生态工业园区应急协调指挥系统。授权式应急管理一般适合于资金、人力、物力较小的中小型生态工业园园区。授权式生态工业园区应急管理组织模式如图7-10 所示。

授权式应急管理面临两个突出问题需要妥善处理。一是牵头机构的选择。选择牵头机构需要考量的因素有很多，如统筹协调能力、应急处理能力等。在政府应急相关机构中，安监部门和消防部门作为牵头机构的优势更为明显一些。安监部门作为负责地区安全生产的政府直属职能部门，被法律赋予"行使安全生产综合监督管理职权，指导、协调和监督有关部门开展安全生产管理工作"的责任和义务。因此，在处理突发安全生产事件上，安监部门"先天"具有统筹协调能力强的优势。此外，安监部门负责生产经营应急预案登记、审查、备案

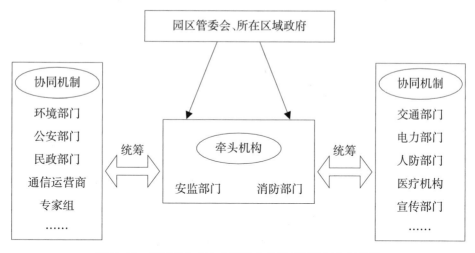

图 7-10　授权式生态工业园区应急管理机构组织架构图

资料来源:陈国华,《化工园区安全生产应急管理实务》,中国石化出版社,2017 年。

和管理,以及事故调查分析等工作,因此,统筹负责园区全流程的应急管理更具有优势。而消防部门作为现场应急响应与处置工作的一线参与者,具有熟悉应急响应具体流程、应急资源集中等优势,且消防部门的 119 指挥中心建设非常成熟,系统内部进行信息沟通交流的渠道畅通,这对于应急力量的快速响应和调动具有明显优势。如果生态工业园区采用的是授权式应急管理体制,那么在实际选择时要综合考虑各方优势和劣势,妥善慎重进行决策。二是沟通协调机制。随着生态工业园区的不断发展,突发生产安全事故的综合性和复杂性日趋明显,应急管理几乎涵盖了所有的部门,而不同部门之间的联动作战效率较低,沟通协调不畅。因此,有必要探索适合中小型生态工业园区的授权式应急管理组织模式,在相对有限的人力、物力、财力条件下,最大可能地建立科学高效的园区应急管理沟通协调机制。

　　(2)应急管理机制[①]。应急管理机制是指突发事件全过程中各种制度化、程序化的应急管理方法与措施。从内涵看,应急管理机制是一组以相关法律、行政法规、行政命令等为基础的应急管理工作流程。从外在形式看,应急管理机制体现了相关机构的各项具体职能;从功能作用看,应急管理机制侧重在全流

[①] 陈国华:《化工园区安全生产应急管理实务》,中国石化出版社,2017,第 5—15 页。

程应急管理过程中,各部门和单位通过科学组织和协调各方面的资源能力,以更好地防范与应对突发事件。

第一,建立应急联动协同机制。生态工业园区的安全利益各相关主体涉及当地政府应急职能机构、园区应急管理机构、园区企业和周边居民区等,主体众多、关系复杂,有必要建立完善的园区应急联动机制,理顺应急关系网,提高园区指挥协调、资源共享、功能整合及联合行动能力,收到危机治理效果。按照区域范围,应急联动机制可以划分为三个层次:园区内部应急联动、行政区域内应急联动、行政区域间应急联动。园区内部应急联动是指园区应急管理机构与园区企业之间建立应急联动机制,形成以园区应急管理机构为核心,企业为节点的应急联动网,园区各企业的突发生产安全事故信息均可以在这个网络中进行沟通传递,实现园区公有应急资源与企业自有应急资源的整合优化。行政区域内应急联动主要是指如果遇到大型突发生产安全事故或者链状衍生至园区外的安全突发事故,仅依靠园区内部应急联动机制就不够了,必须依靠园区外的应急力量。通过建立完善的区域内应急联动机制,能够极大地提升园区综合应急处置能力,实现园区应急管理机构与所在地政府应急职能机构之间的沟通协调、配合协作。行政区域间应急联动机制,主要体现在地理位置毗邻、安全利益攸关的地区之间的协调合作。比如化工类生态工业园区一般临近大江大河建立,如果发生重特大易燃易爆,还有毒危险品泄漏扩散事故时,有可能引发毗邻区域遭受事故影响。因此,很有必要在行政区域间建立应急联动机制,及时将事故信息通报其他相关地区政府部门,提前做好处置准备。此外,当园区发生特大灾难性生产安全事故,园区应急力量和所在地政府应急力量不足以控制灾情时,应通报周边地区请求应急人力、物力支援。

第二,建立园区应急分级响应机制。突发事件的应急响应机制已经成为科学、合理、高效调度应急资源,组织应急救援工作的惯用制度。一般情况下,各类突发公共事件按照其性质、严重程度、可控性和影响范围等因素,一般分为四级:Ⅰ级为特别重大,事故超出了园区的范围,出现大面积的影响地区,波及园区外的生活和生产区域;Ⅱ级为重大,事故影响控制在园区内,但是超出一个企业的范围,临近的企业受到影响;Ⅲ级为较大,事故控制在一个企业内的现场周边地区,影响到相邻的生产单元;Ⅳ级为一般,事故出现在企业的某个生产单元,影响到局部地区,但限制在单独的装置区域。发生Ⅰ级特大灾害事故时,企业必须立即按预案进行处理,第一时间向园区应急中心报警,并积极组织相关人员紧急处置。园区中心接警后,迅速调动园区内所有应急力量赶赴现场与企业共同处置事故,并成立现场指挥部,立即通知园区内所有企业及周边地区政府部门,紧急做好安全防护工作;急邀园区应急处置专家指导委员会成员到应急管理中心提供技术支持、研讨对策;同时向区域应急管理委员会报告,由当地政府应急联动中心调度全市相关公共资源和力量进行处置,并设立总指挥部,由市有关方面领导、管委会领导组成,重大决策由总指挥部决定。发生Ⅱ级重大事故灾害时,企业必须立即按预案进行处置,第一时间向应急管理中心报警,并积极组织相关人员紧急处置,园区中心接警后,迅速派出区内消防、公安、医疗等方面的人员赶赴现场,并成立现场指挥部,立即通知园区内所有企业紧急做好安全防护工作;急邀相关应急处置专家指导委员会成员到中心,研讨对策;同时由现场指挥部将各类信息综合上报当地政府应急管理委员会,由市应急管理委员会调度园区外周边地区的力量和资源进行应急救援。发生Ⅲ级较大事故时,企业必须立即按应急预案进行处置,第一时间向园区应急管理中心报警。中心接警后,视情况派出消防或公安、医疗等方面的人员赶赴现场,协助企业处置事故,并将现场情况迅速向园区应急管理中心报告,向当地政府应急管理委员会报告。园区应急管理中心要时刻关注事故处置情况,处置结束后,综合各类信息上报管委会领导和当地政府应急管理委员会。发生Ⅳ级一般事故时,企业必须立即按照预案进行处置,并将处置情况向园区应急管理中心报告,中心接报后,通知消防或公安、医疗方面的应急人员做好应急准备。事故处置结束后,将情况汇总及时报应急管理中心,由中心综合上报管委会领导。

　　第三,建立应急决策机制。应急决策是为应对突发事件而进行的一系列决策活动,是发生突发事件或出现征兆时,在有限的时间内收集处理有关信息,明确问题与目标,制订应急行动方案,选择最终方案,组织实施并跟踪检验,纠正决策中的失误,直至问题彻底解决的一个动态过程。突发事件发生以后,应急决策主体面临的情况复杂无序,必须解决的是决策主体决策活动流程问题,为应急决策提供基本思路。应急决策流程大致分为三个阶段:突发事件暴发、应急抢险和善后处理阶段。突发事件发生后,决策组通过搜集突发事件状态特征信息,包括事件的类型特征信息、烈度信息、趋势信息和可能造成的影响信息等,对应急态势进行评估,并结合应急预案、应急物资、救援队伍等情况制订综合的应急救援预案。首先要解救疏散涉险人员到安全地带,同时开展突发事件控制和次生灾害预防工作。在人员解救和突发事件防控过程中,做到随时汇报现场实际情况,以确保决策组能够在信息充足的情况下做出最佳决策,在人员安置和突发事件善后处理过程中要及时进行总结,丰富事故案例数据库,更正完善应急预案,进行相应的应急贮备,但需要注意几个关键问题。一是应急决策是高度的集权决策,而突发事件应急救援处置过程是由多个部门、单位和个体参与的组织协调过程,所以形成一个强有力的决策核心和执行控制系统是突发事件应急处置成功的关键。二是应急决策是复杂条件下的多目标决策,应急救援的目标可能很多,这就需要分清主要目标和次要目标。决策需要针对最主要的目标,不允许次要目标弥补或替代。为保证主要目标的实现,需要对一些次要目标进行权宜处理,但这样的处理应尽量与主要目标相一致。三是应急决策本身就是紧急情况下做出的非常规决策,涉及的不明朗因素较多,所以,对应急决策进行评价是比较复杂的。总体来说,可以从应急决策的过程和效果两个方面进行评价。就决策过程而言,可以从应急方案的目标价值排序合理性、经济损益、风险取向标准、时间参数、技术可行性等方面进行评价。就实施效果而言,可以从事件人员伤亡挽救率、经济损失挽回率、与以往类似事件的可比性、公众的反应等方面进行评价,但没有统一的标准。

(3)应急管理法制。就目前应急管理法制建设的情况而言,世界各国均没有专门针对生态工业园区应急管理的相关法律法规,而且以后这种可能性也很小,也没必要。但是,并不等于生态工业园区不需要应急管理法制,恰恰相反,各国政府都把生态工业园区的应急管理法制放在非常重要的位置。美国、欧盟、中国等生态工业园区应急管理法制都采用的是"国家法律指引 + 园区行政指令执行"的法制模式,为预防和减少突发事件的发生,控制、减轻和消除突发事件引起的严重社会危害,规范突发事件应对活动,保护生命财产安全提供了法律保障。

在美国,1986 年美国国会通过了《超级基金法》的修正案,该修正案是美国事故应急救援的最高法律依据，其中第三部分为《应急计划和社区知情权法》，法案除了要求企业制订应急计划外，主要是保护公众享有社区危险化学品的知情权。1988年颁布实施的《减灾和紧急救援法》修正案则规定了重大突发事件的救援、处置、组织、流程、措施等内容。这些法律在突发事件应急管理的法制体系中属于基本法或者上位法，涉及面广，内容多，具有宏观指导性。具体到安全生产应急管理这个子领域则一般在美国联邦法规1910系列中体现。在1910.38《应急预案》、1910.119《高度危险化学品过程安全管理》、1910.120《危险废物制的操作和应急处理》中均有条文来规范生产经营单位安全生产应急管理工作。此外，有由国家应急响应小组制定发布的《危险物质应急计划指南》等非强制性指导意见来规范安全生产应急管理工作。

在欧盟，应急管理法律法规主要有两项重要立法：《民事紧急法令》和《重大事故危害控制法规》。《民事紧急法令》分为两个独立的部分：对民事保护的地方安排和应急权力，为地方政府介入紧急准备和应急中的部门建立了一套明确的角色和责任体系。《重大事故危害控制法规》又称《塞维索法令》，适用于危险物质超过规定值的任何危险场所，要求企业经营者的上级政府主管部门负责向地方政府提供应急计划，经营者负责准备现场应急计划和场外应急计划，并向公众和主管部门提供信息。

中国的应急事件管理法制起步较晚，但是在制定过程中充分借鉴了其他国家的一些经验，制定了一系列较为完备的应急管理法律法规和相关指导意见。2006年，中国国务院发布了《国家突发公共事件总体应急预案》《国家安全生产灾难事故应急预案》《国家突发环境事件应急预案》《国家突发公共卫生事件总体应急预案》等一系列国家级应急预案，2007年通过的《中华人民共和国突发事件应对法》，对突发事件应急管理的原则、组织体系、责任机制、动员机制等一系列问题做出了纲领性的规定，属于应急管理领域综合性的基本法。2011年中华人民共和国环境保护部、商务部、科技部发布了《关于加强国家生态工业示范园区建设的指导意见》，第十二条提出实行环境应急分级、动态和全过程管理；建立园区内企业间的环境应急联动制度；构建园区应急响应系统。2012年环境保护部发布了《关于加强化工园区环境保护工作的意见》和《国务院安委会办公室关于进一步加强化工园区安全管理的指导意见》，分别提出"加强园区环境应急保障体系建设,制定环境应急预案,明确风险防范措施"和"强化园区应急保障能力建设,构建一体化应急管理系统"。2016年发布的《国家安全生产应急救援指挥中心综合部关于报送化工园区应急管理基本信息的通知》,完善全国化工园区应急管理基本信息报送要求。

(4)应急预案。生态工业园区应根据应急预案对事故救援行动规定的层次和程度不同,形成由园区总体应急预案、园区专项应急预案、部门预案、现场行动方案和事后处置方案组成的五级应急预案体系,明确园区生产安全事故的预测预警、信息报告、应急处置、现场恢复、调查评估等内容,形成涵盖事前、事中、事后各环节的一整套标准化应急操作程序。

园区总体应急预案位于园区应急预案体系最顶层,从总体上阐述园区应对生产安全事故的方针、政策、组织结构及相关应急职责,应急行动、措施和保障等基本要求和程序,是园区应对各类突发事件的综合性文件。园区总体应急预案适用时间一般在数年以上,由园区管理委员会制定。

园区专项应急预案主要是基于园区各类生产安全事故的特定情境(如火灾爆炸、泄漏、中毒、特种设备、环境污染等事故),描述园区应急管理机构与各应急职能部门在应急管理工作中的任务、职责和统一协调的机制与程序。专项预案的制定要充分考虑特定危险和特定事故的特点,对组织机构、应急活动等进行更具体的阐述。

部门应急预案是在园区专项预案的基础上产生的,主要适用对象是参加现场应急响应行动的功能单元,例如负责或参与抢险、医疗救护和后勤支持等的各个单位。相比较专项应急预案侧重于各职能机构之间的配合、协调的特点,部门应急预案更侧重于本机构内的应急机制、程序、动作的规划设计。

现场行动方案是针对园区具体的装置、场所或设施所指定的应急处置措施。现场处置方案从结构到内容应具有良好的弹性、灵活性与可操作性。这类预案应由具体承担应急响应职责的单位,如消防灭火队、特勤消防队、医疗救护队等来制定。

事后处置方案是针对事故发生之后的人员救助、生产恢复、环境恢复以及消除事故影响所做的规定。

需要强调的是,园区应急预案的编制和运作是个动态管理,要伴随突发事件或外部环境的变化而不断充实、改进和完善,使预案因时、因地、因环境而及时修订,以保证预案的准确性、科学性、指导性和可操作性。可以说,应急预案的生命力和有效性就在于不断地更新和修订。美国的综合准备指南中明确要求:任何预案的审查修改周期不应超过两年,这种持续改进是通过计划、实施、检查、行动(PDCA)循环模式实现,如图 7–11 所示:

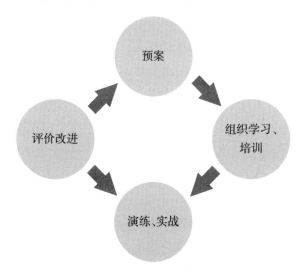

图 7–11　生态工业园区应急预案体系持续改进图

第八章　生态工业园区建设的政策支持

政府从政策上对生态工业园区进行支持与管理，是促进园区内生态产业链形成和维护产业共生关系稳定的重要影响因素。生态工业园的开发商或管理者需要密切关注有关国际和国内政策的变化，因为，一方面，相关政策的变化可能会为生态工业园的发展带来机遇，也可能带来障碍；另一方面，政策制定者也应该意识到生态工业园发展过程中所需要的政策支持，中央政府和地方政府应同心协力，尽可能消除生态工业园发展的政策藩篱，出台帮助生态工业园发展的政策。

在前面的各章节中，我们也零散地介绍过一些政策，一来是不系统，二来主要是从园区的角度制定的一些微观政策，或者称之为措施和制度更为妥当，比如园区的招商制度、园区的应急管理制度、园区的信息化管理制度等，而不是从中央政府和地方政府角度出发的宏观政策。因此，在本章，我们将探讨制定有利于生态工业发展的更系统化的宏观政策，研究地方政策如何补充国家政策和行业政策的不足，也将介绍如何把先行的环境保护政策建立在提高资源效率，特别是副产品应用的基础上。

一、制定政策的必要性

生态工业园区本身并不是经济社会自发形成的，而是基于有限资源条件，人为地模仿自然世界的万物共生关系设计出来的，本身就具有浓厚的人为设计因素，自然不能期望市场这只"看不见的手"就能使生态工业园区健康发展，必须借助政府这只强有力的有形之手，通过制定一系列政策来干预生态工业园区建设，保护生态工业园区健康发展。

1. 生态工业园的正外部性决定了政府制定政策的必要性

园内企业的循环清洁生产具有很强的正外部性。实施循环清洁生产后，园内自身的生产环境和社会形象得到改善,当地居民享受到良好的生活环境,整个社会的资源得到节约,环境污染减轻。然而,园内企业必须为此投入大量资金用于相关的技术研发、人员设备配置等。与其他采用传统模式生产的企业相比,园内企业的产品在成本和价格上处于劣势,经营风险增加,而且园区的循环运行本身就具有较大的风险性,一旦企业之间的生态链中断或者某一个环节出现问题,就会给整个生态工业园造成沉重的打击。园内企业为循环生产所付出的成本和承担的额外风险没有得到应有的补偿。

消费者购买生态工业园区产品具有很强的正外部性。消费者如果选择清洁生产的产品并参与废旧物资的处理活动,有利于资源的节约和环境的改善,但是消费者不得不支付更高消费成本,而由此带来良好环境效果却是与不购买该类产品的其他消费者共同享有。消费行为的正外部性没有得到补偿。

可见,生态工业园的整体运行具有很强的正外部性,企业和消费者为之付出的成本和所承担的风险在短期内却得不到应有的补偿。在市场机制单独发生作用时,企业和消费者从自身利益出发,进行清洁生产和绿色消费的内在动力不足,生态工业园很难自发建立。必须依靠政府提供一种有效的外在激励和约束机制,推动生态工业园的建设,使得企业的循环清洁生产和消费者的绿色购买能够顺利进行,实现工业园的生态循环①。

2. 生态工业园运行条件的公共品属性决定了政府制定政策的必要性

我们在第七章的生态工业园区运营管理中阐述过"生态工业园区运营者具有承担公共事务管理的职责",包括区域 ISO14000 环境管理体系、APELL 计划、环境行为分组评价、园区生态公告计划等一揽子环境管理职责和应急联动协同机制、园区应急分级响应机制、建立应急决策机制等一揽子应急管理机制等,这些公共事务是生态工业园区良好运行的保障,本身又具有非排他性和公益性,属于公共品,不会给园区运营者带来任何短期经济效益。因此,在生态工业园区发展的初期,单纯依靠园区运营者自身而没有政府的政策扶持和监督,这些公共事务管理职能可能就会流于形式,徒有其表,不能发挥其真正的作用

---

① 施月:《政府在促进生态工业园建设中的作用探析》,《江西金融职工大学学报》2009年第 4 期,第 73—74 页。

和价值。这就决定了政府需要提供一系列激励、扶持和约束政策,推动园区运营者更好地履行其公共事务管理职责。

另外,生态工业园区的顺利运行依赖于良好的基础设施、仓储物流、信息技术服务等条件,比如,园区企业节能需要园区提供顺畅的道路交通设施、水循环和处理系统、能源梯级利用系统,以及园区企业间互利共生网络的形成和废旧产品的综合处理、再利用等离不开信息技术支持的和仓储物流的服务。这些配套基础设施必须维持较低的运营成本,才能激发园区运营者和园区企业的参与热情,但是这些基础设施和循环技术的提供者大多数是市场行为,需要耗费大量资金,如果仅仅依靠市场机制单独发生作用,一是企业自身融资筹资容易失败,二是即使能成功筹资但恐怕后期使用成本很高,导致很多中小企业不敢入驻生态工业园区,也就影响企业间共生网络的形成。在这种情况下,必须依靠政府的财政、税收、融资等扶持政策,发挥"四两拨千斤"的作用,引导社会资本共同投资生态工业园建设。

二、政策目标与政策功能

生态工业园区倡导物质流、能量流和信息流循环发展模式,遵循"资源化、减量化、无害化"原则,关键在于必须有促进其发展的经济机制和政策。

(一)政策目标

1. 统一思想,纠正认识偏差

在绿色浪潮席卷全球之机,工业生态学从一诞生就引起了学界、政界的广泛关注,可以说工业生态学是一门新兴学科,也是一个"时髦"领域,各个国家都对生态工业园区建设报以很大热情,也积极地开展生态工业园区建设。但是,我们发现,很多地方政府并没有真正理解工业生态学的内涵,对生态工业园区的理解和建设也有失偏颇,导致在建设"生态工业园区"的方向上出现错位。一是对"生态农业工业园区"的认识误区。很多企业家或地方政府认为"生态农业工业园区"就是种植无公害农产品、种植有机农产品,再进行环境美化,延伸一些农业体验式的旅游项目,基本没有企业之间的共生、没有资源的循环化利用。其实,"生态"不等于"生物",也不等于"景观","生态农业工业园区"建设不等同于"绿色农业园区"。生态农业工业园区包括物质代谢环境(水—空气—生物质—矿物质）、生态服务环境（土壤—气候—水文—陆域—空域）、生物共生环境（植物—动物—微生物）、企业共生环境（资源—产品—再生资源—再生产品）、社会生态环境（经济—社会—政治—文化）、区域发展环境（资源—市场—环境—政策—人才），包括企业之间横向纵向的耦合关系、进化过程、融合机理、和谐状态，以及生产关系、生活方式、交往方式和思维方式等。二是对生态工业园区的认识还停留在清洁生产层面上，强调生态工业园区成员改进清洁生产工艺，重视"3R"原则中的"减量化"，基本能做到对资源、能源利用和污染物排放的减量，但是缺乏园区成员间耦合的概念，脱离了生态工业园区"零排放"的本质。不存在耦合关系的"生态工业园区"只能是众多发展清洁生产企业的简单聚集，不可能实现整个区域的资源增值。

　　基于在实践过程中出现的各种各样思想认识上的偏差，我们有必要在最高决策层深刻认识生态工业园区的内涵和精髓，形成准确的理念，并通过法律法规加以明确，再依靠政府从上而下强大的行政力量和宣传优势，在全社会统一认识，指导各行各业在对生态工业园区的实践中少走弯路。

　　2. 形成促进生态工业园发展的长效机制

　　在传统的经济增长方式中，宏观经济政策的主要政策目标是：促进经济增长、充分就业、物价水平稳定和国际收支平衡。从这四个经济政策目标可见，传统宏观经济政策与生态建设和循环经济发展理念是不适应的。一是经济增长目标不同。传统的经济增长方式表现为对GDP的追求，导致对有限资源的无限开发，与之相反，工业生态学追求经济可持续发展，资源的有限性决定资源的高效利用是其首先考虑的问题，即经济增长方式表现为对绿色GDP的追求。二是经济增长原则不同。传统经济增长方式通过资源要素的增加促进社会财富增加，并且认为资源投入生产后便完成了它的价值，失去了使用价值，违背了工业生态学的资源再循环、再利用原则，工业生态学追求没有传统意义上的"废弃品"，这些"废弃品"只是副产品，同样具有价值和使用价值。由于传统宏观经济政策目标与生态工业园区建设目标不一致，常常会导致在国家层面的经济增长部门与环境保护部门政策目标不一致，甚至政策措施相矛盾，使得地方政府无所适从，时而以经济增长为工作重心，时而以生态保护为工作重心，支持生态工业园区发展的政策体系缺乏长效机制，无法充分保障园区健康可持续发展。三是传统的环境保护法规往往集中于某一种自然环境要素的污染问题,如管理大气排放的法律、法规集中于如何有效管理大气的排放问题,而水资源方面的法律、法规则集中规定如何有效管理水污染问题和保护水资源。这样,就会造成企业为了减少某一种环境要素的污染,而增加另一种环境要素的污染问题,比如为了减少空气污染而设法使空气污染物转化为固体污染物,从而增加垃圾填埋场的处理载荷。与此类似,水污染问题也可以转化为固体污染问题,从而增加固体废物处理的压力。这种政策框架并没有真正减少环境污染问题,只是在转换污染的形式而已。因此,如果想从整体上减少污染物排放,政府就需要制定针对多种环境要素的整体政策,需要制定不同政策法规的人士充分调研、相互沟通、讨论,在保证每一种单一环境要素政策仍然发挥作用的前提下,寻求更系统的可以真正有助于企业减少污染排放的长效机制。

本书的政策目标则是建立支持生态工业园区政策的长效机制,希望工业界能够成为提高生态效率的积极参与者,而不是简单地、被动地遵守相应的各项法律法规,其中着重介绍政府各部门合作制定系统化政策,使得生态工业园区建设者能够得到一体化的扶持生态工业发展的相关政策,减少开发商的成本和风险,同时使政策制定者能更好地发挥其管理职能。

案例:美国对动物粪便综合处理政策

在很多国家,由于动物粪便而造成的水源污染、大气污染是一个重要的环境污染,刚排出的畜禽粪便含有 NH_3、H_2S 和氨等有害气体,在未能及时清除时臭味将成倍增加,恶臭气体将导致空气污浊,蚊蝇滋生。畜禽粪便的大量长期堆积使环境中有害病菌数量呈上升趋势。粪便堆放或流经的地点,有大量高浓度粪水渗入土壤,可造成植物一时疯长,或使植物根系受损伤,乃至引起植物死亡。粪水渗入地下水,会使地下水中硝态氮、硬度和细菌总数都严重超标。据测定,当畜禽粪水流入池塘而使水中氨含量达到或超过0.2毫克/升时,就会对鱼产生毒性。若流入饮用水水源,则可成为疾病传播的源头,将使畜禽抗病力和生产力降低。这不仅影响到畜禽自身生存、生长与发展,而且也污染环境,危及人类身体健康。

针对这个问题,美国的一个早期案例可以更好地阐述多部门联合制定的政策体系形成的长效机制对生态环境的保护。美国国家环保局水资源办公室负责制定相关法律管理动物粪便的排放，他们的政策是鼓励农场主建立厌氧反应装置来处理粪便。美国能源部的研究者建议利用动物粪便发酵产生的沼气来制造新能源，美国商务部为此可以为农场主提供小额贷款，农业部则关注肉食产量的提高。这样，这些机构通过制定一个系统化、集成化的政策，使污染物变成了能源和有机化肥，变废为宝，既为农场主带来了经济效应，同时减少了对当地土地和水源的污染，扩大了能源供应途径，减少了温室气体的排放，一举数得。现在，这种处理动物粪便的做法在很多国家得到了广泛推广应用。

3. 增强企业创建和入驻生态工业园的动力

从广义上讲，动力是指推动事物运动与发展的力量。根据动力的形成原因，可以将其划分为内生动力和外生动力；根据动力的作用方式，可以将其划分为直接动力和间接动力。企业参与生态工业园区建设的动力包括驱动生态工业园区形成和发展的一切有利因素，如利益追求、技术进步、企业家精神、绿色消费、制度约束、政策扶持等。从动力的形成原因来看，利益追求、技术进步、绿色消费、企业家精神等属于内生动力，而资源环境承载容量、制度约束、政策扶持等属于外生动力。

因此，完善生态工业园区政策可以增强企业建设生态工业园的外生动力，这也是政策目标之一，即通过一系列激励政策、引导政策、规范政策等，企业界有动力参与创建和入驻生态工业园。政府部门应该通过制定优惠政策来帮助企业减少创建生态工业园过程中可能遇到的风险和成本。美国劳爱乐教授列举了可以扶持企业参与到生态工业园建设之中的各项动机，包括：

中央政府参与支持地方各部门共同建设生态工业园。

鼓励向环境投资项目、清洁生产中心的建设或其他社区发展项目提供贷款、经费和补贴。

缩短相应项目的审批时间。

政府采购对象倾向于在生态工业园的或加入生态工业网络的具有良好生态效率的成员单位。

提供从国际机构获取诸如减少温室气体排放和解决其他全球性环境问题项目资助的便利。

为减少温室气体排放、清洁生产和提高能源效率的项目设计和执行提供及时支持和参与,并提供相应的培训。

建立相应的奖励政策,奖赏运用工业生态学原则设计的环境管理系统或创新性的清洁生产项目。

开展研发活动,支持产业界的环境友好行动或诸如副产品应用的行动。

另外,一些亚洲国家生态工业园区政策是由环保部、商务部和科技部共同制定颁布的,是中央部委级非强制性政策,政策层次较低,缺少国家层面法律、法规的强制性约束和规范,导致各地方政府和企业均没有对生态工业园区建设的必需性和重要意义有充分认识和足够重视,对企业违法行为的法律威慑力和法律执行力不足。

因此,如果园区内的企业能够在相应机制和政策下获得资金技术支持,获得税收减免,并能够降低成本,所获得的经济收益比购买新资源更高,并且企业有不法行为必将受到法律上的制裁,那么,企业就有了强烈的入驻生态工业园的动机和驱动力,愿意投资循环经济,生态工业园区也将得到更好的发展。

(二)政策功能

政府通过制定一系列生态工业园区政策体系可以实现以下基本功能:

1. 指导规范功能

生态工业学是一门新兴的综合性学科,各国关于生态工业园区建设的实践历程也不过几十年,随着生态工业园区建设的不断推进,各国已发布多项生态工业园区政策和标准。这些政策对生态工业园区的建设实践起到了关键的指导规范作用,为生态工业园区政策体系的建立奠定了一定基础。例如中国针对生态工业园区建设和发展,由环境保护部发布的《关于在国家生态工业示范园区中加强发展低碳经济的通知》和环境保护部、商务部、科技部三部门发布的《关于加强国家生态工业示范区建设的指导意见》等指导性文件对建设国家生态工业示范园区创建的相关规章、管理办法、标准、总体要求、重点任务、发展方向、保障措施等方面提出意见和要求,对早期生态工业园区建设和发展起到了直接的指导、支撑和规范作用。

2. 监督惩罚功能

这里的监督惩罚指的是政府为推进生态工业园区发展,而采取的规范理性个体行为的一系列政策的总和,这类政策体现出明显的强制性、规范性。比如征收环境税、行政处罚等。严格的监督与惩罚政策下,政府与理性个体之间存在着监督与拒绝监督、惩罚与逃避惩罚的博弈关系。个体采取合理行为概率与政府监督概率和惩罚力度均成正比关系,即政府监督和惩罚力度越强,企业正确并合理使用资源的概率也越大。因此,政府主导发展循环经济过程中,对理性行为个体施加监督和惩罚是十分必要的。实施利用监督惩罚政策,可以有效起到规范理性行为个体的作用,促进其减少不可再生资源的投入。随着监督和惩罚力度逐渐加强,理性个体则会越来越主动地循环利用资源。

3. 激励引导功能

在生态工业园区建设运营过程中,如果仅仅依靠企业进行环境保护,则无法实现理想环境保护效果,会导致环保力度不够。理想保护效果是在企业能统一抉择情况下出现的。如果存在外在驱动力,促使全社会中的企业能形成统一抉择,则可以实现理想效果。所以,政府可以通过安排激励引导类的政策制度和机制,促进环境保护行为的供给增加。一方面,政府可以利用财政手段给予环境保护行为供给者价格补贴、税收优惠、政府绿色采购、政府奖励等形式,促使企业降低成本,增加企业积极性。另一方面,增强公众循环经济意识和公众参与的积极性,是实现循环型社会的基础。政府通过宣传教育、公开环境信息、刺激公众消费绿色产品的偏好,进而影响全社会循环经济发展。

三、政策实践及政策特点

从学术渊源和学科范式看,循环经济和工业生态学是两种有联系,但更有区别的理论。循环经济源自早期的环境保护和生态经济学思想,工业生态学源自环境保护思想和生态学。工业生态学通过工业系统与自然生态系统的类比,将许多生态学概念移植变为工业生态学概念。例如将"生物群落"移植为"工业共生群落",将"食物链"移植为"生态产业链"等,甚至直接引用生态学概念,如"生产者""消费者""分解者"等,总之,工业生态学形成了自己的独特概念和理论体系。但是,循环经济理论的诞生先于工业生态学理论已经深入政府、公众、理论界之心,国内的相关政策制定均已将生态经济学的内容和生态经济园区的政策纳入"循环经济"政策中,比如,在有关"循环经济"的论述中,关于工业生态学的减量化、再使用、再循环的 3R 原则,工业共生系统,生态工业园区等概念在"循环经济"框架下频繁使用,甚至清洁生产、绿色消费等理论也被纳入"循环经济"理论中,可见,"循环经济"政策内容相当丰富。

鉴于此,本书也遵循我国政界和学界主流称谓,将生态工业园区相关政策暂时等同于循环经济相关政策,还包括末端治理环境政策、低碳经济政策、绿色经济政策等各方面政策。

(一)各国政策实践

1. 德国发展循环经济的政策实践

德国被认为是世界上发展清洁生产、循环经济的先行者,其发展水平之高,制度之健全是各个国家和地区学习的典范。发展循环经济过程中,德国政府以构建健全的法律体系和制定有效政策框架为特点:

从表 8-1 可见,德国政府在法律框架构建方面起步较早,涉及领域广泛,是各个国家参照的主要对象。这些法律法规对废弃物管理的各个环节以及清洁生产都做了详尽的规定和说明。除此之外,法律法规内容上涉及推动循环经济发展的一些原则性的规定,比如:责任共担原则、减少投入原则、公众参与原则等方面。在数量上,德国政府制定并实施的法律法规多达 8000 多部,并且还在增加。德国的循环经济法律体系是以《循环经济和废物处置法》为根本,各行业领域的单行法为补充,在不同层面推进了德国循环经济的发展,增强了法律法规的操作性。2011 年,德国推出《德国资源效率计划》,以响应欧盟委员会的构建资源节约型计划。2012 年德国制定了新版《循环经济法》,内容中明确指明了循环经济的概念及内涵。新版《循环经济法》开启了德国循环经济发展的新篇章。

在政策内容方面。德国政府制定并推行了许多政策,加以扶持循环经济的发展,并鼓励企业及公众积极参与循环性社会建设。其中主要实施的政策包括以下五个方面。一是征收绿色生态税。早在 1998 年德国就已经推行了"绿色"规划。该规划明确为贯彻循环经济法案,以征收绿色生态税为主要手段实施。征收以石油、矿物等不可再生能源为对象,不包括太阳能、风能、水能等可再生能源。生态税的征收,为企业改进传统生产工艺起到非常重要的作用。二是押金退还政策。该政策主要是针对有可能造成污染的产品进行以押金抵押的形

表 8-1　德国主要政策实践

发展阶段	时间段	核心思想	重要发展情况
探索阶段	20 世纪 50 年代—1971 年	探索"末端治理环境"	严重的资源浪费、生态破坏和环境污染,开始探索如何解决环境问题
起步发展阶段	1971—1985 年	末端治理的环境保护	1971 年发布第一部较为全面的《环境规划方案》
			1972 年出台第一步《废弃物处理法》
			成立联邦环境委员会、环境问题专家理事会等公共机构
平稳发展阶段	1986—1995 年	重视静脉产业,将废弃物视为资源	1986 年发布《废弃物处理法》
			1991—1995 年颁布《限制废车条例》《包装管理条例》
			建立双轨回收系统及 DSD 系统
高速发展阶段	1995 年至今	遵循 3R 原则,追求全面可持续发展	1996 年制定《循环经济与废弃物管理法》,加强了废弃物管理力度
			2000 年《可再生资源促进法》生效
			2007 年通过《包装管理法》修正案
			2011 年制定《德国资源效率计划》
			2012 年《促进循环经济和确保合乎环境承受能力废弃物管理法》出台

式征收附加费,当退款条件满足时,再进行押金返还。该政策本质上具有预防性质。三是废旧物资收费政策。垃圾处理费的征收对象为生产商和消费者。对于生产者进行征收是以产品为征收对象,充分体现出"谁生产谁付费"的思想。在产品整个生命周期内,德国政府要求生产者对其生产的产品要负责到底。通过这一做法,可以从生产者方面进行污染控制。而对消费者来讲,按不同废物、不同数量收取不同费用。四是政府绿色采购政策。德国政府规定政府机构优先采购环保标志产品,规定采购必须是可回收再利用的产品。德国政府绿色采购

范围非常广,在欧盟绿色采购的总体额度中,德国政府就占1/3。五是废物处理产业化政策。废物处理的产业化政策是政府在形成或管理废物处理的产业链过程中采取的政策措施。在实施的过程中,德国政府发现废弃物要得到合理的处理,需要广大民众、社会资本的积极参与。所以大力吸引私有资本进入该领域就成为废物处理的关键环节。在德国能有效调动民间资本参与的实例就是德国双向回收系统[①]。

案例:德国双向回收系统[②]

1990年6月,德国政府颁布了世界上第一部包装废弃物处理法规——《废弃物分类包装条例》,该法规旨在减少包装废弃物的产生,对不可避免的一次性包装废弃物,规定必须再利用或再循环。该条例对所有包装废弃物的回收规定了具体的定额指标和期限。规定自1995年7月1日起,玻璃、纸、纸箱和纸板、镀锡板包装(马口铁)、铝、塑料和复合软包装都要求达到80%的回收额。到时达不到要求的企业将被处以罚款。在1998年8月,德国对包装条例进行了修改,其主要内容是制定适应全德国的统一回收利用率指标(表8-2)。

表8-2   包装条例规定的包装材料回收利用率

指标	包装材料					
	玻璃	白铁皮	铅	纸、纸板、纸箱	复合材料	塑料
回收利用率	75%	70%	60%	70%	60%	60%

法规还强制要求各生产企业不仅对产品负责,而且要对其包装物的回收负责,并责成从事运输、代理、销售的企业、包装企业及批发商回收他们使用后的包装物,同时也可选择将回收责任委托给专门从事回收处理的回收公司。显然,法规最明确的一点即生产者延长责任制。工业企业与商家使用的包装越少,制造的垃圾就越少,缴纳的费用也就越少。这是世界上第一部由生产者负

———————

① 赵丹丹:《循环经济发展中的政府作用及效率评价》,辽宁大学,2018,第35页。

② 施维荣:《简介德国的双轨制废物回收系统》,《污染防治技术》2012年第5期,第33—34页。

责包装废物的法律。

有两种思路可以满足该条例的规定:一种是向所有包装物征税,但所收税款很难保证被全部用到废品回收上来;另一种是生产者责任制,即谁生产谁负责,这样就保证了专款专用,减少了浪费,后者成为企业与政府的共识。在德国工业联合会(BDI)和德国工商协会(DIHT)的支持下,相关的生产厂家和分销商自发地组织在一起,建立了一个非政府组织"德国双轨制回收系统"(DSD),即绿点公司。其核心业务就是在德国建立一个平行于政府环卫系统的包装物回收系统,将具有再生价值的废弃包装物回收并重新利用。

绿点公司成立之初,一共有95家包装材料生产企业、灌装企业和零售企业加入进来。每家企业按照生产量和材料性质缴纳一定的处理费用给DSD,由后者负责建立收购网点和渠道,并将收上来的废弃包装物进行重复利用。如果一家企业决定不加盟,就必须自己出钱解决回收问题,花费往往会更大。

凡是交了钱的企业都可以在自己的产品上印一个由一绿一黄两个箭头组成的绿点标记,表示自己已经缴纳了回收的费用,老百姓可以放心购买。消费者在使用完这件商品后,便可以将带有绿点标记的废弃包装物丢进专门的垃圾袋内,方便回收。

DSD不是公益公司,而是一个完全按照商业规律运作的非政府组织。从2003年开始相继有8家类似的企业出现,和DSD展开了竞争。目前,DSD的业务份额仍然占到德国包装垃圾回收市场的一半以上,但由于竞争的关系,10年来DSD从客户那里收取的费用下降了50%。DSD的工作业绩是按照包装材料的回收率来衡量的,只要达到了政府规定的回收率就算完成任务。

联邦政府不对公司进行监督,而由16个州政府来监督。绿点公司每年都要向州政府呈递包装物数量流量证明,即证明公司完成了包装法中对每一种包装材料规定的回收利用额。数据表明,绿点公司运行后,德国的垃圾回收率从1990年的13%提高到2010年的68%。回收再利用也成为投资行为,二级原料行业仅在2009年就创造了价值84亿欧元的原料。

2. 日本发展生态工业园区的政策实践

作为注重资源节约利用最早的国家之一日本,从20世纪60年代开始至今,已经形成物质资源循环再利用的产业链条,基本建立起以降低环境负荷为中心,抑制自然资源直接消耗的"循环型社会"。日本政府在日本向循环型社会转变的过程中起到非常关键的作用。日本的政策实践历程大致可以分成以下四个阶段,见表8-3:

表8-3　日本主要政策实践

阶段	时间段	主导理念	重要实践
起步阶段	1967—1979年	末端治理	1967年制定《公害对策基本法》
			1967年防治公害的六部法律相继出台
			1971年设立阁僚级管理环境的专门机构——环境厅
平稳推进阶段	1980—1992年	清洁生产和源头管理:即从生产和消费源头防治污染	1991年提出《废物处理法修改法案》
			1991年提出《再资源化促进法案》
			对各级政府和企业实行严格的污染物排放总量控制
高速提升阶段	1993—2001年	提出"环境立国"战略,获得了与"贸易立国""科技立国"同等重要的地位	1993年通过《环境基本法》
			1994年颁布《环境基本计划》和《日本21世纪议程行动计划》,首次提出"实现以循环为基调的经济社会体制"
			1997年通过《环境影响评价法》
			2000年通过了《推进建立循环型社会基本法》《促进资源有效利用法》等多项法规及其修正案
成熟与持续发展阶段	2002年至今	开展综合性环境管理加强国际合作	2002年日本环境厅升级为"环境省",将原来许多部门执掌的废弃物管理职能统一划归环境省,由其下属的废弃物与回收利用对策部统一管理

日本政府主要是通过构建法律环境和政策设计两个方面促进循环经济发展。

在法律环境的构建方面。完善的法律制度是日本成为世界资源利用效率最高国家的最有力保障。它拥有世界上最完备、最具有规划性的循环经济立法制度。日本政府采取的是自上而下的立法制度,具体分为三个层面:基本法层面、综合法层面、专项法层面(图8-1)。

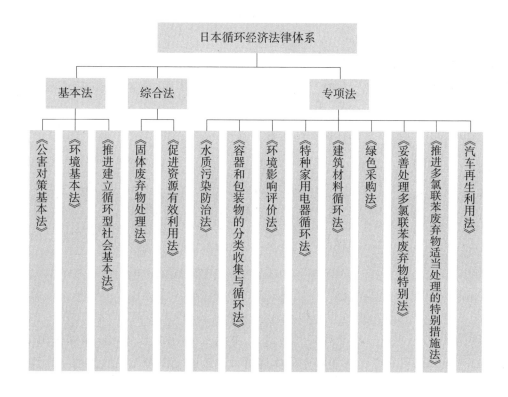

图8-1　日本循环经济法律体系

在循环经济政策设计方面。长期以来,日本政府通过各种经济政策途径支持各种循环经济项目,取得了显著成效。实施的经济政策主要以产业政策、投融资补贴政策、税收优惠政策以及绿色采购政策为代表。

一是产业政策。与循环经济相关的产业政策是各项经济政策实施的支柱和基础。尤其是废物回收再利用产业的发展政策。在日本,静脉产业既是发展循环经济的重要基础,又是构建"循环型社会"的突破口。在《促进资源有效利用法》及相关法律法规保障下,日本静脉产业得以快速发展。事实证明,静脉产业的发展不仅促进了"循环型社会"的实现,也给日本带来新的发展契机。二是投融资补贴政策。在日本,中央、地方各级政府和企业是循环经济发展的主要投资主体。在环境保护基础设施建设、清洁生产、资源循环再利用技术开发等方面,中央、地方政府投资比例远高于企业。比如在环境基础设施建设上,中央政府投资比例高达85%以上。对从事清洁生产工艺改造、设备改造的企业提供优惠贷款,并对致力于废弃物循环再利用的研发企业给予生产费用的50%的补贴。三是税收优惠政策。为建设"循环型社会",日本政府利用多种税收政策,以协调配合建设规划的实施。对实施清洁生产的企业及生产资源再利用设备的企业施以税收优惠。同时,根据生产设备类型的不同,设置不同的固定资产税,尤其对防治公害类设备应予以减免。四是绿色采购政策。早在1994年日本政府就制定了绿色行动计划。1996年组建绿色采购网络,其中参与主体为政府、产业团体以及企业。在促进环保绿色产品采购、企业间绿色采购信息交流以及绿色消费宣传方面,该网络组织的运行起到非常重要的作用。2000年日本正式推行《绿色采购法》,通过法律规范国家各级政府的采购行为。目前全日本的公共和私人组织有超过80%都实行了绿色采购制度。政府指定购买物品的比例已达到92.66%。

可以看出,日本发展循环经济是以解决废弃物为起点,以"静脉产业"为切入点,以废弃物的循环再利用为重点,以构建"循环型社会"为战略目标。发展循环经济过程中,在法律制度构建、产业政策的制定、投融资政策的实施、绿色采购的引导方面都能够充分体现出日本政府发挥着无可取替的主导性作用①。

3. 美国发展生态工业园区的政策实践

美国循环经济的发展与德国和日本不同。该国循环经济的发展深受市场机制的影响,企业和公众参与范围较广。早在20世纪70年代,美国就已经开始在实践操作领域当中推行循环经济理念。美国循环经济的制度安排效果显著,较为健全的法律框架、先进的排污权制度、明晰的企业责任、较高水平的公众环保意识、完善的优惠政策设计,对美国的循环经济发展都起到非常重要的作用。历经50多年的时间,美国循环经济从理论探索发展到全面实践操作。大致可以分为以下三个阶段,见表8-4:

---

① 赵丹丹:《循环经济发展中的政府作用及效率评价》,辽宁大学,2018,第36—39页。

表 8-4　美国主要政策实践

阶段	时间段	主导理念	重要事件
探索起步阶段	1965—1987 年	末端治理	1969 年通过了《国家环境政策法》
			1978 年通过了《能源税收法》
			1984 年通过了《危险和固体废物修正案》
平稳发展阶段	1987—1996 年	源头控制	1990 年通过了《污染预防法》
			美国大多数州开展排污权交易
			半数以上的州制定资源循环再利用的相关法规
高速发展阶段	1997 年至今	政府、企业、公众共同促进循环经济系统化发展	确定每年 11 月 15 日为美国循环日
			大批环保新技术纷纷涌现，应用在生产、生活各个方面
			2005 年通过《美国能源政策法案》
			2015 年美国等七国成立资源效率 G7 联盟，分享最佳实践经验，建立共享网络
			2015 年美国环保局发布《可持续材料管理项目策略计划》

　　美国循环经济发展过程中,政府作用的实践具体表现在构建法律环境、税收政策、绿色采购政策、垃圾处理收费政策、能源再利用以及环保技术扶持政策等方面。

　　一是构建法律环境方面。目前美国循环经济法律法规体系中仍欠缺一部全国性的法律法规。更多的是运用相关法案规范循环经济行为,相关法案的实施效果还是比较显著。虽然没有全国性的法律法规进行统一规范,但根据美国各个州的实际发展情况,已有半数以上的州制定出各具特色的循环经济法规。

　　二是税收政策方面。在美国的联邦制度框架下,中央和地方政府都有权力制定税收政策。美国两级政府的决策情况决定了开征的生态税种类繁多,税收优惠程度不一,涉猎范围比较广,不仅包括能源领域,日常消费行为和正常消费品也都包括在内。这里可以按联邦税和州地方税来划分。在联邦税方面，美国联邦政府允许在所得税中对太阳能和风能等能源设备进行抵扣，对不可再生能源征收生态税，允许生产节能产品的企业和消费节能产品的消费者抵税优惠，对环保类基础设施和公共投资类项目给予免税优惠，对废弃物再循环类设备、节能设备和住宅等实行减免税收，对清洁能源制造商提供税收优惠。在州地方税方面，美国各个州政府实行的地方税收政策也都不尽相同。比如，亚利桑那州侧重污染控制的销售税减免，康涅狄格州对资源再利用企业的税收优惠。

三是垃圾处理收费政策。美国年均产出垃圾多达 600 亿万吨。毋庸置疑，因为美国是个超级垃圾大国，所以美国政府十分看重垃圾无害化处理技术的应用和创新。为了有效遏制垃圾产生量的增加，美国联邦政府采取了一系列有效方法和措施。比如，征收倾倒垃圾费、征缴垃圾预交金等。这类政策不仅影响着美国企业处理垃圾的行为，也对美国民众产生同样的作用。

四是环保技术扶持政策。20 世纪 90 年代初，美国联邦政府为协助企业研发减少污染的环保类绿色技术，制定了国家级发展战略。同时对节能技术、创新型环境技术、防污染类技术以及化学新工艺类技术进行资金和政策上的鼓励。被扶持的各类技术中更多是以基础性和创新性为主。

五是绿色采购政策方面。在美国各种与绿色有关的发展计划当中，都不同程度地体现出绿色采购的政策内容。目前美国政府还没有出台专门的绿色采购的法律。绿色采购的规范更多依赖于美国政府的联邦法令。美国各个州也都制定出在政府采购的过程中应优先购买绿色产品、可再生类产品的规定。

六是能源政策。多年来，美国政府对太阳能、风能、水能等可再生能源的开发利用不同程度地给予财政支持和抵税优惠。大力鼓励石油、天然气、煤炭等能源类企业进行节能技术改造、升级及创新。此外，联邦政府利用财政政策支持美国民众更多地使用太阳能。联邦政府每年都向各州拨款用于鼓励购买节能类产品，并利用法律法规设定了消耗能源型的大宗消费品的具体节能标准。

可见，在美国联邦制的影响下，促进循环经济发展的政策在美国各州都有各具特色的规定。并且，美国的循环经济产生并发展是在市场经济高度发达的环境里，政府更多的是提供发展循环经济所需的后备条件，利用经济手段进行调节,而不是采用强制性行政手段过多干预企业。

(二)各国政策特点

纵观各国发展生态工业园区和循环经济的政策演进历程，可以发现这些政策有着鲜明的共同特点。

1. 政策重点由末端治理向源头治理再向全过程治理转变

首先,通过德国、日本和美国关于循环经济政策演变历程可以发现,政策重点最初是关注生态破坏和环境恶化,探索如何解决生态环境问题,变革"大量生产、大量消费、大量废弃"的传统生产模式,开始末端治理,即在污染产生之后,再寻求适当的治理技术,以减少对环境的污染,例如德国 1972 年出台的《废弃物处理法》、日本 1967 年出台的《公害对策基本法》等都是在末端治理主导理念下制定的。

随后,工业发达国家认识到仅靠一些补救的环境保护措施,不改变长期沿用的"大量生产、大量消费、大量废弃"的模式,资源能源日趋短缺、污染日趋严重的现状是无法改变的。这就需要从根本上寻求污染的根源,尽可能减少废气、废水、固体废弃物排放,并进而避免产生污染,于是清洁生产、源头管理理念占据主导,政策重点也从末端治理转向清洁生产和源头治理。例如,美国在 1984 年通过的《危险和固体废物修正案》中,提出尽量减少和杜绝废物产生;1988 年美国环保局还颁布了《废物减少评价手册》,该手册系统地描述了采用清洁工艺技术的可能性, 并给出了不同阶段的评价程序和步骤;1990 年美国国会通过的《污染预防法》,是一部从源头防治污染源排放、实施预防技术的重要法规,其目的就是要把减少和防止污染源的排放作为全美环境政策的核心,并要求环保局从信息收集、工艺改革、财政支持等方面来支持实施该法案,以推进清洁生产的发展。这是美国首次通过立法来肯定以预防污染取代长期采用的末端治理为主的污染控制政策, 也标志着控制工业污染战略的根本性转变。另外,日本政府比美国超前一步,不仅实行严格的污染物总量控制,还提出"闭路循环系统",提倡将"三废"消除在工艺过程之中,努力实现废弃物综合利用,形成"资源—产品—再生资源—再生产品"的闭环模式,核心思想为:尽量做到生产工艺过程中不排放废物; 对于各工序产生的废物, 尽量做到循环使用,或在其排放源进行处理后再加以利用;对于实在要排放的废物,应进行无害化处理,使其不污染环境。并且,日本政府在 1991 年通过了《废物处理法修改法案》和《再资源化促进法案》,以强制手段要求企业和地方政府执行清洁生产和源头治理。

虽然清洁生产具有多方面的优势,但也有许多"瓶颈"。例如,清洁生产注重企业内部的持续改善,但在改善到一定阶段时,如果需要进一步削减废物的产生,往往需要很大的投资,而如果能考虑到和其他企业的合作,所产生的废物可能不需要进行任何处理就能成为其他企业的原料,从而节省资金和人力。因此,政策重点从清洁生产逐步扩大到全过程、全区域治理,遵循 3R 原则追求经济社会全面可持续发展。例如日本在 2008 年制定新的《循环型社会形成推进基本计划》强调建设循环型社会、低碳社会、生态和谐社会相结合的可持续社会,并在 2010 年提出"绿色增长战略",强调通过发展节能、新能源、新材料、绿色经济及医疗保健产业抢占新一轮经济增长的制高点;德国在 2012 年出台《促进循环经济和确保合乎环境承受能力废弃物管理法》(新版的《循环经济法》)。

2. 政策实施者由政府为主导向政府引导、市场为主导转变

国际发展循环经济的经验表明,政府在促进循环经济发展初期发挥着主要作用。从德国来看,循环经济发展的诱因是来自其工业经济迅速发展而带来的生产和消费领域废弃物的与日俱增,为了解决处理废物问题,才开始走上循环经济发展道路。从日本来看,因为该国地域狭小,自然资源紧缺,粗放型工业对各种自然资源的大量消耗迫使政府走上循环经济发展道路。从美国来看,美国虽然是自然资源大国,但也是垃圾生产大国,每年因为垃圾处理消耗大量资金。据 2002 年《北京晨报》的一篇《美国一艘垃圾船流浪 16 年四处碰壁 终于回到本土》报道记载:1985 年美国一艘满载 2000 多吨垃圾的船舶在海上飘荡16 年,因为垃圾灰烬可能引起环境问题而四处碰壁,最终在 2002 年才运回美国"山景回收垃圾掩埋场"进行掩埋。这一事件引起了强烈反响,也迫使政府高度重视循环经济发展。

由此可见,德国、日本和美国最初发展循环经济都是"不得已而为之",企业是没有积极性的,由于外部性和非排他性,市场处于"失灵"状态。因此,循环经济政策初期,政府发挥着主导作用,政策手段也以监督惩罚为主,以激励引

导为辅,例如排污总量控制制度、生产者责任延伸制度以及谁污染谁付费、谁使用谁付费等政策,都需要政府强大的监督惩罚能力。但是,随着循环经济发展给企业带来的竞争力提升、利润增加,越来越多的企业认识到:发展循环经济已经是世界潮流、大势所趋,越积极参与循环经济的社会实践,越能掌握主动权。因此,从循环经济发展中后期,政策实施者开始由政府为主导向政府引导、市场为主导转变,政府更多通过税收优惠、价格补贴、绿色采购等激励性政策激发市场主体的积极性。例如1998年德国为了贯彻循环经济法案,对石油、矿物等不可再生能源征收绿色生态税,但是对太阳能、风能、水能等可再生能源不征收生态税。2005年,国务院发布的《国务院关于加快发展循环经济的若干意见》提出了将坚持企业为主体,政府调控、市场引导、公众参与相结合为发展循环经济的基本原则,同时在幼儿园、小学、中学阶段加大了循环经济的宣传教育力度,通过"循环经济月""节能周"等形式逐步将循环经济的理念融入企业日常生产和公众生活之中。

3. 政策对象从企业梯次推进到园区和区域

不管是最初的末端治理政策,还是清洁生产、源头管理政策,政策对象主要是单个企业,例如在企业层面根据生态效率理念,推行清洁工艺,各国政策主要集中在要求企业做到减少产品和服务的物料使用量,减少产品和服务的能源使用量,减少有毒物质的排放,加强物质的循环使用能力,最大限度可持续地利用可再生资源,提高产品的耐用性,提高产品与服务的强度。

随后,政策对象扩大到园区,按照工业生态学原理,通过把一个企业生产过程中产生的副产品或废物料用作另一个企业的原料,使物质流、能量流和信息流在园区范围内循环使用,形成共生关系,实现园区内的中循环。并且专门针对园区建设出台各项政策,例如2011年环境保护部、商务部、科技部发布《关于加强国家生态工业示范园区建设的指导意见》,在资金、招商引资、对外经济技术合作和服务等方面加大对国家生态工业示范园区的扶持力度。

20世纪90年代末期,发达国家把建立循环型社会看作是实施可持续发展战略的重要途径和实现方式。政策对象扩大到整个区域,例如2000年日本发布的《循环型社会形成推进基本法》,全面约束和规范政府、社会、企业和园区的行为,使整个日本社会朝着循环型社会的方向发展。目前,中国海南省、黑龙江省、吉林省、浙江省和福建省等省已提出建设生态省的规划;辽宁提出了建设循环经济省的规划;天津、贵阳和南京等市已提出要建设循环经济生态型城市。

4.政策范围以生产领域向生产和消费领域并重转变

循环经济政策之初是针对生产领域,主要是改造和重构涉及国民经济的各个产业,使其向生态化方向转型,重点包括建设生态工业体系、生态农业体系和绿色服务业体系。例如,德国的生产者责任制度就是针对生产者设计的税收政策,充分体现了"谁生产谁付费"的思想,即在产品整个生命周期内,德国政府要求生产者对其生产的产品负责到底。但是,生产与消费互为因果。发达国家意识到消费领域是发展循环经济的助推器,是重要的战略环节,因此,循环经济发展较好的国家后来非常重视消费领域的政策研究,针对消费领域还出台了很多激励引导性和监督惩罚性的政策。例如,美国制定的环境标志,有机食品和节能产品认证制度,鼓励大众绿色消费,对经过认证的绿色产品的生产和消费实行税收优惠,而对浪费资源、危害环境的产品征收高额惩罚性税收等。政府以身作则,纷纷制定关于政府绿色采购相关法律法规。例如,德国政府规定政府机构优先采购环保标志产品,规定采购必须是可回收再利用产品。另外,各国为了提高废弃物的回收和再利用效率,针对消费领域出台了一系列政策,例如对消费者产生的垃圾按照不同废物种类、不同数量收取不同费用,充分体现了"谁消费谁付费"的思想,美国为了有效遏制垃圾产生量的增加,还向公众征收倾倒垃圾费、征缴垃圾预交金等。

四、政策框架

前面我们阐述了生态工业园区政策的目标与政策功能,又总结了几十年来各个国家关于生态工业园区建设的政策体系和政策特点,由此,我们可以确定生态工业园区政策框架。

(一) 生态工业园区的政策框架

按照工业生态学的不同层次分类,可以将生态工业园区政策分为微观层面(企业层面)政策、中观层面(园区和区域)政策和宏观层面(全社会)政策;按照政策目标分类,可以将生态工业园区政策分为生产者责任延伸制度、清洁生产制度、绿色 GDP 核算制度、资源环境产权制度等；按照政策工具分类，可以将生态工业园区政策分为财政政策、税收政策、金融政策、价格政策和产权政策等；依据政策的作用性质与手段特点分类，可以将生态工业园区政策分为经济政策、法律法规政策和信息公开政策等。

以工业生态学的三个不同运行层面为目标的政策框架。工业生态学的三个不同运行层面可以归纳为企业内部层面、企业群落层面和社会层面，也就是在微观、中观和宏观层面的共生。以这三种层面的运行为目标，按照政策过程的一般规律，得出以下生态工业园区政策框架图，见表 8-5：

表 8-5　生态工业园区在不同层面运行的政策体系

	政策目标	政策工具	政策适用性	政策实施	政策评估	政策完善
微观层面	清洁生产政策					
	"3R"政策					
中观层面	生态工业园区政策					
	生态城市政策					
宏观层面	产品回收利用政策					
	绿色消费政策					

以制度化构建为目标的政策框架。生态工业园区作为一种新型的园区发展模式，对现行的政策安排提出了新要求，需要对现有制度体系进行变革，如表 8-6 所示：

表 8-6　以制度化构建为目标的政策体系

政策目标	政策工具	政策适用性	政策实施	政策评估	政策完善
生产者责任延伸制度					
清洁生产制度					
绿色 GDP 核算制度					
资源环境产权制度					

续表

政策目标	政策工具	政策适用性	政策实施	政策评估	政策完善
绿色消费制度					
排污许可证交易制度					
污染者付费机制					
生态补偿机制					

　　基于不同政策工具的政策框架。生态工业园区的经济政策是指政府以构建生态工业园区为目标,借助于财政、金融、价格与税收等经济手段,对政策客体(一般指企业、组织或个人等)行为实行激励或约束的行动准则和行动方针,是政府调节经济运行的重要途径和政府行为的支撑体系。经济政策的具体形式主要有税费制、奖金与罚款、许可证交易等。包括财政政策、税收政策、金融政策、价格政策和产权政策等,见表8-7。

　　基于政策作用性质与手段特性的生态工业园区政策体系。依据政策的作

表8-7　基于不同政策工具的政策框架

类型	内容
产权政策	所有权:土地、水、矿产等的所有权
	使用权:许可证、管理权、特许权、开发区等
建立市场	排污许可证交易、配额交易(如狩猎、开发、水资源、其他资源等)、土地许可证交易、环境股票交易等
税收政策	污染税、原料税、消费税、进出口税、差别税收、租金和资源税、土地使用税、投资税收减免等
财政政策	财政补贴、软贷款、赠款、优惠利率、加速折旧等
金融政策	周转金、部门基金、生态环境基金、绿色基金、
责任制度	违章等法律责任、环境资源损坏责任、保险赔偿、执行鼓励金等
债券与抵押	环境行为债券(如森林管理债券等)、土地开垦债券(如采矿等)、废物处理债券、环境事故债券和抵押等

用性质与手段特点,生态工业园区政策体系可以分为经济政策、法律法规政策和信息公开政策。生态工业园区的经济政策是指政府以构建可持续发展社会为目标,借助于财政、金融、价格与税收等经济手段,对政策客体(一般指企业或公众等)行为实行激励或约束的行动准则和方针,是政府调节经济运行的重要途径和政府行为的支撑体系。生态工业园区的法律法规作为强制性的规则,其特点是为市场参与者提供行为边界条件,从而起到规范参与者行为,降低交易成本,提高资源配置效率的作用。信息公开政策指政府、公众团体或个人将获取到的污染企业的相关信息以一定形式向企业管理者、消费者、投资者和非政府组织等组织进行公开。环境信息公开手段的实施,在原有环境管理基础上,引入了社区和市场的力量,形成了政府、社区、市场共同作用的约束和激励体系①。如图 8-2 就是将以上三类政策作为划分依据的生态工业园区政策框架图。

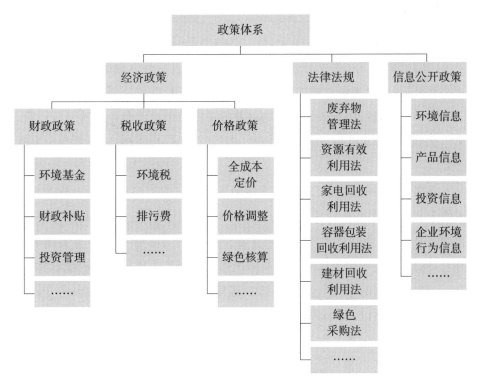

图 8-2　生态工业园区政策体系框架图(一)

---

① 陆静超:《基于渐进式制度变迁的循环经济研究》,哈尔滨工业大学,2008,第 61 页。

（二）生态工业园区政策体系的协同效应

从上一部分的分析可知,按照不同的分类标准既可以将生态工业园区的政策框架分为微观层面、中观层面和宏观层面(图8–3),又可以分为法律法规、经济政策、信息公开政策,还可以分为产权政策、税收政策、金融政策、政府采购政策等。这些林林总总的政策必须相互呼应、相互支持,才能发挥出政策体系的协同效应,如果这些政策相互掣肘,甚至相互矛盾,则只能徒增政策内耗。比如,一般情况下,地方政策可以很好地补充中央政策和行业政策的不足,并发挥有效的交流渠道作用,保证各项政策的顺利执行。但是,如果地方政策采用传统的 GDP 核算方式,而不考核绿色 GDP 的情况,可能地方政府对生态工业园区的投入和支持力度就会减弱,那么中央政策与地方政策的协同效应就不能充分发挥出来。再比如,政府对环境部门的考核指标是能源消耗量、污染物排放量等,而对经济发展部门的考核指标是单位面积的投资强度和经济效益、劳动力就业情况等,看似这两个部门各司其职,但实际上,这两个部门的政策常常互相掣肘,环保部门要求对不符合环保标准的企业全部暂时停业整顿,并要求企业增加相关环保投资,改进环保设施等,而经济发展部门则出于对当地经济发展和人口的就业考量则希望这些企业能够继续运营,那么就形成了政策之间的掣肘和内耗,部门政策的协同效应就不能充分发挥出来。

总之,在各国的实践过程中,大多数国家尤其是亚洲国家的生态工业园区处于起步阶段,各种政策之间的不协同现象有很多。其中,中国作为亚洲最大的经济体,产业门类和产业链条完备,发展生态工业园区具有很大优势和潜力,但是,目前中国关于生态工业园区建设的相关法律政策体系很不健全,滞后于轰轰烈烈的生态工业园区实践,亟须法律和政策的支持和保障。因此,本章下一部分将以中国为例研究生态工业园区政策体系建设。我们希望在政策框架的基础上改革各类不协同的政策,建立法律法规与经济政策的协同、中央政策与地方政策的协同、各部门政策协同的政策体系,从而扩大组织意义上协同效应产生的范围,进而在更多领域产生自组织意义上的协同效应,从而在促进经济可持续增长的同时,提高资源利用效率,以更小的成本实现环境的改善。

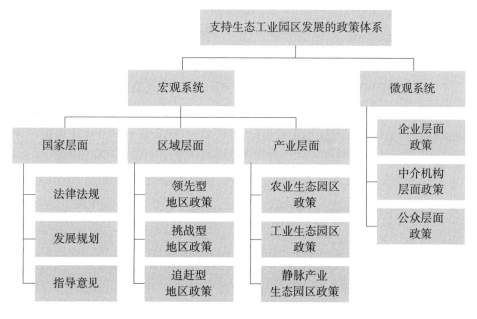

图 8-3　生态工业园区政策体系框架图(二)

五、宏观层面生态工业园区政策

宏观层面发展生态工业园区主要涉及国家、区域和产业三大层面,而针对这三大层面发展生态工业园区的政策立足点和着力点又有所区别。国家层面的政策大多是指导性作用,为地方政策的制定指明方向;区域层面的政策是从某一区域的资源环境状况和经济社会发展情况出发,提出具有本区域特色的、符合区域发展趋势的生态工业园发展政策;而产业层面的政策更多的是围绕解决产业发展和资源环境矛盾的问题,以调整产业结构、构建生态产业体系和发展节能环保、资源综合利用等相关产业为主要方向[1]。

(一)国家层面发展生态工业园的政策体系

按照政策的地位和作用,法律是最高位的,政策效力也最强,因此,国家层面发展生态工业园区的政策主要是健全法律法规,具体分为基础性法律、综合

---

[1] 郝永勤等:《循环经济发展的机制与政策研究》,社会科学文献出版社,2014,第254—256页。

性法律和专项法律三大类,三大类别的法律有机结合、互为补充,形成完整健全的法律体系。

1. 法律法规

基础性法律是促进生态工业园区发展的最根本、最具普遍适用性、推广动力最强的综合性法律,体现了经济社会发展与资源环境保护的有机融合,从更高的角度对发展循环经济的指导思想、发展目标、主要任务和制度体制提出要求和规范。

2009年1月1日,《中华人民共和国循环经济促进法》(以下简称《循环经济促进法》)正式实施,成为继德国、日本之后第三个出台循环经济综合性法律的国家,与其他国家相比,中国《循环经济促进法》范畴更广,更强调减量化,对经济社会影响深远。以《循环经济促进法》为纲领,中国将循环经济理念贯穿到生产、流通、消费等经济社会全过程中,在产业领域和社会层面大力推行循环经济模式,已超越了国际社会以往将循环经济当作"垃圾经济"的范畴,受到欧盟、日本等循环经济先行国家的高度肯定。受中国等国家发展循环经济的启示,欧盟于2015年12月制定《闭环行动——欧盟循环经济一揽子行动方案》。日本也正在修订第三阶段循环经济发展目标和指标体系。英国《自然》杂志于2016年3月24日发表的一篇题为《循环经济:中国经验》评论文章指出,没有一个国家能够比肩中国在发展循环经济方面的雄心,中国在过去10年中通过出台政策、财政措施及立法等方式,大力推广废弃物循环利用,取得的成就引领世界。

《循环经济促进法》明确指出发展循环经济是中国当前及未来的重大战略,国务院有关部门已制定60多项促进循环发展的法律、法规和政策,陕西、甘肃、山西、江苏等省出台了循环经济促进条例,山东、深圳等省、市出台了循环经济(促进)条例,为地方依法有序快速推动循环经济发展提供了法制保障。目前,中国已经初步形成了由国家法律、行政法规、部门规章和地方法规构成的循环经济发展的法律法规体系。

《循环经济促进法》明确了循环经济发展的方向和任务,各部门出台完善有关政策,协调推动循环经济各项工作有序开展。自《循环经济促进法》颁布实施以来,有关部门从产业政策、财税政策、价格政策、金融政策等方面大力推动循环经济发展,每年安排中央预算内投资支持国家循环经济示范试点项目建设;建立了循环经济规划制度,初步建立了循环经济统计评价制度、生产者责任延伸制度等;推动循环经济在不同行业、不同层次、不同范围全面展开,累计支持建设了 49 个国家"城市矿产"示范基地、127 个循环化改造示范园区、100个餐厨废弃物资源化利用和无害化处理试点城市、101 个循环经济示范城市(县)、42 个再制造试点企业和 4 个再制造示范基地建设。各地也广泛开展了地方示范试点工作,带动了重点领域和区域层面的循环经济发展。通过上述有关部门和地方的试点示范工作,初步构建了工业、农业、服务业循环型产业体系,推动了企业、园区、社会三个层面循环经济快速发展。

但是,《循环经济促进法》制定时,中国发展循环经济尚处于起步阶段,缺少实践基础,许多规定是方向性、原则性、指导性的内容,不够明确具体。中国宏观经济研究院副研究员谢海燕认为,自《循环经济促进法》出台实施以来,中国循环经济快速发展,探索了许多好的做法,如重点工业行业循环经济模式、工农复合循环经济模式、再制造、重点行业协同资源化处理废弃物等都需要进一步的法律规范。另外,在制定该法的过程中,没有明确配套法规的制定要求,导致相应的配套法规不健全不完善,如生态设计、手机回收利用、报废汽车管理等,导致该法的许多规定落地难、执行难。另外,还有部分条款存在责任主体不明确、规定的执法主体没有执法条件、罚则笼统,导致在实际执行中效果不理想。个别条款规定的内容已经完成历史使命,也需要及时进行删除。同时,《循环经济促进法》与《清洁生产促进法》《节约能源法》《固体废物污染环境防治法》需要衔接一致,避免法律规定交叉重复和出现漏洞。总体来看,《循环经济促进法》发挥了历史性的作用,但当前中国已经进入高质量发展阶段,开启了生态文明建设新时代,在新的历史时期有必要进一步完善循环经济发展的法律法规体系。

第一层面是宪法,目前发展循环经济已经上升到中国的国家战略高度,建议明确循环经济的法律地位、发展目标和基本原则等内容,提供宪法保障必将对推动循环经济的发展带来深远影响。

第二层面是基础法,建议将《中华人民共和国循环经济促进法》名称修改为"中华人民共和国循环经济法"。由于《循环经济促进法》在制定时我国循环经济还处于起步阶段,社会实践尚不足,只能以促进引导为主,强制性较弱。但随着实践的不断探索和理念的逐渐成熟,建议在下一步修订的过程中,明确《循环经济促进法》在我国法律体系中的定位,将《循环经济促进法》修订为"循环经济法",增强法律的权威性。同时,建议对本法的框架结构进行部分调整。现行《循环经济促进法》的基本章节结构是按照减量化、再利用和资源化来划分,在实际执行中存在同一行为主体在多个条款中进行规范,不同行为主体减量化、再利用和资源化行为特点不同、难以穷尽等问题,建议在下一步修订过程中对法律框架结构进行合理调整,可考虑按照行为主体进行分类和规范。另外,建议明确提出要制定的配套法规。循环经济涉及经济社会发展的各个方面和领域,每个领域差异较大,推动循环发展的具体措施也千差万别。现行法律条款对一些重点领域如何推动循环经济发展进行了原则性规定,但没有对制定配套法规进行充分授权,导致这些领域在制定具体法规过程中缺乏明确的上位法依据。建议对循环经济法律法规体系进行系统设计,建立基本法、专项法相互协调的法律框架体系。最后,建议完善循环经济相关制度。现行《循环经济促进法》已经初步构建起了循环经济制度体系,但还很不完善。建议进一步修订和完善循环经济统计制度、评价制度、考核制度、生产者责任延伸制度、资源循环利用制度等基本管理制度。①

第三层面是综合性领域的法律,完善《清洁生产促进法》等。以循环经济理念作为指导修改《环境保护法》,将发展循环经济作为一项原则置于总则中,并且在分则中扩充循环经济的一些相关内容,使循环经济的思想真正贯穿到该法律中。修订《固体废物污染环境防治法》,借鉴国外的经验补充制定《资源有效利用促进法》,以此促进资源的高效利用,更好地完善循环经济法律体系建设。

第四层面是依据行业和产品特性,制定循环经济的专项法律法规,例如《促进容器与包装分类回收法》《家用电器回收法》《建筑及材料回收法》《食品回收法》《绿色采购法》等。这类法规主要是对每种产品的生产、回收制定具体的技术和目标要求。通过这些专项法律法规的逐步制定,完善循环经济法律

---

① 谢海燕、张德元、杨春平:《〈循环经济促进法〉的实施成效及修订建议》,《中国经贸导刊》2020年第3期,第64—66页。

体系。

2. 发展规划

规划,是融合多要素多人士看法的某一特定领域的发展愿景,意即进行比较全面的长远的发展计划,是对未来整体性、长期性、基本性问题的思考、考量和设计未来整套行动的方案。规划具有长远性、全局性、战略性、方向性、概括性。为了推进循环经济发展,德国、日本和中国均有制定循环经济发展长期规划,以规划统领循环经济的发展。但是,中国的规划还有一些需要补充的内容。

一是增加工业园区和企业作为发展规划的制定主体。从 2010 年开始,为了更好落实《循环经济促进法》,中国各地方政府纷纷制定了循环经济发展长期规划,但是,当前中国循环经济发展规划制度对制定主体范围的规定较窄,对企业是否应编制发展规划未做出明确规定。在循环经济发展较早的德国,强调政府需要制定循环经济发展规划的同时,要求企业也要制定其自身的循环经济发展规划,对于废弃物排放量达到一定额度的企业,要制定废弃物处置、回收利用的长期规划。因此,建议中国各级政府在制定规划时,应当扩展循环经济发展规划的制定主体范围,增加工业园区和企业作为发展规划的制定主体,明确企业应当制定自身循环经济发展全面性和长期性规划的责任。企业制定的循环经济发展规划应当包含发展方向、发展目标、重点任务、发展方式、具体措施和保障措施等内容。根据不同行政区域的循环经济发展情况并在全国发展规划的指导下,可以要求企业制订其自身的清洁生产执行计划,制订废弃物处理计划,制订产品回收计划,制订资源产出率和废弃物再循环利用率指标计划等,将园区和企业循环经济发展规划同国家和本行政区域发展规划相衔接,加快自身循环经济发展的步伐。当园区和企业拥有了自身循环经济发展的全面性、长期性的发展蓝图,将会大大增强其循环经济发展动力,坚定循环经济发展的方向,最大化地发挥主观能动性,循序渐进地实现园区和企业经济发展模式的蜕变,提升园区和企业综合发展实力。

由此将会使中国循环经济发展规划的制定主体更加完整,即国务院制定全国的循环经济发展规划,明确规定总的循环经济发展目标、发展计划、重点任务等;地方人民政府根据全国循环经济发展规划和本地区的具体情况制定本地的循环经济发展规划;企业根据其自身的经济条件、技术能力等因素制定企业的循环经济发展规划。循环经济发展规划由粗到细,层层递进和贯通,有助于将各个层次的发展规划真正落实到实践,最终实现循环经济发展的目标①。

二是增设发展规划制定和审议年限的规定。循环经济发展规划制度的制定周期和审议程序直接影响着该制度的执行力和可操作性。考察德国和日本的循环经济发展规划制度,都有对年限的规定。例如,德国规定在制定循环经济发展规划时要把眼光放长远,要考虑最少10年的经济社会发展状况和要求,并且还规定循环经济发展规划要每5年制定一次;日本规定要每5年对循环经济发展规划审议一次。中国要在参考国外成功经验的基础上结合当前具体国情,完善循环经济发展规划制度,解决当前存在的执行力不足的问题。首先,完善循环经济发展规划制度,应当增加循环经济发展规划制定年限的规定,确定与我国循环经济发展状况相符的发展规划实施周期,明确发展规划目标的完成年限,将规划的"长期性"予以时间限定,规定全国循环经济发展规划每5年制定一次,并且发展规划的内容要与经济及社会规划相衔接,同时地方人民政府和企业的循环经济发展规划也应当遵循这样的规定。国外成功经验表明,根据实际情况和发展需要,定期重新制定循环经济发展的任务、目标和具体措施等,有利于增强循环经济发展规划的执行动力,有助于增强各级人民政府和各类循环经济发展主体发展循环经济的紧迫性,促使各级人民政府和各类循环经济发展主体更加重视循环经济的发展。其次,应当增设循环经济发展规划审议年限的规定,确定对循环经济发展规划予以定期审议的周期,可以规定制定主体每年或每两年要对循环经济发展规划予以定期审查和评阅,根据当期循环经济发展总体状况对发展目标、具体措施和保障措施等进行重新评估和考察,以便及时发现发展规划的不足,及时总结发展经验,保证发展规划的科学性和合理性,从而为循环经济的发展提供最准确的指引和支持。增设循环经济发展规划制定年限规定的同时,强调对发展规划予以定期审议,能够对循环经济发展规划进行定期查漏补缺,实现二者的结合并重与相互配合,将

---

① 李玉蕾:《论我国循环经济法律制度的完善》,河北地质大学,2016,第24—26页。

大大增强中国循环经济发展规划的执行活力，大大增强循环经济发展规划的可操作性和规划性，推动中国循环经济法律制度的完善[①]。

3. 指导意见

指导性意见是指用于上级机关或有关主管部门在其职能、职责或管辖事务范围内，为适应复杂多样化的经济和社会管理需要，基于国家的法律精神、原则、规则或政策，适时灵活地采取指导、劝告、建议等非强制性方法，谋求相对人同意或协力，以有效地实现一定行政目的之行为。简言之，行政指导意见就是行政机关在其职责范围内为实现一定行政目的而采取的符合法律精神、原则、规则或政策的指导、劝告、建议等行为，不直接产生法律效果。例如，2005年《国家环保总局关于推进循环经济发展的指导意见》、2016年国家发展和改革委、农业部、林业局发布《关于加快发展农业循环经济的指导意见》、2011年国家环境保护部、商务部、科技部共同发布《关于加强国家生态工业示范园区建设的指导意见》等。这些指导意见旨在充分强调重要意义，进一步理清发展过程中存在的主要问题和突破重点，提出近期工作的总体要求、重点任务，突出抓好重点环节，提供政策建议等，为下级职能部门提供发展思路。

(二)区域层面发展生态工业园的政策体系

我们在前文中已经阐述过生态工业园区政策体系受当地区域自然资源禀赋、经济发展水平和产业结构等不同因素的影响而不同，尤其是对于一个幅员辽阔的国家来说，各地区的自然资源禀赋、经济发展水平和产业结构相差很大，那么国家层面的生态工业园区政策体系只能作为宏观指导，必须结合当地区域的具体政策。总体来说，我们按照生态工业园区发展水平划分为领先型地区、挑战型地区和追赶型地区三类。

1. 领先型地区政策

领先型地区的经济社会条件较好，市场化程度高，产业结构相对合理，生态工业园区示范带动作用显著，节能环保产业快速发展，再生资源回收体系不断完善，公众的循环经济意识不断增强，这类型地区的生态工业园区政策需从以下几点着手：

① 李玉蕾：《论我国循环经济法律制度的完善》，河北地质大学，2016，第24—26页。

一是全方位构建两型社会。构建资源节约型、环境友好型社会是从宏观上解决经济发展和资源稀缺矛盾的根本方法，必须将两型社会的构建扩展到各行各业中去。重点加强产业纵向闭合和横向耦合的共生产业发展模式，开展科技创新，推动以企业为主体的产学研合作，督促企业改进设备和技术工艺，不断解决生态工业园区建设的技术瓶颈，全面淘汰落后产能。在生态工业园区实现绿色招商，提高土地利用率；在社区设置垃圾分类回收设备；在社会层面形成垃圾分类回收、分类处理机制；实施生产者责任延伸制度和消费者付费制度。

二是完善市场机制。积极推进合同能源管理、清洁发展机制，排污权交易市场的发展，放宽政府的约束和管制，进一步完善有利于生态工业园区建设的市场体系。合同能源管理是指节能服务公司与企业签订协议，帮助企业开展节能技改，并在实现节约能效以后与企业共享成果的一种市场化的节能机制。合同能源管理利用市场化手段提高企业开展节能改造的积极性，推动企业的设备改造、人员培训、拓宽节能改造的融资渠道，不仅有利于节能产品设备的使用，更是一种以节能为目的的财务管理方法。推行清洁发展机制可以有效地将发达地区和发展中地区的节能减排任务结合起来。也就是说，发达地区可在发展中地区投资节能减排项目，并获取核准的减排量，以便帮助其履行应该承担的约束性减排指标义务。清洁发展机制使得发达地区在完成本地区减排任务有压力时，可以通过对其他地区进行减排投资来减轻自身的减排压力，这不仅有助于全国减排总量的增加，而且发达地区对发展中地区的减排投资和援助还有助于提升发展中地区的减排技术和能力。建立并完善排污交易市场，排污权交易是根据地区的环境及经济发展状况，对排污总量的上限做出明晰的规定，并将排污量按权重分配到企业中去。同时，按照市场的方式对排污权进行交易，排污权交易市场的建立不仅仅从总量上对地区的排污进行控制，而且可以通过初始分配市场和交易市场以及排污收费等方式达到降低排污率、提高环保效率的目的。①

① 郗永勤等:《循环经济发展的机制与政策研究》,社会科学文献出版社,2014,第267—268页。

三是大力培育和发展节能环保产业和新能源产业。节能环保产业从硬件上为生态工业园区发展提供支持,同时为其他产业提供大量的服务,包括节能环保、维修、技术服务等,为其他产业的循环发展提供了技术和设备支持。积极培育和发展新能源产业。新能源产业具有效率高、清洁等特点,既能为经济社会发展提供清洁能源,又能有效降低能源消耗、维护生态环境,未来发展的重点应当是太阳能、风能、生物质能等。

2. 挑战型地区政策

挑战型地区的特征是地区经济以重化工业为主,工业副产品包括较多的余热、余压、中水、边角废料,对能源、资源的需求旺盛,废气、废水和工业固体废弃物较多,生态环境面临的压力较大,发展生态工业园区显得重要而紧迫,为加快实现资源节约型和环境友好型社会的创建目标,今后的政策重点应集中于以下几方面:

一是以发展循环经济为依托,以生态工业园区为载体,全面改造提升传统支柱产业。推动传统产业采用先进适用技术和信息化技术改造提升,并通过整合副产品、延伸产业链,促进产业间相互融合,逐步构建具有当地特色的工业循环经济发展模式,促进传统产业生产集约化、利用清洁化、发展高端化。围绕优质、节能、综合利用资源等,开展能源审计和清洁生产审计工作,淘汰传统支柱产业中粗放型落后的生产工业和生产设备,解决节能减排和工业型结构污染的问题。把各种产业、各种产品的资源消耗和对环境产生的影响作为重要的考虑因素,严格限制能源消耗高、资源浪费大、污染严重的产业。按照生态功能和产业空间布局的要求,促进工业企业全面"退城进园"。传统产业新建项目时,既要注重经济指标,又要实行高于国家要求的环境准入制,要通过单位能耗、水耗、污染强度的审查,使得企业对环境的影响最小[1]。

二是以高新技术产业和现代服务业为重点,不断增强经济支撑能力。大力发展科技先导型、资源节约型产业,用生态工业学的观点延伸产业链,发展能源化工产业。加速发展效益好、污染少、带动就业能力强的现代服务业,在继续

---

① 郁永勤等:《循环经济发展的机制与政策研究》,社会科学文献出版社,2014,第272—274页。

发展生活性服务业的同时,加快发展现代物流经济、绿色交通、商业等生产性服务业,促进现代服务业与制造业协同发展。

三是注重城乡生态建设。通过开展绿色社区创建活动,抓好社区绿化、美化、净化、亮化工作,推进节能型社区建设;推进"园林式村庄"建设,不断改善农村环境面貌,鼓励发展农业生态工业园区;倡导绿色消费,树立可持续发展的消费观,提倡有利于资源节约和环境保护的生活方式与消费方式,减少一次性产品的使用和消费,建立垃圾分类回收管理制度。

四是注重工业园区的生态化改造。挑战型地区重工业基础雄厚,工业园区数量较多,规模较大,企业聚集度较高,但是早期工业园区内只是简单的企业聚集,生态效率低、企业耦合度低。对原有工业园区进行生态化改造是生态工业园区建设的成本低、见效快的有效途径。首先应该对已建工业园区进行客观综合的评估,按照共生理念和循环经济理念对不符合定位的企业进行淘汰和迁移,并根据此定位制定园区准入标准,作为招商准则。同时,对原有工业园区的基础设施和配套设施进行改造,提高能源梯级利用率、中水利用率、污水处理率,减少污染物的产生和对环境的压力。

3. 追赶型地区政策

追赶型地区由于工业化程度不高,特别是高新技术企业发展较为缓慢,产业链的耦合较难,导致生态工业园区建设受到一定的限制。但是追赶型地区也有生产成本低的优势,因地制宜制定各项政策,也可以吸引领先型地区各类企业转移,形成生态工业园区。

一是遵循共生理念,有选择地承接领先型地区的产业转移。追赶型地区更需要政府发挥主导作用,要强化各级领导干部和公众的可持续发展责任意识,提出明确的、具有强制性的资源和环境保护要求,进而营造明晰的招商氛围。根据本地区生态资源、环境状况、区位特征、产业结构、人口结构,充分发挥自身比较优势,依照共生理念,有选择地承接产业转移的同时促进产业升级,增强承接产业转移的针对性,为生态工业园区建设奠定扎实基础。

二是壮大产业体系,构建循环型产业网络。以发展循环技术为支撑,将自主研发、技术引进与消化、吸收、再创新相结合,逐步建立由节能和提高能效技术、清洁能源和可再生能源生产技术、新能源装备加工制造技术等组成的多元化循环经济体系,大力推进生态工业园区示范项目,增强产业耦合度,加强上下游产业衔接,带动产业体系发展壮大,构建循环型产业体系。

三是生态工业园区和生态农业园区共同发展。一般情况下,追赶型地区工业基础薄弱,农业较为发达,因此,政府要更加重视生态农业园区建设,深化一、二、三产融合发展,引导社会资本投入生态农业园区,打造有机农产品、绿色农产品,实现"弯道超车"。

四是搭建国际合作新平台,争取清洁发展机制项目,搭建国际合作新平台;争办循环经济国际论坛,如"亚太经济合作组织循环经济与中国西部大开发国际论坛""中欧县域循环经济合作论坛"等,借力、借势发展。

(三)产业层面发展生态工业园的政策体系

1.农业生态园区政策体系

一是制定具有导向性的法律体系。首先,制定配套法规,促进农业生态化。在国家大的环境法律法规框架下,抓紧制定有利于提高农业资源利用效率的法律法规和规定,比如节能、节水、资源综合利用等;规定农业清洁生产的统一标准,明确农业清洁生产的工艺流程,印发农业清洁生产技术手册和指南,建立起强制性质的农产品能效与环保绩效方面的标识制度,进一步加大对农业生产资源的节约、农业生产污染的防治、农业生产废弃物质的减量化等方面措施的实施范围与力度;制定有利于农业资源回收和再利用的收费押金制度,利用收费押金制度延伸农产品生产者责任,推动大量农业废弃物进行资源回收处理;以农业资源利用率、农业废弃物回收率为基本框架,逐步完善农业生态化评价指标体系,完善与农业生态化相关的统计报表。其次,修改现有法律法规,促进农业生态化。国家在修改完善大的环境法律法规体系时,要适当加入农业生态化发展的相关内容,进一步明确农业生态化发展相关主体的法律责任。在宪法修订时,可持续发展战略内容中加入农业可持续发展;在《节约能源法》修订时可考虑增设农业资源节约规定,倡导节约行为,杜绝浪费;在《固体废物污染环境防治法》中明确对农业废弃物处理的相关规定;在《食品安全法》中鼓励绿色、有机农产品的生产与消费,加大对问题农产品的惩罚力度;在修改产品生产责任制度时,要进一步明确规定农产品生产者对环境保护的义务与责任;并进一步建立与完善社会主义市场经济发展制度,释放农村土地流转潜力，充分利用市场资源配置的作用来不断促进农业领域的生态化发展。再次，完善新的规范制度，促进农业生态化。将关于农业生态化的发展规划提升到制度高度来执行和实施；将农业生态化所依托的科技支撑以制度的形式规范，建立产品回收利用制度；规范农业生态化发展过程中的中介组织，制定其服务制度和准则，完善农业生态化中的公众参与机制，建立绿色消费激励机制；发布专项规定，明确农业生态化过程中政府职能部门责任。最后，加大执法力度，不断促进农业生产的生态化发展。加大宣传和教育力度，通过广泛宣传和培训普及社会公众关于农业生态化的相关法律知识，增强全社会的法律和生态化发展意识；建立健全农业生态化相关法律的基层执行机构，提升环境部门在政府职能部门中的地位，充实其力量，提高其素质；通过行政程序规范农业生态化相关法律法规的实施过程，建立政府首长责任制，对于有破坏环境可能的农业产业项目实行"一票否决权"，明确各类行为主体的责权利，保障农业生态化相关法律法规落到实处；加大执法队伍建设力度，确保其执法能力的提升[①]。

二是构建系统性的产业政策。首先，采用灵活的税收政策：对技术水平低下、经营方式粗放的农业企业，通过重税的方式逐步将其淘汰；对于积极运用生物质能循环、促成产业共生的高新农业技术企业，给予税收减免与返还、税基优惠、税款延期等优惠。其次，完善财政、金融政策：对于一些先进的、大型农业生态园区，在建设初期给予一定的财政补贴，充分发挥政策性银行对农业生态园区内企业的金融支撑作用，通过低息贷款、贴息贷款、挂账停息等贷款优惠政策扶持一些淘汰落后技术设备、投资新式环保技术企业。再次，结合国家出台的《产业结构调整指导目录》，积极制定农业发展涉及的产业政策，对于高耗能、高污染、高排放的农业企业坚决实行更为严格的市场准入条件。与此同时，制定出与鼓励农业废弃物质资源化利用相适应产业政策，加大力度培育市场，进一步做大做强现代农业企业。最后，建立押金制度。押金制度在很多国家还属于新生事物，还处于摸索阶段，可有效地鼓励资源再生利用。这种制度不

---

① 伍国勇：《农业生态化发展路径研究——基于超循环经济的视角》，西南大学，2014，第128—130页。

仅有利于激励人们将废弃物质资源化,并进行相关物质材料持续的循环利用,更有利于企业生产过程中节约成本与提高生态化效率,并且与农业生态园区的良性运行机理相符合。所以,可以尝试实行①。

三是合理控制农业生态企业成本。在积极建立农业生态化发展的各项制度框架的同时,更要积极有效地利用不同的经济手段促使外部行为的不经济性与资源环境成本的内部化,推动农业生产各项活动向降低资源浪费与环境负荷等方向的转变。应积极加快各类资源价格改革。目前的价格改革主要是针对矫正与消除资源内部方面的价格扭曲,逐步形成市场主导各类资源价格的格局。要灵活合理运用财政手段、税收手段、收费制度与责任制度,通过政府的干预来进行操作,涉及产品收费、排污收费、财政补贴、押金退款以及环境责任与保险等内容。

2. 生态工业园区政策体系②

一是创造有利于生态工业园区建设的科研环境。建立生态工业、循环经济的技术支撑体系是建设生态工业园的基础,包括环境工程技术,废物再利用的资源化技术,生产过程无废少废、生产绿色产品的清洁生产技术。政府应为这些技术的产生创造适宜的科研环境,同时通过科学教育、科学知识普及,进一步传播增进大众对科技的理解和参与,形成一个政府、产业、教育、学术、金融、民间组织及个人等共同推动科技创新的局面。

二是建立绿色经济核算体系。改革现行经济核算体系,从企业到国家建立一套绿色经济核算制度,包括绿色国民经济核算体系和绿色会计制度。绿色核算体系强调采用绿色国内生产总值(EDP)概念,绿色 EDP 等于国内生产总值减去产品资本折旧、自然资源损耗、环境资源损耗(环境污染损失)之值,它能较全面地体现环境与经济综合核算的框架。绿色会计将自然资源、人力资源和生态资源纳入企业的会计核算对象,从而使自然资本和社会效益在企业活动中通过会计工作清楚明了地反映出来,便于评估企业的资源利用率和社会环

---

① 伍国勇:《农业生态化发展路径研究——基于超循环经济的视角》,西南大学,2014,第130—131 页。

② 夏泰凤:《我国生态工业园的发展对策研究》,中国石油大学,2006,第34—36 页。

境代价,有效引导和管理企业走环保之路。

三是加大对科技品的投资力度。科技品属于高附加值产品,对生态系统的影响较小,有利于生态工业园区经济体系的良性发展。政府应抓住世界知识经济发展的契机,通过财政直接投融资,集中资金办好高科技试验示范区,促进先进技术在生态工业园区的应用。以财政补贴的形式对企业降低能耗物耗、减少污染物的技术改造工程进行财政扶持,为企业制度创新和技术创新营造良好的外部环境。

四是建构生态工业园区建设的激励机制。对节能、降耗、减污的高新技术企业以及新兴生态工业园的建设要在征地、审批和投资方面给予政策倾斜。对采用清洁生产工艺和资源循环利用的企业给予减免税收、财政补贴以及信贷优惠政策,保证其产品的市场竞争力,为社会树立模范,做到以点带面。

五是建立政府主导的风险投资机制。生态工业园区仍处于起步阶段,资金的短缺是当前较为突出的矛盾。要在政府引导下,建立一套以民间资本为主、以市场规则运作的风险投资机制。由政府提供一部分启动资金并支持风险投资基金的组建,但真正的主体还是要由民间资金构成。采用信托制度或公司制度,对风险企业进行持股并不同程度地参与企业的决策和管理。要允许生态工业园的风险资金通过股权转让和上市买卖进行退出,保护资金持有人的合法权益。

3. 静脉产业生态园区政策体系

此部分内容在本书第六章第四部分"综合性静脉产业生态工业园"中专门阐述过需要的政策支持,在此不做赘述。

六、微观层面生态工业园区政策

微观层面是促进生态工业园区建设的主要力量和最基本单元,主要涉及企业层面、中介组织层面和公众层面。微观层面生态工业园区政策要坚持"企业发挥主体作用、公众发挥监督作用、中介发挥协调沟通作用"的原则,充分调动企业、中介和公众参与生态工业园区建设的积极性,以建设企业"小循环"为载体,构建生态工业园区"中循环"和全社会"大循环"。

（一）企业层面发展生态工业园的政策体系

企业是生态工业园区建设的基础。我们要想在全社会范围内建立真正的生态工业园区，就要受企业的技术能力和盈利能力影响。如果企业的清洁生产能力低就不能实现污染物减量化和循环化，如果企业的盈利能力很低，甚至没有盈利能力，那么即使技术成熟也不可能实现整个园区的生态化。因此，我们可以通过制定针对提高企业技术水平、提升企业盈利能力的相关政策，使企业走上循环经济的良性发展轨道。

一是针对技术引进、研发的优惠政策。制定税收、财政、金融等优惠政策，鼓励科研机构和企业开发和应用减量化、再利用、资源化、资源替代、共生链接和系统集成等方面的实用技术。重点加强对节能环保技术、节水和中水回用技术、新能源的研究和开发，促进技术进步和科技成果转换。加大政府资金投入，积极培养、引进循环经济发展关键领域的高层次技术人才，组建专门从事资源节约的科技研究和开发机构，对资源节约技术进行革新和升级。切实加大循环经济发展的财政性科技投入，进一步完善多渠道科技投入体系，用于重点行业共生技术、共性技术、关键性技术的研究和开发。进一步加强与外国政府、科研机构及其他产业界的交流和合作，对于积极引进国外循环经济发展的替代技术、减量技术、再利用技术、资源化技术以及系统化技术的企业给予一定的政策支持和资金奖励[1]。

二是针对设备购置的补贴政策。循环经济的发展离不开配套设施设备的研发、推广和应用，但因节能、节水、清洁生产和资源综合利用的配套设施价格昂贵，大部分中小企业无力承担高昂的购置费用。因此，中央政府和地方政府应尽快制定循环经济相关设施设备补贴目录，设立专项资金给予企业购置设备一定数额的补助，不断拓宽设备补助范围；培养设施设备的使用、维护技术人员并定期或不定期检查设施设备的使用情况；积极引导节能环保设备的研发和生产，培育一批生产节能环保资源综合利用的设备生产商。

三是针对企业"合格资产"加速折旧的财政激励政策。重视生态工业园区

---

[1] 郁永勤等：《循环经济发展的机制与政策研究》，社会科学文献出版社，2014，第346页。

企业加快技术改造与设备更新，激励企业在生产经营活动中使用合格资产是促进企业向生态化转变的根本之策。所谓合格资产是指企业在生产经营活动过程中使用的无污染或者能减少污染（即能将其他企业的污染转化为资源）的机器设备。企业使用合格资产既可以大大降低生产经营过程中污染的可能性，还可以促使企业开发先进技术，加速设备的更新换代。因此，凡是企业在生产经营活动中使用的合格资产，国家均对其实行加速折旧制度，以体现财政政策对环境保护的导向作用。

四是生产者责任延伸制度。生产者责任延伸概念，是1988年由瑞典隆德大学环境经济学家托马斯在给瑞典环境署提交的一份报告中首次提出的，它通过使生产者对产品的整个生命周期，特别是对产品的回收、循环和最终处置负责来实现。托马斯教授的生产者责任延伸设计了生产者须承担的五个责任：环境损害责任、经济责任、物质责任、所有权责任、信息披露责任。一般情况下，回收价值较高、对环境影响较小的产品，可以自发地形成市场化回收再生体系；而对环境影响较大、产量增长迅速、缺乏回收再生商业潜力的废弃产品，则需要政府政策的干预，是实施生产者责任制度的首选，应逐步和分项地把包装物、电子电器产品、废旧车辆、电池纳入适用规制，并在适当的条件下扩大这一制度的适用范围。生产者责任延伸制度在世界各国有不同的实施方式，从对最终处理责任完全由生产者负担到处理费用由生产者和纳税人共同承担，到产业自愿性计划或必要时由政府制定法规强制执行，通常有企业自愿、法律强制和经济刺激等三种手段。各国在选择实施方式时，要比较三种方式的优劣，在确保实施生产者责任延伸制度获得环境效益的同时，也要考虑对本国经济的影响。对于环境危害性大的废弃物，应由法律规定强制生产者承担延伸责任，同时运用各种适当的经济手段，赋予各种相关主体适当的责任和义务；对于环境危害性小，再生利用价值高的废弃物，可以通过自愿方式，或者借助市场机制引导生产者或其他社会主体进行回收和再利用。生产者责任延伸制度的实施方法通过一些具体的政策工具来执行，实施工具必须综合搭配使用。涵盖生产者责任延伸准则的实施工具可划分为法规性工具、经济性工具和信息工具三大类。

五是企业内部循环经济制度的确立。企业内部循环要求对在生产中产生的废弃物在企业内部直接实现资源化,对废弃物进行二次或多次加工,使之变为有用资源投入下一轮生产,实现企业内部的物质与能量的循环。建议在企业内部特别是大中型企业内部逐步推进循环经济的各项制度, 主要有清洁生产制度、生命周期评价制度、资源综合利用制度和节能减排制度等。倡导实行产品的生态设计,改善产业的生产工艺,实现无害和低害生产;加强综合利用,针对企业粗放开发、低效利用、污染环境和效益低下的现状,以深度加工、多元发展为基础,获得最佳的综合(经济、环保、社会)效益。美国杜邦公司是最早建立企业内部循环经济制度的公司,杜邦公司成立于 1802 年,在全球 70 个国家经营业务,共有员工 79000 多人。杜邦公司也是全球化工行业的巨头,提供能提高人类在食物与营养、保健、服装、家居及建筑、电子和交通等生活领域的品质的科学解决之道。它把可持续发展作为公司整体发展的使命,创造性地把循环经济"3R"原则发展成为与工业相结合的"3R 制造法",以达到少排放甚至零排放的环境保护目标。例如,通过企业内各工艺之间的物料循环,从废塑料中回收化学物质,开发出用途广泛的乙烯产品;通过放弃使用某些对环境有害的化学物质、减少一些化学物质的使用量等方法,使用生产全过程控制法、热解法和节能效率法等方法和技术,已经减少了相当于 6100 万吨二氧化碳的温室气体排放①。

(二) 社会中介组织层面生态工业园的政策体系

中介服务体系的作用,是通过提供信息和专业化服务,降低企业的交易费用和创新成本。日本的社会中介组织具有多种形式,比如大阪建立的废品回收情报网络,专门发布旧货信息,及时向市民发布信息并组织旧货调剂交易会,通过沟通信息、调剂余缺,推动垃圾减量化。德国建立的双轨制回收系统,通过接受企业委托,组织收运者对他们的包装废弃物进行回收和分类,然后送到相应的资源再利用厂家进行循环利用,能直接回用的包装物则送返制造商,这个系统的建立使得德国包装废弃物的回收利用率达到 90%左右。促进生态工业园区发展的中介组织包括:咨询(法律咨询、技术咨询、政策咨询等)系统、社会

---

① 佚名:《当今世界循环经济四种模式》,《中国造纸工业循环经济论坛会议论文集》,2006,第 242—243 页。

服务(会计服务、审计服务、公证服务、就业服务等)系统、技术服务(引进技术、技术推广等)系统、信息系统(如废旧物资交换信息)①。

首先,政府要制定统一的中介机构管理标准,对中介机构定期进行资格认证和动态管理。同时要给予必要的扶持,提供必要的起动经费或减免部分税收,支持中介服务机构的进驻。

其次,建立控制污染的中介机构,逐渐替代政府履行环境资源交易市场组织者和中介者的地位。为了减少社会个体环境权益维护的成本,应当设立类似于"环境权益代理公司"的非营利性组织,提高环境权益的保护效率。政府还应当大力扶植专业的环境污染治理企业,通过治污集约化来适应社会大生产的需要。实现集约化治污,降低治理成本,获得投资效益和规模经济效益。

再次,建立科技中介。科技中介的主要作用是将成熟的技术与市场进行对接。在一些发达国家,科研机构与各大高校研发出来的科研技术,必须经由"科技中介"对技术的先进性、成熟度进行论证和配套优化,再推向市场。"科技中介"的最大优势就在于聚集了各行各业的专家智囊,能对技术性能、产业政策、市场应用等做出科学的判断,这样能让企业少走弯路。

(三)公众层面发展生态工业园的政策体系

公众的参与力度和广度对生态工业园的发展有着极大的促进作用:公众参与生态工业园区建设的主要目的是促进政府决策的科学性、正确性、民主性,更好地解决和处理园区与社区存在的一系列环境问题。

第一,制定并完善公众参与生态工业园建设和运营的法律法规。制定和完善公众参与生态工业园建设的法律法规需要重视公民参与意识的培养和启发,明确公众在参与生态工业园建设中的法律地位,让公民切实地参与到生态工业园建设法律法规的制定过程中去。从立法层面而言,公众参与生态工业园建设的深度和广度对法律法规制定的合理性、公正性和执行力度都有着直接的关系;从执法层面而言,公众能对企业、组织团体和有关执法部门的执行行为进行实时监督,对一些违法违纪的行为及时进行举报,能协助政府执法工作

---

① 戴明忠、杨莉、陆根法:《循环经济与中介组织的发展》,《生态经济》2006年第5期,第97—99页。

人员高效地控制违法行为,有效地执行法律条例;从守法层面而言,公众在日常生活中自觉、严格地遵循法律法规中的环保规定,用环保制度自觉地规范自身行为,从日常小事做起,切实保护生态环境①。

在启发公众参与意识,培养公众参与能力的同时,还要重视建立健全公众参与制度的重要性。公众参与在生态工业园建设中的法律地位,需要政府以政策和法律条例进行支持和保障。设立公众听证制度、监督制度等,同时对做出妨碍公众参与行为的组织和个人予以一定的惩治。

第二,制定生态工业园区公众参与组织保障。发展生态工业园需要广大社会公民的群体参与和有力支持,需要广大社会公民发挥监督职能,与政府保持沟通。制定循环经济公众参与组织保障,充分发挥民间组织团体的特色和优势。

大力建立提倡节约生活方式的民间组织。先建立节能家庭、节能社区,再由点及面,建立节能社会,并建立好自己的组织网络,充分发挥民间组织的中介作用,利用社会内部的组织网络建立协调委员会,与当地的供电局、供水局等相关部门进行调查安排,合理配置供电、供水的时间和区域,科学的安排时间,减少能源浪费。充分发挥民间组织的监督职能。民间组织团体有着自身独特的阶层组织网络,网络具有开放性和包容性。这些民间网络与政府视角有一定的差别,网络信息中蕴含着大量的容易被忽略的心声,这些民间组织网络在循环经济建设过程中有着不可替代的监督和沟通的作用。

第三,加大宣传力度。深度开发网络、电视等媒体平台,充分挖掘报纸、杂志等传统传播媒介,大量采用环保先进事迹新闻报道、专题报道、专家访谈,在社区和大众活动娱乐场所进行宣传挂图、传播公益广告、开展环境保护知识竞赛等为广大民众喜闻乐见的方式,加强循环经济建设教育宣传,大力强化社会民众节约资源能源、物质循环利用的意识,深化资源重复利用和清洁生产教育宣传力度。

---

① 胡建团、邓宏兵:《发展循环经济需要公众力量》,http://www.rmlt.com.cn/2017/0509/473507.shtml,访问日期:2021—01—03。

参考文献

[1] 苏伦·埃尔克曼. 工业生态学：怎样实施超工业化社会的可持续发展[M]. 徐兴元,译. 北京:经济日报出版社,1999:32,58.

[2] 劳爱乐,耿勇. 工业生态学和生态工业园[M]. 北京:化学工业出版社,2003:26,290—300.

[3] 郭莉. 工业共生进化及其技术动因研究 [M]. 北京:经济科学出版社,2008:10—11,13—14.

[4] 鲍丽洁. 产业共生的特征和模式分析[J]. 当代经济,2011(8):146.

[5] 陈凤先,夏训峰. 浅析"产业共生"[J]. 工业技术经济,2007(1):56.

[6] 韩玉堂. 生态工业园中的生态产业链系统构建研究[D]. 青岛:中国海洋大学,2009:51—53.

[7] 付丽娜. 工业园的生态转型及生态效率研究 [D]. 长沙:中南大学,2014:16.

[8] 常泓,黎永红. 马克思新陈代谢理论的生态危机批判及其启示[J]. 湖北行政学院学报,2017(3):16.

[9] 张萌. 工业共生研究综述 [J]. 哈尔滨工业大学学报,2007(7):97—102.

[10] 吴志军. 生态工业园工业共生网络治理研究[J]. 当代财经,2006(9):84—88.

[11] 王兆华,尹建华. 生态工业园中工业共生网络运作模式研究[J]. 中国软科学,2005(2):80—85.

[12] 王兆华,武春友. 基于工业生态学的工业共生模式比较研究[J]. 科学与科学技术管理,2002(2):66—69.

[13] 郑学敏. 循环经济与传统经济的比较分析 [J]. 经济导刊,2010(1):76—77.

[14] 彭澎,蔡莉. 基于协同学理论的高技术产业集群生成主要影响因素

研究[J].山东大学学报,2007(1):72—78.

　　[15]晔枫.共生理念与工业生态协同[J].晋阳学刊,2003:98—100.

　　[16]王红,齐建国,刘建翠.循环经济协同效应:背景、内涵及作用机理[J].数量经济技术经济研究,2013(4):138—149.

　　[17]曹永辉.生态工业园共生网络运作模式研究[J].生态经济,2013(11):136—139.

　　[18]汪道胜.工业化发展新构思——工业群落园模式[J].发明与创新,2008(8):41—42.

　　[19]智研咨询.2017年日本环保产业基本情况统计及前景趋势分析预测[EB/OL].(2016—12—01)[2020—12—04].https://www.chyxx.com/industry/201612/473192.html.

　　[20]闫立忠.产业园区/产业地产规划、招商、运营实战[M].北京:中华工商联合出版社,2015:52.

　　[21]杨开荣,李桂文.生态学视野中的工业园区建筑技术选择[J].低温建筑技术.2008(6):33—34.

　　[22]杨锦春.能源互联网:资源配置与产业优化研究[D].上海:上海社会科学院,2019:34.

　　[23]王美,陈凯.基于多能互补的工业园区综合能源规划设计[J].广东科技,2019(6):65—67.

　　[24]温宗国,胡赟,罗恩华,等.工业园区循环化改造方法、路径及应用[M].北京:中国环境出版集团,2018:113—114,82—87,64,92—93.

　　[25]美国是如何处理医疗废弃塑料的?[J/OL].(2017—09—05)[2020—12—15].https://www.sohu.com/a/190035423_803793.

　　[26]卢杰民,程豪.智慧园区愿景、规划与行动指南[M].北京:电子工业出版社,2014:116—120.

　　[27]伍国勇.农业生态化发展路径研究——基于超循环经济的视角[D].重庆:西南大学,2014:115,128—131.

　　[28]白春明,张天柱,王柟,等.以循环经济为本规划现代农业园区——以哈尔滨市现代农业示范区规划方案为例[C]//多学科在现代农业建设中交

叉运用技术研讨会论文集,2011:50—53.

[29]杨友麟,刘裔安.国外化工园区的发展现况和启示[J].现代化工,2020(1):1—7.

[30]石磊.化工园区生态化发展的国内外案例[J/OL].(2016—01—14)[2020—12—20].https://www.docin.com/p-1426871238.html.

[31]关婷.中国绿色化工园区建设的途径研究[D].沈阳:东北大学,2011:5.

[32]纪红兵,康德礼,刘利民.绿色化工园区规范化建设的研究[J].化工进展,2016(2):642—646.

[33]章斯淇,孙明明.盐化工的发展及氯碱产品链研究[J].中国氯碱,2015(4):1—5.

[34]张在根,李朝兵,李君.绿色化工技术在精细化工中的应用研究[J].现代盐化工,2020(2):36—37.

[35]常思聪,蒋悦.绿色化工技术在精细化工中的应用研究[J].化工管理,2019(7):96—97.

[36]王伟.论高新技术产业开发区的生态化发展[J].中国人口·资源与环境,2003(6):105—108.

[37]张小兰.对高新技术产业污染特殊性的思考[J].科技管理研究,2009(10):336—338.

[38]查伟华.高新区风险投资体系建设及其评价[D].武汉:武汉理工大学,2004:9—11.

[39]邵启超.中国静脉产业园区发展模式研究[D].北京:清华大学,2012:48—49,43,15—16.

[40]林晓红.中日静脉类产业生态工业园建设比较研究[D].青岛:青岛理工大学,2008:45,50—53.

[41]广州开发区投资促进局.招商4.0新时代区域招商的战略思维[M].广州:广东高等教育出版社,2019:5—6,76—77,79—80,84—85,48—51,88—91.

[42]钟书华.生态工业园区建设与管理[M].北京:人民出版社,2007:153—160.

［43］闫二旺，田越.中外生态工业园区管理模式的比较研究［J］.经济研究参考，2015(52):80—87.

［44］徐海.生态工业园模式与规划研究［D］.上海:上海大学，2007:86.

［45］贾海娟.基于ISO14000的生态工业园规划建设与管理研究［D］.西安:西北大学，2006:72.

［46］陈国华.化工园区安全生产应急管理实务［M］.北京:中国石化出版社，2017(7):5—15.

［47］施月.政府在促进生态工业园建设中的作用探析［J］.江西金融职工大学学报，2009(4):73–74.

［48］赵丹丹.循环经济发展中的政府作用及效率评价［D］.沈阳:辽宁大学，2018:35—39.

［49］施维荣.简介德国的双轨制废物回收系统［J］.污染防治技术，2012(5):33—34.

［50］陆静超.基于渐进式制度变迁的循环经济研究［D］.哈尔滨:哈尔滨工业大学，2008:61.

［51］郗永勤，等.循环经济发展的机制与政策研究［M］.北京:社会科学文献出版社，2014:254—256,267—268,272—274,346.

［52］谢海燕，张德元，杨春平.《循环经济促进法》的实施成效及修订建议［J］.中国经贸导刊.2020(3):64—66.

［53］李玉蕾.论我国循环经济法律制度的完善［D］.石家庄:河北地质大学，2016:24—26.

［54］夏泰凤.我国生态工业园的发展对策研究［M］.北京:中国石油大学，2006:34—36.

［55］佚名.当今世界循环经济四种模式［C］//中国造纸工业循环经济论坛会议论文集，2006:242—243.

［56］戴明忠，杨莉，陆根法.循环经济与中介组织的发展［J］.生态经济，2006(5):97—99.

［57］胡建团，邓宏兵.发展循环经济需要公众力量［EB/OL］.(2017—05—09)［2021—01—03］.http://www.rmlt.com.cn/2017/0509/473507.shtml.